MARIE-CAROLINE D'AUTRICHE

DU MÊME AUTEUR

Pirates, corsaires et flibustiers, Paris, Perrin, 2021.
Paul Ier. La folie d'un tsar, Paris, Perrin, 2020.
Le Monde méditerranéen, 15 000 ans d'histoire, Paris, Perrin, 2018.
Nouvelle Histoire des idées. Du sacré au politique, Paris, Perrin, 2016.
Malte et Marseille au XVIIIe siècle, avec Xavier Labat Saint-Vincent, La Valette, Fondation de Malte, 2013.
Chrétiens et Ottomans de Malte et d'ailleurs, Paris, Presses de l'université Paris-Sorbonne, 2013.
Malte, 7 000 ans d'histoire, Paris, Bouchène, 2011.
Hugues Loubens de Vedalle, 1531-1582-1595, cardinal et grand maître de l'ordre de Malte, Paris, Bouchène, 2005.
Bibliographie du monde méditerranéen. Relations et échanges (1453-1835), Paris, Presses de l'université Paris-Sorbonne, 2003.
L'Ordre de Malte au XVIIIe siècle. Des dernières splendeurs à la ruine, Paris, Bouchène, 2002.
Histoire de Chypre, Paris, PUF, « Que sais-je ? », n° 1009, 1998.

Alain Blondy

MARIE-CAROLINE D'AUTRICHE

Reine de Naples et sœur de Marie-Antoinette

PERRIN

92, avenue de France
75013 Paris
Tél. : 01 44 16 08 00

ISBN : 978-2-262-10072-8

Dépôt légal : janvier 2025

Mise en pages : PCA

Introduction

La reine Marie-Caroline de Naples est, de toutes les souveraines du XVIIIe siècle, celle qui a le moins trouvé grâce aux yeux de ses contemporains comme des historiens du siècle suivant.

D'abord portée aux nues par les esprits éclairés, elle fut rapidement rejetée par eux lorsqu'elle s'opposa avec véhémence à la Révolution française qui lui avait enlevé Marie-Antoinette, sa sœur préférée. Par la suite, au XIXe siècle, ceux qui avaient réalisé l'unité italienne – républicains comme royalistes favorables à la Maison de Savoie – se retrouvèrent pour rejeter, caricaturalement, la monarchie napolitaine. Alors la reine de Naples en vint à personnifier le vers latin : *non virgo nec virago, sed vorago**. Ainsi, sous la plume d'une partialité militante, la jeune fille se mua en mégère puis en croqueuse d'hommes. C'est là une vision simpliste – et sans nul doute machiste – à l'égard d'une princesse, fille de l'impératrice Marie-Thérèse, qui tint tête au plus grand Bourbon de son siècle – son beau-père Charles III d'Espagne – et qui, telle la reine Louise de Prusse, Germaine de Staël ou la duchesse d'Angoulême, eut le cran de

* « Ni vierge ni mégère, mais véritable gouffre de perdition. »

s'opposer à Napoléon Bonaparte, ce dont peu d'hommes purent alors s'enorgueillir.

Marie-Caroline n'était effectivement pas n'importe qui. À seize ans, la jeune princesse était devenue reine d'un des plus beaux royaumes d'Europe. Le 11 avril 1768, quatre jours seulement après le mariage par procuration, à Vienne, de la jeune archiduchesse avec le roi Ferdinand IV de Naples, l'archiduc Joseph, son frère aîné, écrivit à sa sœur : « La plupart des discours roulent sur la petite reine de Naples dont la conduite est acteur exposé sur le grand Théâtre de l'Univers. »

Si l'on en croit le président de Brosses* qui visita l'Italie en 1739, le royaume de Naples était le seul grand État de Méditerranée : « À mon sens, Naples est la seule ville d'Italie qui sente véritablement sa capitale ; le mouvement, l'affluence du peuple, l'abondance et le fracas perpétuel des équipages ; une Cour dans les formes, et assez brillante, le train et l'air magnifique qu'ont les grands seigneurs : tout contribue à lui donner cet extérieur vivant et animé qu'ont Paris et Londres, et qu'on ne trouve point du tout à Rome. »

Néanmoins, il posait sur la société napolitaine un regard très aigu qui était loin d'être amène. Toutefois, il en tenait pour responsables les Autrichiens qui avaient dominé ce royaume pendant vingt ans (1713-1734) et l'avaient gouverné par vice-rois interposés. Quand

* Charles de Brosses (1709-1777), conseiller au parlement de Bourgogne à Dijon, voyagea en Italie en 1739 et 1740. Sa correspondance fut publiée par Hippolyte Babou sous le titre *Lettres familières écrites d'Italie écrites à quelques amis en 1739 et 1740*, Paris, Poulet-Malassis & de Broise, 1858.

il visita Naples, il y avait à peine cinq ans que Charles de Bourbon s'en était emparé et que, depuis fort longtemps, un souverain y résidait de façon permanente. Selon lui, la ville comptait alors vingt-cinq mille *lazzaroni* qui n'avaient d'autre métier que de mendier ; il s'agissait de « bandits et fainéants des provinces », sans domicile fixe, vivant dans les rues des distributions que faisaient les couvents. Cette « populace était tumultueuse, la bourgeoisie vaine, la haute noblesse fastueuse et la petite avide de grands titres ». En effet, les Autrichiens avaient vendu des titres à tout va : « Le boucher dont nous nous servions n'exerce plus que par ses commis depuis qu'il est duc. La femme d'un commerçant ne sort jamais de chez elle dans son équipage sans un autre carrosse de suite[1]. » Ces titulaires d'assignats de noblesse furent alors brocardés d'un trait d'ironie qui devint proverbial : *È veramente duca, ma non cavaliere* (Il est assurément duc, mais non gentilhomme.) Goethe, quant à lui, considérait Naples comme un « paradis habité par des démons ».

Ce fut sur ce royaume qui ne gardait donc qu'un très mauvais souvenir des vingt ans de domination autrichienne que la jeune archiduchesse fut appelée à régner. Elle y fut reine durant l'une des périodes les plus mouvementées et les plus riches de l'histoire européenne. Nul ne le savait alors, mais les spasmes qui secouaient le vieux monde d'Ancien Régime allaient accoucher, au forceps de la Révolution française, d'un monde différent, sinon nouveau. Mais au XVIIIe siècle, tout cela n'était bien sûr pas perçu comme tel.

Pour véritablement comprendre ce qui se jouait dans le royaume de Naples au moment où Marie-Caroline de Habsbourg-Lorraine en devint la reine, un léger retour en arrière s'impose. Tout commença en 1700, à la mort du roi Charles II d'Espagne qui ne laissait aucune postérité. Pour lui succéder, son choix d'un Bourbon, le duc d'Anjou, petit-fils de Louis XIV, fut à l'origine de l'épuisante guerre de Succession d'Espagne (1701-1714) qui embrasa l'Europe.

Or, celui-ci, devenu Philippe V d'Espagne quand il monta sur le trône, avait eu deux fils d'un premier mariage (les futurs Louis Ier et Ferdinand VI) mais il s'était remarié en 1714 avec Élisabeth Farnèse qui eut l'ambition de doter avantageusement ses propres enfants*. Ainsi, son aîné, Charles de Bourbon (1716-1788), devint duc de Parme en 1731. Puis, en 1734, année de sa majorité, elle le poussa à libérer Naples et la Sicile du joug autrichien : « Élevés au rang de royaume libre, elles seront à toi. Va donc et sois vainqueur ; la plus belle couronne d'Italie t'attend**. » Entré victorieux à Naples le 10 mai 1734, son père Philippe V le proclama, le 15 mai, *rex utriusque Siciliæ* (roi des deux Siciles). Les Bourbons

---

* Charles devint duc de Parme (1731), puis roi de Naples (1734) et enfin roi d'Espagne (1759). Philippe devint duc de Parme (1748). Louis-Antoine fut fait cardinal et primat d'Espagne à l'âge de huit ans (1735), archevêque de Séville (1741), puis, à sa demande, réduit à l'état laïque (1754) et contraint d'abandonner tout droit dynastique pour lui et ses enfants (1776).

** *Elevate al grado di libero regno, saranno tue. Va dunque e vinci : la più bella corona d'Italia ti attende.*

régnaient désormais en France, en Espagne et au sud de l'Italie.

Tandis que cette dynastie s'affirmait, les Habsbourg vacillaient. En 1713, l'empereur Charles VI avait modifié la règle de succession au trône des territoires héréditaires des Habsbourg pour l'assurer à ses filles. La France n'y consentit qu'après la promesse d'hériter la Lorraine lorsque son duc, François-Étienne, gendre de l'empereur depuis 1736, recevrait le grand-duché de Toscane. Or, à la mort de Charles VI, si sa fille Marie-Thérèse lui succéda, elle apparut aussi vulnérable que l'armée et les finances de l'Autriche, grandement affaiblies par une ruineuse guerre contre les Turcs (1735-1739). Aucun des signataires ne se sentit alors plus tenu de respecter ses engagements. La guerre de Succession d'Autriche qui éclata alors dura huit ans (1740-1748).

En dépit d'un conflit très dur, l'Autriche s'en tira le moins mal possible. En 1745, Marie-Thérèse réussit à faire élire son mari empereur du Saint-Empire et, en 1748, elle fut reconnue souveraine des États héréditaires des Habsbourg par tous les belligérants. Le couple eut seize enfants, dont dix parvinrent à l'âge adulte. Marie-Thérèse, héritière d'une tradition familiale remontant au XIIIe siècle, savait que sa dynastie n'était parvenue à dominer le monde germanique que grâce à une politique matrimoniale[2] que ces vers latins résumaient parfaitement : « Que les autres fassent la guerre, mais toi, heureuse Autriche, convole, car Vénus te donne les royaumes que Mars accorde aux autres*. »

---

* *Bella gerant alii, tu felix Austria, nube / Nam quae Mars aliis, dat tibi regna Venus.*

Or, en 1756, le Renversement des alliances* qui était censé concrétiser la réconciliation entre les Habsbourg et les Bourbons, offrit de nouvelles perspectives au gynécée de Vienne. Après avoir marié en 1760 son fils aîné Joseph à Isabelle de Parme, petite-fille de Philippe V et de Louis XV**, Marie-Thérèse se servit de ses filles comme des pions lui permettant de contrebalancer l'omniprésence des Bourbons sur l'échiquier européen. Ainsi, elle destina Marie-Élisabeth (1743-1808) à Louis XV devenu veuf, mais un goitre et les séquelles de la variole vinrent contrecarrer ce projet et la princesse finit ses jours dans un chapitre de chanoinesses nobles. En revanche, Marie-Amélie (1746-1804) devint duchesse de Parme, Marie-Caroline (1752-1814) reine de Naples et Marie-Antoinette (1755-1793) reine de France.

Pendant un temps, les frais minois de ces deux dernières qu'Étienne Charavay appela les « deux lieutenants de l'impératrice[3] », firent que leurs sujets respectifs oublièrent leurs haines ataviques, mais lorsque les temps devinrent paroxystiques, le désamour des opinions publiques ressuscita les vieux démons austrophobes.

Marie-Caroline, femme de tête, voulut être pleinement reine, c'est-à-dire, pour elle, gouverner. Sa naissance, son rang et son ambition la poussèrent à ne se sentir liée par aucune des règles régissant ceux qui

---

* L'alliance entre la France et la Prusse contre l'Autriche et la Grande-Bretagne fut alors remplacée par une alliance austro-française pour contrer les ambitions de la Prusse et de l'Angleterre.

** Isabelle de Bourbon-Parme (1741-1763) était la fille du duc Philippe Ier de Parme, fils de Philippe V, et de son épouse Louise-Élisabeth de France, fille aînée de Louis XV.

étaient nés sujets. Toutefois, elle eut rapidement le tort d'appliquer sa conception autant à la souveraine qu'à la femme qu'elle était aussi. Dès lors, il fut aisé, pour tous ses détracteurs, Napolitains libéraux, Français de la Révolution ou de l'Empire, Anglais impérialistes, de salir et de vilipender « l'Autrichienne », pourtant aimée jusqu'au bout par une large partie du petit peuple.

Première partie

INSOUCIANCE ET ILLUSIONS

(1752-1770)

I

De Vienne à Naples

(1752-1769)

[illegible]

épouse la reine [illegible] beaucoup [illegible] entre la France et l'Au- [illegible] ambassadeur d'Autriche à Paris (1750-1753) [illegible]

[illegible]

1
De Vienne à Naples
(1752-1768)

Le 13 août 1752, l'impératrice Marie-Thérèse mettait au monde son treizième enfant : c'était une onzième fille. Trois de ses précédentes sœurs étant mortes peu après leur naissance, elle fut immédiatement baptisée. Elle reçut les prénoms de Marie Charlotte Louise Jeanne Josèphe Antoinette. Si elle-même, sa vie durant, signa Charlotte ses missives privées, ses parents, peu superstitieux, préférèrent l'appeler Marie-Caroline, prénom déjà porté par deux malheureuses petites archiduchesses, la première n'ayant vécu qu'un an (1740-1741) et la seconde étant morte le jour de sa naissance (1748).

Le choix du roi Louis XV pour parrain et de son épouse la reine Marie Lesczynska pour marraine étonna beaucoup, au vu des relations entre la France et l'Autriche. Mais dans un absolu secret, le comte de Kaunitz*, ambassadeur d'Autriche à Paris (1750-1753), préparait le pays des Lumières – qui voyait la Prusse s'éloigner

* Wenceslas von Kaunitz (1711-1794), comte puis prince (1764) fut diplomate au service de l'Autriche de 1741 à 1753 avant d'être appelé à diriger la chancellerie d'État, ce qu'il fit durant près de quarante ans (1753-1792)

d'elle au profit d'une alliance avec l'Angleterre – à un rapprochement avec la monarchie viennoise. Toutefois, ce choix fut alors mal compris, la « révolution » du renversement des alliances ne devant être officiellement proclamée qu'en 1756.

Le cocon viennois

Dans son enfance, à l'instar de toute sa fratrie, la jeune princesse jouit d'une glorieuse hérédité.

Par sa mère Marie-Thérèse d'Autriche (1717-1780), impératrice consort, elle était une Habsbourg, vieille famille germanique qui avait fourni tous les empereurs du Saint-Empire romain de 1452 à 1740 ainsi que les rois d'Espagne des XVIe et XVIIe siècles. Les Habsbourg ne péchaient pas par modestie puisque leur devise, résumée par le monogramme A.E.I.O.U.*, signifiait au monde entier que leur destin était de le gouverner.

Par son père, Étienne-François de Lorraine (1708-1765), alors l'empereur François Ier du Saint-Empire, elle appartenait à la famille de Lorraine, souveraine depuis au moins le XIe siècle. Par la mère de ce dernier, Mademoiselle de Chartres puis Mademoiselle (1676-1744), petite-fille de France**, elle était une descendante des Bourbons de France.

* *Alles Erdreich Ist Österreich Untertan* en allemand ou *Austriæ Est Imperare Urbi Universo* en latin, signifiait « Il appartient à l'Autriche de régner sur tout l'univers ».

** Fille de Philippe d'Orléans, frère de Louis XIV, et de la princesse Palatine, elle était sœur du Régent et l'aînée des petites-filles de Louis XIII.

Déjà bien dotée par ses origines, Marie-Caroline eut, en plus, une enfance heureuse. La famille impériale autrichienne ne vivait pas, comme la famille royale française, dans un théâtre de représentation permanente. Sa vie publique était moins stricte qu'à Madrid ou à Versailles : la foule des courtisans y était moins nombreuse et le luxe moindre. Aussi, sans déroger à la liturgie de cour que lui imposait son rang, elle savait se ménager des instants d'intimité. Le couple impérial passait aisément de la scène publique à la chaleur du foyer familial : en simples vêtements d'intérieur, Marie-Thérèse se plaisait à être épouse et mère, tandis que François jouait les pères attentifs et aimants. Si l'étiquette n'y était donc pas un carcan, l'éducation y était supervisée par Marie-Thérèse elle-même.

Dès l'âge de cinq ans, chaque enfant se voyait attribuer un appartement composé de plusieurs pièces. Chacun était placé sous la responsabilité d'un gouverneur (*Aio*) pour les garçons ou d'une gouvernante (*Aia*) pour les filles et d'un confesseur particulier. Ensuite, plusieurs précepteurs leur donnaient une éducation générale, tandis que des professeurs particuliers développaient leurs talents ou ceux utiles à leur destinée.

Marie-Thérèse avait rédigé elle-même l'emploi du temps de sa progéniture : 8 heures, lever du lit ; 9 heures, prière, toilette et petit-déjeuner ; 9 heures et demie, catéchisme ; une heure et demie de récréation ; une demi-heure de lecture puis confession quotidienne ; déjeuner à midi ; à 4 heures, une heure de français ; à 5 heures, jeux éducatifs ; à 6 heures, prière ; dîner à 7 heures et demie et coucher à 8 heures et demie. Son

« programme » pédagogique suivait trois axes : les soins de l'âme, les soins du corps et les soins de l'esprit.

En matière religieuse, l'impératrice n'était pas d'un grand laxisme. On l'a trop souvent accusée de bigoterie : « Certes, l'impératrice reste très *pietas austriaca* pour reprendre le titre du livre d'Anna Coreth[1] : sa sensibilité sait la valeur intégratrice du catholicisme tridentin avec ses dévotions (Sacré-Cœur de Jésus, Immaculée Conception, rosaire...), ses pèlerinages et sa liturgie, pour de larges couches de la société, la majorité de la noblesse et le peuple des campagnes[2]. »

Cela s'était accru lorsque dans les conflits du début de son règne, des non-catholiques s'étaient hasardés à se montrer intéressés à l'idée de vivre sous le sceptre du roi de Prusse. Elle en garda, selon ses dires, une détestation des protestants et une haine des juifs. Toutefois « sa réflexion religieuse la portait vers la pratique janséniste du catholicisme (confession fréquente et rare communion) et vers une éthique austère, presque ascétique[3] » qui ne l'entraînait donc pas à une quelconque soumission politique à l'Église.

La tribu des jeunes archiducs fut donc formée à une pratique intérieure de la foi, habitués par leur mère à faire leurs prières matin et soir, à avoir un entretien quotidien d'au moins une demi-heure avec leur confesseur, à entendre la messe et à se confesser régulièrement.

Les soins du corps, souci plus germanique que latin, étaient aussi l'objet de toute l'attention maternelle. Il fallait prendre l'air par la promenade, le jeu ou l'équitation. L'alimentation devait être simple, non grasse et les aliments sucrés consommés avec modération – ce qui devait être une gageure en Autriche !

La mère qui avait eu la douleur de perdre plusieurs enfants de maladie était aussi attentive à une certaine hygiène prophylactique : les dents, les mains et les pieds devaient être lavés quotidiennement, la chevelure surveillée pour éviter les parasites et les moindres symptômes signalés pour éviter aggravation et contagion.

La formation intellectuelle des princes et princesses était liée à leur destin[4]. La connaissance de l'histoire et de la géographie était aussi importante que lire, écrire ou compter. Un accent essentiel était mis à l'étude des langues : l'allemand de la mère, le français du père, l'italien, langue de culture que leur enseigna le poète Métastase*, et même l'espagnol. Prises en main par des gouvernantes (la comtesse de Brandeis, puis la comtesse von Lerchenfeld), les archiduchesses furent encouragées à se perfectionner dans les arts d'agrément. En effet, musique, chant, danse, comédie, dessin, étaient des apprentissages autant personnels que formateurs à la vie de cour. Elles eurent pour cela des professeurs de qualité : Gluck** leur dispensa parfois des cours de musique, Wagenseil et Štěpán*** leur enseignèrent le clavecin, Noverre**** fut leur maître de danse. La broderie ou le dessin étaient aussi à leur programme. Si

* Pietro Metastasio (1698-1782), poète et librettiste d'opéra.

** Christoph Willibald Gluck (1714-1787) fut actif à Vienne de 1752 à 1754.

*** Georg Christoph Wagenseil (1715-1777) Josef Antonin Štěpán (1726-1797) étaient deux compositeurs à la mode à Vienne. Štěpán devint le *klaviermeister* de Marie-Caroline en 1766.

**** Jean-Georges Noverre (1727-1810), danseur et maître de ballet français. Marie-Thérèse le nomma maître des ballets de la Cour en 1767.

Marie-Caroline n'avait pas le talent de sa sœur aînée Marie-Anne dont les aquarelles étaient appréciées d'artistes renommés*, cependant elle dessinait fort bien** et elle grava elle-même certains de ses dessins***, alors qu'elle avait quatorze ans.

Marie-Thérèse s'était donc ingéniée à donner à ses enfants une éducation parfaitement balancée qui devait faire d'eux des princes à l'aise dans la vie de cour, mais autant dénués de fatuité aristocratique que de l'envie de ressembler au commun. Néanmoins, tous, bien qu'à des degrés différents, furent fascinés, dès leur sortie du berceau, par la gloire et la puissance de leur mère. Marie-Caroline ne fut pas la moindre et en acquit des idées d'ambition et de grandeur.

La progéniture de l'impératrice – qu'elle dénommait plaisamment son « poulailler » – connaissait toutes les chamailleries mais aussi toutes les connivences des familles nombreuses. L'aînée des archiduchesses, Marie-Christine (1742-1798), parce que sa mère, qui la surnommait Mimi, ne savait pas cacher sa préférence à son égard, fut jalousée par ses frères et sœurs. De la même façon, Marie-Élisabeth (1743-1808) ne s'attirait pas que de la bienveillance en raison de son esprit caustique. Toutefois, alors qu'elle était jolie et le savait – elle était même gratifiée du surnom de « Kokette » par

---

* Abbesse de Klagenfurt, elle fut élue membre de l'Académie des Beaux-Arts de Vienne en 1767 et de celle de Florence en 1769.

** L'Albertina de Vienne conserve notamment un de ses dessins au crayon représentant une jeune paysanne puisant de l'eau (Inventaire 13 677), sans doute d'après des maîtres hollandais.

*** Vienne, Österreichische Nationalbibliothek, Fideikommission (Inventaire Pk 477-36 et -036), 1766.

son impériale mère –, la maladie fit d'elle *Kropferte Liesi* (Babet la goitreuse).

En réalité, ces deux princesses dont la beauté dans leur jeunesse flattait leur mère, « coalisèrent » contre elles les autres filles. Pourtant toutes avaient du charme, avec un doux regard, une belle carnation et des cheveux d'un beau blond châtain. Mais, chez elles, le menton des Habsbourg était plus prononcé. Ainsi, en 1762, le peintre Liotard* qui avait fait une esquisse un peu trop ressemblante de Marie-Amélie, future duchesse de Parme, cessa d'avoir des commandes. Désabusé, il notait : « On ne me fait plus peindre d'archiduchesses, je ne les fais pas assez belles. »

Vingt ans plus tard, Mme Vigée-Lebrun, passant par Parme et Naples sur le chemin de l'émigration, livra son impression sur les sœurs de la reine de France. À l'égard de Marie-Amélie, elle écrivait : « M. le comte de Flavigny** me présenta à l'infante, sœur de Marie-Antoinette, qui était beaucoup plus âgée que notre reine et dont elle n'avait ni la beauté ni la grâce. Sa façon de vivre comme ses manières étaient celles d'un homme. En tout elle ne m'a point charmée, quoiqu'elle m'ait reçue parfaitement bien[5]. » En revanche, concernant Marie-Caroline elle était plus élogieuse : « La reine de Naples, sans être aussi jolie que sa sœur cadette la reine de France, me la rappelait beaucoup[6]. »

Alors que les portraits demandés à Liotard étaient pour la collection personnelle de Marie-Thérèse, celle-ci

---

* Jean-Étienne Liotard (1702-1789).

** Louis Agathon de Flavigny de Renansart (1722-1793) fut un excellent ambassadeur de France à Parme de 1772 à 1792.

commanda à Martin van Meytens* un portrait de cour de chacune de ses huit filles alors encore en vie. Plus courtisan que Liotard, il atténua le prognathisme des six dernières, montrant bien toutefois l'ovale régulier du visage des deux aînées qui expliquait sans doute la faveur de leur mère. Alors que Liotard avait presque fait des portraits d'identité, van Meytens gomma l'irrévérencieuse réalité par la richesse et l'extravagance des robes à paniers.

Ce furent surtout les deux dernières, Marie-Caroline et Marie-Antoinette qui vécurent dans une connivence malicieuse qui agaçait leur mère. Elle s'excédait de leurs bavardages puérils dont leurs proches et leurs dames faisaient principalement les frais. Ses remontrances s'adressaient surtout à Marie-Caroline, alors jeune fille de quinze ans, qui rivalisait de malice et d'espiègleries avec sa petite sœur qui n'en avait encore que douze. Leur séparation, au moment du mariage de Marie-Caroline, fut dure : sur le chemin de Naples, la toute nouvelle reine écrivit plusieurs fois à la comtesse Lerchenfeld**, nouvelle gouvernante de Marie-Antoinette que celle-ci surnommait affectueusement « Lulu », pour qu'elle rappelât à sa petite sœur combien elle l'aimait et pour en avoir des nouvelles.

---

* Martin van Meytens (1695-1770) devint peintre de la cour de Vienne en 1732 et directeur de l'Académie des Beaux-Arts de Vienne en 1759.

** Maria Walpurgis Posthuma von Trauttmansdorff-Weinsberg (1713-1769), épouse du comte Philip Ernst von und zu Lerchenfeld auf Köfering und Schönberg (1689-1746), fut choisie par Marie-Thérèse en avril 1768 comme gouvernante de Marie-Antoinette pour la préparer à devenir dauphine de France.

En effet, l'insouciance de l'enfance s'arrêta brutalement pour Marie-Caroline : elle devait devenir reine. Pourtant, rien de tel n'avait été prévu. En 1760, lors du mariage de l'archiduc héritier Joseph, il avait été décidé de fiancer l'archiduchesse Marie-Jeanne, âgée de dix ans, au tout jeune roi Ferdinand IV de Naples qui n'avait alors que neuf ans. Or la variole qui ravageait alors l'Europe[7] emporta la jeune Marie-Jeanne en 1762. L'impératrice Marie-Thérèse proposa donc aussitôt une autre de ses filles, Marie-Amélie, mais elle avait déjà seize ans et le roi Charles III d'Espagne, père du fiancé, trouva la différence d'âge trop grande. Néanmoins, il pria Marie-Thérèse de lui accorder une autre archiduchesse. Rivalisant d'empressement, l'impératrice lui proposa Marie-Josèphe. Sœur préférée de Joseph II qui la disait « délicieusement jolie et docile par nature[8] », elle avait l'avantage d'être née en 1751, comme Ferdinand IV, mais alors qu'elle était toute aux préparatifs de ses noces, la variole l'emporta à son tour le 15 octobre 1767.

Ce qui semblait être une malédiction et qui impressionna fort la jeune Marie-Antoinette fut une aubaine pour Marie-Caroline. Sa mère la proposa aussitôt et, le 11 décembre, Charles III faisait savoir à Vienne qu'il l'agréait pour belle-fille.

Mais la Providence, facétieuse, sembla s'acharner. En mars 1768, au grand effroi de tous, la maladie frappa Marie-Caroline, toutefois il s'avéra qu'il ne s'agissait que d'un simple refroidissement. Pour les Romains de l'Antiquité, la jeune princesse serait apparue marquée par les dieux du sceau d'un destin exceptionnellement favorable : troisième fille du couple impérial à se prénommer Marie-Caroline, elle seule avait survécu ; troisième archiduchesse pressentie pour le trône de Naples, elle seule allait convoler.

Bien que rien ne fût officiel, le tout-Vienne bruissait de la nouvelle dès janvier 1768, car depuis quelque temps, le comte de Mahony*, l'ambassadeur d'Espagne, et celui de Naples, le duc de Santa Elisabetta**, étaient assidus aux audiences de l'archiduchesse. Enfin, le 9 mars, Marie-Caroline fit ses adieux à toutes les communautés religieuses de Vienne et le 14, les différents corps de l'État vinrent prendre congé d'elle.

Si ce tourbillon d'honneurs put tourner la tête de celle qui n'était qu'une femme-enfant (elle avait alors à peine seize ans), sa mère se chargea de la dégriser. Jusqu'à son mariage au printemps, l'impératrice-reine ne fut pas avare de critiques. Tout à la fois, elle reprochait à sa fille un manque de sincérité religieuse qui lui faisait expédier ses prières, une propension à regimber contre l'autorité et un caractère emporté qui la conduisait à monter dans les aigus de façon fort commune. La souveraine savait aussi que la jeune femme qu'elle entendait mater allait être aussi une reine et elle rédigea à son intention un

* Demetrius [Dermod] O'Mahony (1702-1777), lieutenant général au service du roi d'Espagne, fut nommé ambassadeur à Vienne en 1760. Il était le fils d'un officier jacobite passé en France en 1688 puis en Espagne en 1704.

** Antonino Montaperto e Massa (1710-1782) fut fait duc de Santa Elisabetta en 1747. Ambassadeur en Saxe en 1751, il quitta ce poste pour Vienne en 1761. Ce fut lui qui fut chargé de demander la main de l'archiduchesse Marie-Josèphe, puis celle de Marie-Caroline.

ensemble de recommandations politiques que, pour son malheur, Marie-Caroline suivit le plus souvent à contretemps.

Marie-toi, bienheureuse Autriche

Marie-Caroline et Ferdinand IV furent déclarés fiancés le 5 avril 1768. À cette occasion, l'ambassadeur remit à la princesse le portrait serti de diamants de son futur époux – estimé à 100 000 florins – qui avait été destiné à sa pauvre sœur. Le 6 avril, en audience solennelle présidée par l'impératrice, devant les ministres et conseillers, Marie-Caroline déclara sous serment renoncer à sa succession héréditaire tant paternelle que maternelle.

Le départ d'Autriche

Le 7 avril, en l'église des Augustins, l'archiduchesse, vêtue d'un habit de drap d'argent, épousait par procuration le roi de Naples. Ce dernier était représenté par l'archiduc Ferdinand, jeune frère de la mariée, et l'union fut bénie par le nonce apostolique, le cardinal Visconti*. La bénédiction nuptiale fut suivie d'un *Te Deum* tandis que l'artillerie des remparts tirait deux salves de canon. Pour l'occasion, un jeton d'or fut frappé. À l'avers, le buste de Marie-Caroline était entouré de l'inscription en latin « Marie-Caroline

* Antonio Eugenio cardinal Visconti, archevêque *in partibus* d'Éphèse, fut nonce à Vienne de 1767 à 1774.

mariée au roi Ferdinand des Deux-Siciles ». Au revers, les armoiries des deux époux, placées sur un autel antique, étaient liées par des rubans que tenaient l'hymen et l'amour, exhortés à rendre plus fort, chacun à leur tour, ce nœud nuptial tandis que l'exergue rappelait la date et le déroulé de la cérémonie.

Jusque-là, la famille impériale avait été concentrée sur l'excitation des préparatifs. Mais dès la fin de la cérémonie, la réalité de la séparation fit fondre en larmes la jeune épousée et sa mère. Pourtant, il fallut mettre un terme aux attendrissements : le départ pour Naples était prévu pour l'après-midi même. Marie-Caroline se changea, mit un habit de voyage et déjeuna avec l'impératrice. À 3 heures et demie, son frère Ferdinand la conduisit à son carrosse. Vienne se pressait pour saluer la nouvelle reine ; bourgeois en armes et peuple des faubourgs bordaient son chemin, tandis que le canon tonnait à nouveau.

Le carrosse dans lequel la toute nouvelle reine avait pris place avec ses dames d'honneur était suivi par cinquante-sept voitures. Ce cortège était flanqué de gardes-nobles qui caracolaient de chaque côté. Marie-Thérèse fit accompagner sa fille jusqu'à la frontière de ses nouveaux États par deux personnages chargés de l'aider à tout moment de leurs conseils. Il s'agissait du comte Antoine de Schaffgotsch*, grand maître de la Cour, et de la comtesse de Paar**, grande maîtresse de

* Anton Gotthard, comte Schaffgotsch von und zu Kynast und Greiffenstein (1721-1811).

** Antonia Esterházy de Galantha (1719-1771) avait épousé en 1743 le comte Johann Wenzel von Paar (1719-1792), prince en Bohême et conseiller privé de Marie-Thérèse.

l'impératrice-reine. Son frère Joseph II* lui rappela d'ailleurs très vite que cette dernière était censée être son mentor : « Écoutez, demandez, consultez Madame de Paar**. »

Le marquis Pallavicini***, feld-maréchal général, avait été nommé commissaire principal, chargé de veiller aux moindres détails du voyage, de prévoir les relais et de veiller à l'organisation des fêtes entre Vienne et Naples. Le trajet que l'on disait minutieusement préparé depuis le mois de février, n'était autre que celui que l'on avait organisé pour la malheureuse Marie-Josèphe.

Joseph II, qui était parti une heure avant sa sœur, l'accueillit à Neustadt où il prit congé d'elle. Du 16 au 18 avril, elle fit étape à Innsbruck où son père, l'empereur François Ier, était décédé à peine trois ans auparavant****. Marie-Thérèse qui avait transformé en chapelle

---

* Empereur depuis 1765, d'un caractère austère, il vouait une admiration sans bornes à sa mère tandis qu'il avait méprisé son père, trop petit prince à son gré, et empereur sur le tard. Corégent de sa mère, elle le cantonna aux affaires militaires. Il n'accéda à la plénitude du pouvoir qu'au décès de cette dernière en 1780.

** Vienne, 9 avril 1768.

*** Le Génois Gian Luca Pallavicini-Centurione (1697-1773) se mit au service de l'Autriche dès 1733. Il fut gouverneur de Milan de 1750 à 1753, puis président du conseil de cette ville de 1765 à 1768. Il quitta ce poste pour accompagner l'archiduchesse. Feld-maréchal, décoré de la Toison d'or, il fut un mécène de la famille Mozart.

**** Son épouse accaparant le pouvoir politique, cet excellent administrateur assit la fortune des Habsbourg-Lorraine. Franc-maçon, il mourut soudainement, le 18 août 1765 dans son carrosse qui le ramenait de l'opéra à Innsbruck où il venait juste de marier (4 août) son fils Léopold avec l'infante Marie-Louise d'Espagne. Il était âgé de cinquante-sept ans.

la chambre mortuaire, avait aussi fondé un couvent pour douze dames nobles tyroliennes chargées de prier pour le repos de l'âme du défunt. Elle demanda à la nouvelle reine d'en installer, en son nom, la doyenne et la sous-doyenne. Ce fut le premier acte officiel de la jeune souveraine.

Son frère Joseph II lui avait adressé, dès le 9 avril, une première lettre, signée « votre serviteur et tendre frère Joseph » :

> Les esprits, je puis dire de tout le monde, sont encore tout abattus de la scène touchante de votre départ. Tous ceux qui l'ont vu vous rendent justice que vous l'avez fait à merveille et que vous avez arraché les vœux de tout le monde pour votre contentement. Continuez, chère Sœur, j'ose vous le dire en ami, avec la sincérité que vous me connaissez, sur le pied que vous avez commencé et ce voyage qui vous fera connaître à bien des mille personnes pourra être bien glorieux et se terminer par votre bonheur conjugal[9].

Le 16 avril, dans une nouvelle lettre, il la priait de perpétuer la réputation qu'elle s'était acquise et de consulter leur frère Léopold* « quelque retenu » qu'il soit. L'empereur ne put s'empêcher de lui donner des conseils :

* Pierre-Léopold de Habsbourg-Lorraine (1747-1790), d'abord destiné à la vie ecclésiastique, dut à la mort de son deuxième frère de devenir l'héritier de son père en tant que grand-duc de Toscane. Sa mère ne leva sa tutelle qu'en 1770. Austère et réservé, économe jusqu'à la lésinerie, il fut à l'instar de son père un grand administrateur, inspiré par la doctrine des Physiocrates.

> Joignez, j'ose vous le répéter ici, de la fermeté à la condescendance [...] et faites-vous quelquefois désirer. Faites qu'on vous aime en même temps qu'on vous respecte ; ne vous livrez pas trop tôt à personne, gardez-vous des avances quelconques qu'on vous fera. Ne prenez d'amis qu'après que vous les aurez bien épluchés[10].

Comme Marie-Caroline n'y trouvait visiblement pas à redire, il la rassurait le 17 avril :

> Vous êtes bien bonne de prendre en bonne part les petites vérités que j'ose vous écrire. Croyez que la vérité, la sincérité et la plus tendre amitié dicteront toujours mes lettres, parlant à une sœur que j'aime, dont les talents commencent à se développer et qui aime à s'instruire.

L'entrée dans la péninsule italienne

Après le passage des Alpes, elle entreprit de traverser ce que les Italiens appelaient *gli Stati e statarelli* (« les États et principautés d'opérette ») qui morcelaient la péninsule. Elle entra d'abord sur le territoire de la Sérénissime République de Venise, où elle traversa le Véronais. Étant passée rapidement par le Mantouan, alors autrichien, elle arriva dans le duché de Modène le 22 avril. Elle y fut reçue par le duc François III et par son fils, le prince héréditaire Hercule*. À l'opéra, elle

* François III d'Este (1698-1780) devint duc de Modène en 1737. Son fils Hercule III (1727-1803) fut détrôné par les Français en 1797.

rencontra l'Infant de Parme*, cousin germain de son époux, venu incognito sous le nom de marquis de Sala. Le 24, elle déjeuna avec lui en public et le 25, elle le prit comme cavalier lors du bal costumé que le prince de Modène organisa en son honneur. Le 26, elle fut accueillie dans les États pontificaux par un légat du pape qui lui remit un bref du souverain pontife et qui l'accompagna à Bologne. Complimentée au nom de Clément XIII** à la porte de la ville par le vice-légat Boncompagni***, elle fut conduite par le Sénat municipal jusqu'au palais Pepoli Campogrande**** où elle retrouva son frère Léopold, grand-duc de Toscane. Tous deux assistèrent alors à un opéra.

Partie de Bologne le 27 avril à 5 heures et demie du matin, elle n'arriva à Florence qu'après minuit en raison du mauvais entretien des chemins. Les rues fourmillant de monde, elle fut reçue en grand arroi par la grande-duchesse, Marie-Louise de Bourbon*****, qui

* Élève de Condillac, Ferdinand de Bourbon (1751-1802), petit-fils de Louis XV et de Philippe V, devint duc de Parme à la mort de son père Philippe Ier en 1765. En 1769, il épousa l'archiduchesse Marie-Amélie, sœur de Marie-Caroline.

** Carlo Castelbarco Pindemonte della Torre di Rezzonico (1693-1769) succéda à Benoît XIV en 1758.

*** Ignazio Gaetano Boncompagni Ludovisi (1743-1790) fut nommé vice-légat à Bologne en 1766. Fait cardinal en 1775, il devint légat à Bologne en 1780. De 1785 à 1789, il fut secrétaire d'État de Pie VI.

**** Construit au milieu du XVIIe siècle pour le sénateur de Bologne, Taddeo Pepoli.

***** Marie-Louise d'Espagne (1745-1792), fille du roi Charles III, épousa Léopold de Habsbourg-Lorraine en 1765. Elle devint impératrice du Saint-Empire quand son mari succéda à son frère Joseph II en 1790.

était doublement sa belle-sœur puisqu'elle était l'épouse de son frère, Léopold, et la sœur de son mari. Le 28, au cours du déjeuner privé qu'elle partagea avec le couple grand-ducal, celle-ci lui fit cadeau d'un bouquet en diamants jaunes et feuilles d'émeraude. L'après-midi, l'ambassadeur d'Espagne lui remit les somptueux cadeaux de son beau-père le roi d'Espagne et de sa famille*. Le 29, elle dut subir les incessantes présentations de prélats, ministres, ambassadeurs, nobles seigneurs et dames, et accorder une audience au nonce du pape avant un déjeuner officiel suivi d'une course de chevaux barbes.

Au moment de traverser les États pontificaux pour rejoindre son nouveau royaume, la jeune reine fut, pour la première fois de sa vie, confrontée à l'Histoire en train de s'écrire. Depuis la fin des années 1750, le monde catholique européen était en crise. En effet, les monarchies éclairées de ce milieu du XVIIIe siècle entendaient faire montre de leurs droits face à la papauté qui prétendait gouverner tous les aspects de la vie ecclésiastique. Or, les souverains trouvèrent un appui dans leurs épiscopats où bon nombre de prélats souhaitaient prendre des distances avec la Curie romaine et gouverner leur diocèse selon les us et règles de leur pays.

Ce courant idéologique prit divers noms selon les pays (anticurialisme, gallicanisme, jansénisme, régalisme) mais, derrière ce qui n'était que des différences de

* De la part du roi, une parure en diamants composée d'un collier, de boucles d'oreilles, d'une aigrette et de deux bracelets (l'un avec le portrait de Charles III et l'autre celui de Ferdinand IV). De la part de ses beaux-frères les Infants, une parure en diamants et rubis composée de même et deux bagues. Ses deux belles-sœurs lui offrirent chacune une aigrette en diamants.

nuances, il avait une unité d'objectif et un ennemi commun : la Compagnie de Jésus, fer de lance de la Contre-Réforme qui avait consacré la suprématie du pape et de sa curie dans l'Église. Le Portugal en 1759, la France en 1763, l'Espagne et Naples en 1767 et même l'ordre de Malte en 1768 prirent la décision d'expulser les jésuites de leur territoire.

Les relations avec le pape Clément XIII s'en aigrirent. En janvier 1765, par bravade, il publia la bulle *Apostolicum pascendi munus* par laquelle, « pour contrecarrer les calomnies propagées dans certains pays », il faisait connaître son entier soutien apostolique à la Compagnie. En 1767, il écrivit son indignation à Charles III d'Espagne, témoignant « devant Dieu et devant les hommes que la Compagnie [...] est sans faute. Non seulement sans faute, mais pieuse, utile et sainte dans ses objectifs comme dans ses règles et principes ».

La tension devint paroxystique lorsque le Premier ministre du duc Ferdinand Ier de Parme, le Français Guillaume du Tillot*, accentua sa politique anticurialiste. En 1764, il avait interdit les dons ou la vente de biens à l'Église et, en 1768, il interdit aux Parmesans d'en appeler aux tribunaux du pape sans autorisation ducale. La réponse de Clément XIII fut foudroyante : le 30 janvier, il jeta l'interdit sur le duché de Parme. Plus aucun sacrement ne pouvait y être administré. Cette ingérence quasi médiévale dans la politique d'un État coalisa toute la Maison de Bourbon. Les ambassadeurs

* Léon Guillaume du Tillot (1711-1774), marquis de Felino, fut ministre de l'Économie et des Affaires étrangères (1756-1759) puis Premier ministre du duché de Parme et Plaisance de 1759 à 1771.

de France, d'Espagne et de Naples tentèrent de faire pression sur Rome, mais le souverain pontife resta intransigeant, allant jusqu'à prier ces diplomates de sortir de sa vue. En représailles, Versailles et Naples se livrèrent à des rodomontades. La France se dit prête à envahir le Comtat Venaissin, et Naples la principauté de Bénévent. Loin de calmer le pape, cela le braqua.

Ce fut alors que le voyage de Marie-Caroline fut pris dans la tourmente. Le gouvernement de Naples exigea que le cardinal-légat chargé d'accueillir la reine fût en soutane rouge avec *capa magna* et non en simple habit ecclésiastique, qu'il s'adressât à elle sans que celle-ci eût à ouvrir la porte de son carrosse et qu'enfin, dans toutes les cérémonies publiques, son siège fût toujours plus important que celui du cardinal, pourtant représentant le pape.

Cet usage étant contraire au protocole usité de tout temps, Rome donna ordre au cardinal-légat de prétexter une incommodité pour ne pas rencontrer la reine. Naples répliqua en ordonnant au cortège de contourner Rome. Clément XIII écrivit alors au grand-duc de Toscane pour qu'il engageât son nouveau beau-frère « à ne pas donner aux ennemis du Saint-Siège cette espèce de triomphe que la fille et la sœur d'un Empereur catholique passât près de la capitale de la chrétienté sans y entrer et sans y remplir le devoir de visiter les lieux saints et en particulier l'église de saint Pierre, la métropole de toute la catholicité ». Vienne, matoise, ne voyait pas d'un mauvais œil cette bronca antiromaine, néanmoins elle ne voulut pas être enveloppée dans une affaire dont elle souhaitait laisser la responsabilité aux seuls Bourbons. Aussi, protestant de leur respect filial, Marie-Thérèse, Joseph II et Marie-Caroline écrivirent au pape qui en fut rasséréné.

Le 1er mai 1768, Marie-Caroline et le couple grand-ducal de Toscane arrivèrent à la Porta del Popolo, entrée nord de la ville. Si aucune audience du pape n'était prévue, celui-ci les fit néanmoins saluer par les canons du château Saint-Ange. De leur côté, pour déférer au souhait de Clément XIII, ils allèrent directement visiter la basilique Saint-Pierre. La nouvelle s'étant répandue, vingt-quatre personnes, qui souhaitaient voir la nouvelle reine, traversèrent le Tibre en bateau, mais l'esquif chavira et toutes furent noyées. Deux ans plus tard, à Paris en mai 1770, lors du mariage de Marie-Antoinette avec Louis XVI, plus d'une centaine de badauds parisiens moururent dans une bousculade. À croire que les dieux n'aimaient pas les princesses de Habsbourg…

Après leur visite, les illustres visiteurs allèrent déjeuner sur le Pincio, chez le prince Borghèse*. Aucun cardinal ne fut admis à les rencontrer à l'exception du cardinal Domenico Orsini d'Aragona**, ambassadeur de Naples près le pape, qui offrit à Marie-Caroline une Flagellation du Christ en or, le pilier du supplice étant en cristal de Mons sur une base de jaspe, avec un chapiteau et un piètement d'or. Dans l'après-midi,

* La villa Pinciana est aujourd'hui la villa Borghèse.

** Domenico Orsini d'Aragona (1719-1789), neveu de Benoît XIII. Devenu veuf en 1742, il fut fait cardinal en 1743. Charles III le nomma, en 1748, cardinal protecteur du royaume de Naples à la cour de Rome, puis, en 1759, ambassadeur près le Saint-Siège.

escortés par la garde pontificale, ils retraversèrent tout Rome d'un trait en direction du sud et, par la porte San Sebastiano et la vieille via Appia, ils arrivèrent le soir à Marino, près du lac d'Albano, dans la région des Castelli romani. Signe d'apaisement pontifical, en l'absence de tout cardinal-légat, le pape avait néanmoins dépêché deux de ses neveux : le prélat Giovanni Battista Rezzonico*, son majordome, et Abbondio Rezzonico**, sénateur de Rome. Ce furent eux qui remirent à la jeune reine les présents que Clément XIII lui avait destinés, à savoir un reliquaire contenant le corps entier d'un saint, une cassette d'Agnus Dei*** et un riche chapelet auquel était attachée une indulgence plénière.

Le 2 mai, la reine quitta Marino pour la frontière napolitaine, toujours accompagnée de son frère Léopold et de son épouse. La présence des grands-ducs de Toscane avait certes pour but de ne pas laisser Marie-Caroline seule trop tôt, mais ce serait sous-estimer la « firme » Habsbourg si l'on méconnaissait le rôle de surveillance dont chaque prince de cette Maison était chargé. Léopold n'y dérogea pas et grâce aux lettres qu'il envoya à Vienne, tous les premiers pas du jeune couple de Naples furent connus de Marie-Thérèse et de son fils Joseph II.

---

* Giovanni Battista Rezzonico (1729-1783) était le majordome de son oncle. Clément XIV l'éleva à la pourpre en 1770.

** Abbondio Rezzonico (1742-1810) fut sénateur de Rome de 1765 à sa mort. Son oncle le fit prince romain.

*** Petit médaillon, rond ou ovale, confectionné avec de la cire de cierge pascal mélangée avec du saint-chrême et consacré par le pape. Son nom venait de ce que l'avers était frappé de l'agneau pascal.

Après avoir cheminé le long des marais pontins rongés par la malaria, le cortège arriva à Terracina, coincée entre la mer, le mont Sant'Angelo et le Monte Circeo où la légende voulait que la magicienne Circé changeât les hommes en pourceaux. Arrivée dans la ville, Marie-Caroline crut défaillir : sa suite et son escorte autrichiennes prirent congé d'elle et rebroussèrent chemin. Désormais protégée par la garde royale napolitaine, elle découvrit sa nouvelle suite. En effet, dès le 22 mars, Ferdinand IV avait formé la maison de la future reine en nommant quatorze dames chargées de son service. En réalité, la liste avait été arrêtée par son père Charles III, Ferdinand ne faisant rien « *senza il paterno oracolo** ». Sa première dame de compagnie, la duchesse d'Andria, lui remit alors, de la part du roi son époux, un écrin de bijoux. Soutenue par son frère et sa belle-sœur, elle passa dans une chambre et changea de vêtements pour être vêtue à la mode de Naples.

Elle remonta alors en carrosse et le cortège passa sous la Torre dell'Epitaffio**, ultime poste douanier de l'État pontifical. Il traversa ensuite la Terra di Nessuno***, étroit *no man's land* n'appartenant à aucune domination où se réfugiaient les bandits qui y pullulaient. Enfin, il arriva au Passo della Portella, une arche encadrée de deux tours rondes massives qui, à environ 110 kilomètres de Rome sur la via Appia antica, marquait l'entrée dans le royaume de Naples.

---

* « Sans l'oracle paternel. » Tanucci à Charles III, 8 mars 1768.

** La tour de la Tombe, en raison d'une tombe romaine qu'elle jouxtait.

*** Le Territoire de Personne.

C'était là que Ferdinand IV attendait son épouse, comme trente ans auparavant son père Charles III avait attendu sa mère, Marie-Amélie de Saxe*. Pour l'occasion, il y avait fait édifier un élégant pavillon de bois, tapissé de soie brodée d'or.

Sans plus aucune personne de connaissance à son service, ne pouvant avoir trop d'intimité avec son frère et sa belle-sœur, Marie-Caroline se trouva dès lors face à son destin qui avait les traits d'un prince qu'elle allait découvrir.

* Née en 1724, elle épousa Charles de Bourbon, roi de Naples et de Sicile, en 1738. Elle mourut reine d'Espagne en 1760.

2
Les débuts napolitains d'une reine

Lorsque la jeune femme descendit de son carrosse, elle plongea dans une révérence pour baiser la main de son époux mais celui-ci la releva aussitôt. Cette demoiselle de seize ans, moins jolie que pétrie de charmes, lui plut tout de suite. En revanche, Marie-Caroline découvrit un adolescent de dix-sept ans, dégingandé et qui semblait ne pas savoir quoi faire de son grand corps. Ses manières comme sa conversation étaient limitées et n'arrivaient pas à cacher son ennui d'avoir à jouer son rôle de Cour.

L'horreur d'une nuit de noces

Pour son malheur, il avait hérité la laideur de son père Charles III : regard morne, visage et appendice nasal trop longs. Aussi, ses sujets l'avaient rapidement surnommé *il Re nasone* (le roi au grand nez). Or, loin d'en souffrir, il en était très fier car, habitué depuis son plus jeune âge à la camaraderie avec les gamins du port de Naples, il savait ce que la rumeur populaire attachait de flatteur pour la virilité masculine au fait de posséder un grand nez. Mais au dicton *Nasone, cazzone**, les Italiens ajoutaient *Chi di naso abbonda di cazzo sfonda***. La jeune femme en fit l'amère expérience.

Il avait été arrêté que la nuit de noces se passerait, le soir même, au palais de Caserte, le Versailles napolitain. La Reggia de Caserte, bâtie sur ordre de Charles III en 1752, ne fut vraiment achevée qu'en 1774. Toutefois, en 1768, son architecte, Luigi Vanvitelli, avait déjà réussi à en faire la plus grande résidence royale du monde. Ce palais étant distant d'une vingtaine de lieues de la frontière, Marie-Caroline et son époux y arrivèrent vers minuit, ovationnés par des sujets que l'heure tardive n'avait pas rebutés. En haut de l'escalier monumental menant aux pièces de réception et aux appartements, le couple royal fut accueilli par les ambassadeurs de famille – à savoir de France, d'Espagne et d'Autriche. Peu de courtisans avaient fait le déplacement. La plupart d'entre eux se reposaient des trois jours de gala que, le 25 avril, à l'arrivée officielle de la nouvelle de son mariage par procuration, Ferdinand avait ordonnés à la Cour, et ils se réservaient pour l'entrée solennelle à Naples. Au grand dam de l'ambassadeur d'Autriche, le comte de Kaunitz***, fils du chancelier impérial, le couple royal fut immédiatement invité à se retirer dans ses appartements sans plus de cérémonie.

---

* « Grand nez, grand sexe », pour traduire dans une langue convenable.

** « Qui de nez abonde, de sexe défonce. »

*** Ernst-Christoph von Kaunitz-Rietberg (1737-1797), fils aîné du chancelier Wenceslas Antoine de Kaunitz, fut ambassadeur à Naples de 1763 à 1770.

Si la jeune fille était totalement inexpérimentée, le marié n'avait pas été plus éduqué pour se conduire en époux. Sans doute déniaisé depuis longtemps par quelque fille facile, il ne liait aucunement sexualité et amour. Il se flattait de son endurance, la prenant pour un exploit érotique. Aussi, pour ne pas faire mentir l'adage napolitain, il prit sa femme en soudard, sans se soucier de son plaisir, comme si elle n'était que le vase naturel de ses humeurs priapiques. Chez Marie-Caroline, l'humiliation se joignit à la douleur physique comme en témoigne une lettre adressée à la comtesse de Brandeis* : « On souffre un vrai martyre, d'autant plus grand que l'on doit montrer du contentement au-dehors. [...] Si la religion ne m'avait pas dit : “Pense à Dieu”, je me serais tuée car vivre ainsi pendant huit jours me semblait un enfer et je souhaitais ardemment mourir. »

Quand le grand-duc Léopold de Toscane avait vu le roi pour la première fois, il avait craint le pire. Le soir même, à Caserte, il écrivit à son impériale mère : « Je tremble pour demain. » Or, le lendemain matin, Ferdinand parut, prit une collation avec ses invités et partit pour la chasse. Alors qu'on lui demandait des nouvelles de son épouse, il répondit : « Elle dort comme une morte et sue comme un porc**. » La grande-duchesse, pourtant sœur de Ferdinand, se rendit alors chez la

---

* Judith de Brandeis, gouvernante de Marie-Antoinette, ayant montré trop de complaisance coupable envers son élève, Marie-Thérèse la remplaça, en avril 1768, par celle de Marie-Caroline, la comtesse von Lerchenfeld. Toutefois Marie-Antoinette resta en contact épistolaire avec celle qu'elle appelait dans ses lettres « la Brandis ».

** *Dorme com'un'amazzata e suda com'un porco.*

reine et se fit raconter la nuit de noces. De retour, elle informa Léopold que Ferdinand s'y était pris fort rudement et sans marquer la moindre tendresse.

Le couple, craignant le pitoyable effet que produirait sur les courtisans l'absence du roi, partit à sa recherche avec Marie-Caroline. L'ayant trouvé très occupé à chasser dans l'immense parc du château, ils le ramenèrent et déjeunèrent avec lui, mais le repas à peine fini, il reprit son fusil et ne rentra qu'à la tombée du jour, juste à temps pour pouvoir jouir du feu d'artifice tiré en leur honneur. Sans doute, en tant que femme, Marie-Caroline fut indélébilement marquée par ce traumatisme. Comme elle l'avait écrit à la comtesse de Brandeis : « Je sais maintenant ce que c'est et je regrette sincèrement qu'Antonia [Marie-Antoinette] l'ait encore devant elle. »

Mais la jeune femme était aussi reine et entendait le rester. Et comme elle vit immédiatement que son époux n'était qu'une jachère intellectuelle, elle comprit que le bourrin qui la possédait pouvait devenir le crétin qu'elle dominerait. Toutefois, écrivant à sa mère, elle relativisait les on-dit concernant son mari : « Dans le caractère, tout est mieux que l'on ne l'avait dit. » Pour elle, Ferdinand n'était qu'une friche que personne n'avait entrepris de cultiver. Il avait en effet du bon sens et une ruse matoise qui lui permirent de rester roi pendant soixante-quatre ans, jusqu'en 1825, longévité dont aucun autre souverain de son époque ne put jouir.

L'escogriffe couronné

Pourtant, rien ne le prédestinait à être roi et l'on ne s'était pas plus soucié de l'enfant qu'il avait été que d'une guigne. Mais tout changea avec la fragilité des souverains espagnols. En 1724, Philippe V, qui avait hérité le tempérament neurasthénique de sa mère, Marie-Anne de Bavière, abdiqua en faveur de son fils aîné qui devint Louis Ier. Or, le jeune souverain mourut sept mois plus tard de la variole et Philippe V remonta sur le trône. Quand il disparut en 1746, son second fils lui succéda sous le nom de Ferdinand VI mais, à la mort de son épouse, il sombra lui aussi dans la mélancolie et décéda en 1759. Son héritier était son demi-frère Charles, roi de Naples.

Or, le troisième traité de Vienne de 1738 avait stipulé qu'aucun monarque ne pourrait jamais posséder les deux couronnes. Normalement donc, selon ces accords, le trône de Naples aurait dû revenir à son frère Philippe, alors duc de Parme, mais Charles ne voulait nullement abandonner tout regard sur son royaume. Aussi, en 1758, il s'était entendu secrètement avec Marie-Thérèse qui avait accepté qu'il choisît son successeur. S'étant d'abord proclamé « seigneur de Naples », le nouveau roi d'Espagne abdiqua, le 6 octobre 1759, en faveur de son troisième fils Ferdinand qui devint alors roi de Naples à l'âge de huit ans.

Le lendemain, Charles appareilla pour Barcelone, emmenant la reine son épouse et leur fils aîné. L'enfant-roi resta seul. Son père le laissait entre les mains du grand chambellan, Domenico Cattaneo della Volta, prince de San Nicandro (1696-1782), qui fut tout à la fois son tuteur (*aio*) et son précepteur. Par ailleurs, Charles III avait constitué un conseil de régence, dirigé par le marquis Bernardo Tanucci, Premier ministre et secrétaire d'État. Tanucci et Cattaneo s'affrontèrent immédiatement. Le premier fit au second une réputation de paresse, d'étroitesse d'esprit et d'incapacité intellectuelle qui aurait déteint sur le jeune roi, arguments *ad hominem* qui furent singulièrement repris, d'abord par les ennemis de Ferdinand IV sous son règne, puis par les adversaires des Bourbons de Naples lors de l'unification italienne sous le sceptre de la Maison de Savoie.

Ainsi, en 1915, Mario Vinciguerra écrivait : « En vérité, ce roi, vulgaire et bonasse, fut éduqué par le vieil ignorant qu'était le prince de San Nicandro[1]. » Bien plus tard, en 1958, Benedetto Croce lui fit amplement écho pour dénoncer le tuteur royal :

> Aio célèbre pour son ignorance et plus encore pour son amour de l'ignorance, il était persuadé que les gentilshommes, et plus encore leur souverain, devaient uniquement cultiver les arts chevaleresques, où ils pouvaient faire montre de leur habileté dans les exercices du corps, l'équitation, la conduite des voitures, la chasse, les fêtes et les parties de campagne[2].

Aujourd'hui, il semble à certains que ces auteurs se soient empressés de jeter l'eau du bain sans vouloir voir la mauvaise nature du bébé[3]. En 1834, si Pietro Colletta (1775-1831), pourtant un ennemi implacable des Bourbons en 1799, accusait Cattaneo de faiblesse : « Le tuteur du roi, le prince de San Nicandro, honnête de mœurs mais ignorant tout des sciences et des lettres, fut uniquement désireux de plaire à son élève », il dénonçait surtout la duplicité du Premier ministre, Bernardo Tanucci, qui aurait persuadé le tuteur « de ne pas cultiver les capacités intellectuelles du jeune prince, car il était plus convenable de borner le roi d'un petit État à la médiocre jouissance des délices du pouvoir[4] ».

En 1882, Rafaele Altavilla fut plus explicite :

> Ferdinand enfant a employé de nombreuses heures de la journée aux exercices et aux plaisirs, chassant toute idée d'étude de son esprit. Aussi, bien que des hommes de grande renommée aient été ses maîtres, ils ne réussirent jamais à trouver le temps de le former. Quand il était jeune homme, les conversations sérieuses l'importunaient ; quand il devint adulte, il les fuyait car, ressentant la honte d'un sentiment d'infériorité, elles le mettaient mal à l'aise. Son plaisir était de raconter comment il savait chasser des cygnes ou des cerfs, tuer des oiseaux à la fronde, arrêter des chevaux lancés au galop, être patient à la pêche ou le premier à la course. Ce fut pourquoi les exploits physiques, une vie dissipée, ou des goûts plébéiens devinrent l'ambition de ses sujets, et principalement des courtisans qui lui étaient proches. Réfractaire à tout exercice intellectuel, les conseils des ministres l'ennuyaient, il les convoquait rarement et les expédiait très rapidement[5].

En ce milieu du XVIIIe siècle, l'absolutisme, modèle de gouvernement issu de la Contre-Réforme, était remis en cause par les Lumières. La noblesse, les corps intermédiaires et les philosophes estimaient que le pouvoir monarchique devait être tempéré par ceux que leur intelligence ou leur naissance désignaient naturellement pour conseiller le souverain. Le despotisme éclairé voulait régner en maître en Europe. Or, le jeune roi, qui n'avait jamais voulu subir le joug intellectuel de quiconque et qui ne faisait confiance qu'à Tanucci (qui le déchargeait de tout travail), n'entendit aucunement suivre la mode du temps.

Lorsque Ferdinand fut déclaré majeur, le 12 janvier 1767, le cardinal Orsini d'Aragona, ambassadeur napolitain à Rome, informa le Saint-Siège que la régence était terminée et que si ses membres faisaient tous partie du nouveau Conseil d'État, ils n'y avaient en revanche plus le droit de voter. Le jeune monarque ne voulut pas laisser penser qu'il n'était pas l'unique maître mais, en réalité, Tanucci conservait intacte son autorité et son influence sur lui. Ferdinand IV incarna donc un despotisme de théâtre, sans en avoir ni les manières, ni les lumières.

Mais revenons en 1768. Le séjour à Caserte se prolongea pour permettre l'organisation des festivités à Naples, prévues pour durer quinze jours. Tout fut fait pour distraire la jeune reine : concerts, opéra, feux d'artifice, jeux d'eaux des jardins et de la superbe cascade, visite de l'immense palais royal, se succédèrent pour tenter d'atténuer la méconduite de Ferdinand.

Ce dernier avait écrit à l'impératrice-reine, sa belle-mère, pour lui dire combien sa nouvelle épouse lui plaisait. Marie-Caroline, en fille aimante, mais aussi sans doute en femme assumant ses responsabilités, ne voulut pas alarmer sa mère sans toutefois enjoliver la réalité :

> Le roi est très laid de figure [...]. Ce qui m'impatiente le plus, c'est qu'il se croit beau et adroit et il n'est ni l'un ni l'autre. Il faut que je dise et avoue que je ne l'aime que par devoir ; mais je fais tout au monde pour lui faire accroire que je suis passionnée pour lui. Je me conduis avec beaucoup de douceur et de patience ; il dit qu'il m'aime beaucoup, mais ne fait rien de ce que je veux.

Le grand-duc de Toscane posait un regard d'entomologiste sur les premiers pas du couple. Ses courriers à sa mère devaient assurément moins la rassurer que les lettres autocensurées de Marie-Caroline. Inquiet pour sa sœur, il écrivit à Marie-Thérèse : « Elle avale tout, mais j'ai peur que cela ne lui fasse du mal. » Le 14 mai, il livra à l'impératrice un véritable portrait-charge de celui qui lui apparaissait comme un grand dadais royal et qui n'hésitait pas à se cacher derrière les portes pour lui faire peur :

> Ferdinand est sans gêne et n'aime ni bien s'habiller, ni se montrer en société, mais il possède un solide bon sens et des dons naturels, un cœur excellent disposé souvent à faire plaisir ; mais ces dons n'ont jamais été cultivés [...]. Il n'a aucune intuition des affaires, ne se plaît que dans l'intimité de courtisans serviles, n'aime que la chasse et n'entend rien à la musique ni à la danse. Le malheur est que ses amis sont de véritables bouffons qui poussent le roi à se livrer à de continuelles arlequinades et le maintiennent dans de lamentables enfantillages. Ces vils flatteurs ne cherchent qu'à le distraire et à l'accabler de compliments. Grâce à eux, Ferdinand a perdu tout sens critique. Il fait souvent son entrée mal coiffé, criant et gesticulant, oubliant totalement de saluer ses invités,

> parlant un napolitain populaire entaillé des expressions les plus grossières. Bien que sachant le français, cela le gêne de le parler. Dès qu'il se trouve en présence de gens qu'il ne connaît pas, il éprouve un indescriptible embarras, ne sachant plus ce qu'il fait, n'osant même pas regarder en face son interlocuteur quel qu'il soit, fût-il un pauvre diable, si c'est la première fois qu'il le voit. Il est si gêné avec sa femme qu'il hésite à lui adresser un mot, même en notre présence.

William Hamilton, frère de lait du roi George III et ambassadeur britannique à Naples de 1764 à 1800, n'était guère plus tendre :

> Aucun souverain européen, sans exception, n'a été aussi mal éduqué que le roi de Naples. Il ne maîtrise aucune langue, à l'exception de l'italien et encore n'est-ce que le dialecte napolitain, celui que les plus bas de ses sujets, les *lazzaroni*, parlent entre eux. [...] Toute la correspondance entre lui et son père se fait dans le jargon napolitain commun.

Nathaniel Wraxall, proche du même Hamilton, dit le roi « privé tout à la fois de l'élégance et des manières qui, souvent, cachent le manque de connaissances » et il lui semblait « un paysan monté sur le trône par hasard ou par accident ».

La grande-duchesse elle-même eut pitié de sa jeune belle-sœur et elle morigéna son frère, l'exhortant à être plus attentionné à l'égard de son épouse. Lui répétant que sa femme lui plaisait, il lui promit de se corriger. En matière conjugale comme dans tout le reste, selon le jeu de mots italien, *non aveva vizi ma solamente vezzi,* il n'avait pas de vices, mais seulement de mauvaises habitudes. C'est ainsi que, le lendemain, pour la première fois, il resta avec sa femme le matin et n'alla pas à la chasse.

Naples en fête

Le 19 mai, le couple royal et ses hôtes laissèrent enfin Caserte pour Naples. Leur arrivée fut saluée par les cloches de toutes les églises et l'artillerie des forts. L'entrée publique n'étant prévue que le 22, ils s'installèrent au palais royal sans cérémonie.

Construit au début du XVIIe siècle, il avait été la résidence de tous les vice-rois espagnols ou autrichiens qui s'étaient succédé à Naples, puis celle du père de Ferdinand en 1734. Les appartements privés et publics étaient situés à l'étage noble. On y accédait alors par un escalier en roche volcanique locale que Montesquieu qualifia, en 1729, de plus bel escalier d'Europe*. La reine disposait d'un appartement privé et d'un boudoir ; son appartement public comprenait deux antichambres et quatre salons. De surcroît, en l'honneur de son mariage, on avait édifié à la hâte, dans l'appartement du roi, un petit théâtre de cour dont les décorations étaient en papier mâché polychrome.

Le 22 au matin, Marie-Caroline quitta le palais incognito et alla attendre le roi hors les murs, dans le palais Caracciolo di Forino, sur la via Foria qui longeait la muraille et que parcourait alors le collecteur

* Il disparut dans l'incendie de 1837.

(*lavinaio*) des eaux de pluie qui dévalaient des collines les jours de mauvais temps. Ferdinand alla l'y chercher et ils entrèrent dans Naples par la porta Santo Spirito, surmontée, depuis Charles Quint, par le grand aigle bicéphale des Habsbourg, ce qui dut être agréable à la souveraine. Sous les vivats de la foule, entre deux haies de gendarmes en armes, le cortège parcourut la via Toledo, voie rectiligne longue de plus d'un kilomètre, qui menait au palais royal.

Le lendemain 23 mai, le couple se rendit à la cathédrale où il fut béni par l'archevêque. Après un *Te Deum*, les jeunes souverains rentrèrent au palais. Un gala avait été programmé pour le 25, mais la reine étant indisposée, il fut reporté au 30. Le couple grand-ducal de Toscane profita de ce répit forcé pour visiter incognito les sites de Pouzzoles, Herculanum et Pompéi.

Le 30 mai, le gala put avoir lieu. Les souverains eurent à subir l'interminable cérémonie du *baciamano* où tout ce que Naples comptait d'important fut invité à leur baiser la main. Le matin, ils virent défiler les ambassadeurs étrangers, le cardinal-archevêque, le corps municipal, les magistrats et les seigneurs de la Cour. L'après-midi, ce fut au tour des dames du palais et de la Cour. Le soir, le nouveau couple royal fut salué par une triple décharge d'artillerie, tant des forts que des vaisseaux. Dans la grand-salle du palais, on donna un concert et, les 31 mai et 1er juin, un grand bal. Les 2 et 3, le couple royal et ses invités assistèrent à une représentation au théâtre San Carlo*, récemment rénové pour l'occasion.

---

* Construit en 1737 sur ordre de Charles III par l'architecte Giovanni Antonio Medrano, d'une capacité de près de 1 400 places,

Le 5 juin eut lieu l'amusement préféré du peuple napolitain : la cocagne. Elle représentait une forteresse dont les murailles étaient faites de comestibles ; elle renfermait des animaux vivants et était ceinte de fossés remplis d'eau et de poissons. Leurs Majestés Siciliennes en admirèrent l'aspect puis la livrèrent au peuple. Un voyageur anglais a laissé une description de cette tradition populaire qui remontait au Moyen Âge :

> Imaginez un grand amphithéâtre dont la scène est remplie de vaches, de veaux, de moutons, de cochons et d'une impressionnante quantité de miches de pain. Sur chaque côté, vous pouvez voir des oies, des dindes et autres volailles, la plupart accrochées vivantes. Des dieux et des déesses, magnifiquement vêtus, s'y déplacent comme s'ils étaient les génies des lieux. Du vin jaillit de fontaines sans interruption. Le roi traite ainsi son peuple chaque fois qu'il veut montrer sa libéralité. Cela commence par quelques farces, après quoi les gardes qui entourent l'amphithéâtre ouvrent des passages où s'engouffre la ruée des *lazzaroni* qui se poussent, se frappent et se bousculent avec une ardeur diabolique. L'édifice est mis en pièces et les divinités ne sont pas plus respectées que les vaches et les cochons. On comprend difficilement comment les spectateurs peuvent trouver du plaisir à voir les gens du commun se battre entre eux et se blesser pour tenter d'arracher un butin, plus dépecé que tué[6].

---

il fut rénové en 1767 par l'architecte Ferdinando Fuga lorsqu'il fut question de marier Ferdinand IV.

Le 12 juin, le comte de Kaunitz offrit un déjeuner en l'honneur du grand-duc et de la grande-duchesse de Toscane auquel furent invités tous les diplomates en poste et la noblesse de cour. Le soir, il donna un dîner de deux cents couverts et, après le repas, il fit jeter au peuple par les fenêtres une grande quantité de médailles d'argent frappées à Vienne à l'occasion du mariage entre Marie-Caroline et Ferdinand. Enfin, le 15 juin, un bal public masqué, que le couple royal honora de sa présence, marqua la fin des festivités. L'étourdissement des fêtes qui avait éloigné pour un temps Marie-Caroline de la réalité connut encore quelques spasmes, comme si l'illusion du bonheur ne voulait pas mourir[7].

Début juillet, la jeune reine refusa le don gracieux de 20 000 ducats que la ville de Naples avait l'habitude d'offrir à toute nouvelle souveraine et elle demanda que cette somme servît à doter deux cents jeunes Napolitaines. Le 8 juillet, les heureuses bénéficiaires vinrent la remercier publiquement, montées sur douze chars symbolisant les quatre saisons, les quatre éléments et les quatre grands arts libéraux*.

Le lendemain, le 9 juillet, les grands-ducs de Toscane s'étant embarqués pour Livourne, la jeune femme se retrouva seule. S'ils lui avaient été d'un grand soutien moral, ils avaient aussi contribué à donner un ton nouveau à la cour de Naples. Un soir que Ferdinand jouait avec ses compagnons habituels à la *mucca cieca***

---

* L'arithmétique, la musique, la géométrie et l'astronomie. Elles formaient le *quadrivium* qui succédait au *trivium* (grammaire, dialectique, rhétorique).

** Littéralement « la vache aveugle ».

(colin-maillard) et que cela leur donnait l'occasion de rudes empoignades, Léopold prit à part le Premier ministre, Bernardo Tanucci, et lui suggéra d'user de son influence pour qu'on fît preuve à la Cour d'un peu plus d'élégance.

Peu après, à la cour de Naples, les manières devinrent plus convenables et on attribua ce changement « à la reine et à l'éducation qu'elle avait reçue sous les yeux de son auguste mère ». Toutefois, elles restèrent « bien éloignées de ce qu'on nommait l'étiquette espagnole[8] ». Ainsi, la nouvelle souveraine donnait l'impression d'être plutôt l'amie que la maîtresse de ses dames de compagnie, puisqu'elle leur permettait de s'asseoir en sa présence. Quant au roi, il lui arrivait de dîner à la même table que la reine avec des seigneurs et des dames de la Cour.

Le 30 juillet, la dernière manifestation officielle liée à l'avènement de Marie-Caroline fut l'arrivée des quatre députés de Palerme venus la féliciter en tant que nouvelle reine de Sicile. Le lendemain, en point d'orgue de ces deux mois d'installation, le couple royal fit une promenade en mer jusqu'au Pausilippe.

Au cours de l'été, Ferdinand s'était contenu et il était presque devenu social. Mais cela n'avait que trop duré et sa monomanie de la chasse reprit le dessus. Car, en réalité, il n'était qu'un viandard. William Hamilton, maintes fois convié à partager les plaisirs royaux, notait que Ferdinand était infatigable et que presque toutes ses journées étaient exclusivement dédiées à la chasse. Il tuait par plaisir et ses tableaux étaient composés de plusieurs centaines de daims, de sangliers, de gibier de toute sorte, de renards et de loups. À ce délire mortifère, il ajoutait le plaisir de dépecer les bêtes. Hamilton soutenait que le roi, couvert du sang de ses victimes, avait plus de connaissances anatomiques que le meilleur chevillard de Smithfield*. Il ajoutait : « Parfois la reine elle-même est obligée d'assister à cette scène, comme on peut le supposer moins par désir personnel que pour faire plaisir au roi. »

En septembre, ils partirent chasser le faisan dans l'île de Procida où ce gibier était très commun. Ils ne revinrent à Naples que le 19 du mois pour assister, en l'église Santa Chiara**, au prodige de la liquéfaction du sang de saint Janvier[9]. Ce « miracle » que l'Église n'a jamais reconnu, se produit en effet trois fois par an : le jour de sa fête le 19 septembre, le premier samedi de mai, et le 16 décembre, anniversaire d'une éruption du Vésuve en 1631.

Aussitôt après, le couple royal et la Cour allèrent s'installer à Portici où ils restèrent tout l'automne. Le palais royal de Portici avait été construit par le père de Ferdinand entre 1738 et 1742. Plus tôt, venu rendre visite au duc d'Elbeuf*** dans sa villa de Portici, le roi Charles de Bourbon fut impressionné par l'endroit. Chef-d'œuvre du baroque napolitain, cette *reggia*

---

* Smithfield Market était à Londres, selon Daniel Defoe, « incontestablement la meilleure boucherie du monde ».

** Le reliquaire de saint Janvier, évêque de Bénévent (v. 270-305), conservé dans une chapelle de la cathédrale de l'Assomption, était porté en procession jusqu'à l'église Sainte-Claire, paroisse des souverains de Naples.

*** Emmanuel Maurice de Lorraine-Guise (1677-1763), l'empereur Joseph Ier l'avait nommé lieutenant général de la cavalerie napolitaine en 1706. Ce fut ainsi qu'il découvrit le premier les vestiges d'Herculanum en 1709.

devint la résidence de la famille royale. Elle possédait un parc, le Bois, d'une superficie considérable, principalement destiné à la chasse mais où avaient été aménagés un jardin à l'anglaise et un zoo. Il fut aussi décidé d'y édifier un musée pour accueillir toutes les antiquités découvertes, notamment à Herculanum et Pompéi. Très rapidement, la présence royale jointe à la beauté de la côte, la luxuriance de la végétation et la vue superbe sur les îles de Capri, Ischia et Procida, firent que la noblesse eut à cœur de s'y faire construire des résidences, fondant ainsi sur la riviera vésuvienne le Miglio d'Oro, *nec plus ultra* de l'art de vivre aristocratique à Naples.

Jusqu'en novembre, le roi s'adonna « au divertissement de la chasse » comme le notait le bulletin de la Cour, « soit dans les bois voisins, soit sur les lacs qui, dans cette saison, sont couverts d'oiseaux ».

Début octobre, toutefois, il s'offrit un amusement royal. Dans le bois de Portici, il fit édifier une petite forteresse et en fit simuler la défense et le siège par plus de 7 000 hommes. Le roi voulut y participer comme simple grenadier, mangeant avec ses « camarades » tandis que la reine recevait sous une tente les dames, les ambassadeurs d'Autriche, de France et d'Espagne ainsi que les ministres. Après avoir fait récompenser tous ceux qui avaient participé à ce simulacre, le roi donna un bal dans le camp même. Comme l'avait écrit William Hamilton, si Ferdinand avait été pressé d'être déclaré majeur, c'était moins pour gouverner son royaume que pour s'adonner à ses plaisirs personnels.

La jeune reine avait très rapidement appris à ne pas s'en offusquer : elle savait que tant que son royal époux ne s'intéresserait pas aux soucis de l'État elle aurait tout loisir de prendre de l'ascendant sur lui et sur les affaires.

3
Une reine indocile

Pendant que son époux s'amusait, Marie-Caroline, quant à elle, avait encore à l'esprit tous les conseils que Marie-Thérèse lui avait prodigués, moins de mère à fille, d'ailleurs, que de souveraine à future reine. Ne sachant pas grand-chose de son futur gendre et de son profond inintérêt pour la chose publique, l'impératrice avait conseillé à la jeune femme de ne rien faire qui fût contraire aux vues de son époux : elle devait bien accueillir ceux qu'il aimait ou distinguait ; elle devait se défier de ceux qui, toujours mécontents quoi que l'on fît, la flatteraient, ne serait-ce que pour introduire la zizanie dans le couple royal ; enfin, si le roi l'y autorisait, elle devrait s'intéresser aux affaires, mais toujours sans rien en laisser paraître au-dehors.

Elle lui avait en outre rappelé qu'en épousant Ferdinand IV, elle s'unissait aussi au royaume de Naples et que, s'il lui fallait absolument s'intégrer dans son nouveau pays, elle ne devait pas pour autant renier sa naissance. L'orgueil des Habsbourg se mêlait à la condescendance de l'Europe du Nord à l'égard du monde méditerranéen : née allemande, il lui faudra veiller, dans les moments essentiels, à conserver les vertus cardinales de ses origines, à savoir la bonté et la droiture ; pour le reste, c'est-à-dire l'accessoire qui ne méritait qu'indifférence, elle pourrait être pleinement napolitaine.

Nantie de ce bréviaire de schizophrénie, Marie-Caroline essaya tout de suite de faire cohabiter en elle la femme de pouvoir et la reine de Cour. Une fois atténuées la douleur et l'humiliation de sa flétrissure nuptiale, les arlequinades de son royal époux la confortèrent dans l'idée qu'au moins, il serait un homme aisé à manœuvrer. Or, elle apprit très vite que si Ferdinand pouvait se conduire en adolescent mal élevé, c'était uniquement parce que le pouvoir était tenu de main de maître par le Premier ministre, Bernardo Tanucci.

Le marquis Bernardo Tanucci (1698-1783)

Quand la jeune fille arriva à Naples, il avait soixante-dix ans. Toscan, né en 1698 dans une famille pauvre de Stia, près d'Arezzo, il avait fait ses études à Pise et y avait acquis une certaine renommée, au point d'être nommé professeur de droit en 1725. Lorsqu'en 1734, Charles de Bourbon, parti conquérir le royaume de Naples, traversa la Toscane, le grand-duc Jean Gaston de Médicis (1671-1737) lui conseilla d'emmener avec lui ce brillant juriste. Devenu roi, il le nomma son premier conseiller, puis ministre de la Poste en 1748 et ministre de la Justice en 1751. Il le fit marquis en 1752 puis le choisit comme ministre des Affaires étrangères en 1753 et enfin comme Premier ministre en 1754.

En réalité, il n'arriva réellement au pouvoir que grâce aux intrigues de la reine Marie-Amélie de Saxe.

Lorsqu'en 1734, Charles devint roi des Siciles péninsulaire et insulaire, son père l'avait confié à deux diplomates espagnols*. La reine, qui les détestait, profita de la mort de Philippe V en 1746 pour confier le ministère à un diplomate italien. Comme elle s'en était lassée deux ans plus tard, le pouvoir échut à Tanucci.

Ce dernier s'inscrivait dans la tradition antiromaine qui avait caractérisé le royaume de Naples depuis des décennies. Au début du XVIIIe siècle, dans la Naples sous domination autrichienne, les légistes (*togati*) napolitains remirent en cause le pouvoir pontifical. Le plus représentatif, Pietro Giannone (1676-1748), avocat général de la ville de Naples, fut arrêté en 1736 sur ordre du vice-roi autrichien, le cardinal von Althann**, et mourut en prison.

Tanucci, partisan comme de nombreux jeunes juristes italiens du pouvoir idéologique des juges (*il ceto togato*), ne pardonna pas aux Autrichiens d'avoir cédé aux exigences de Rome. Il leur en garda rancune, continuant à les soupçonner, même lorsque Vienne se mit au diapason des Lumières. Ce fut donc plein de préventions qu'il accueillit la nouvelle souveraine, craignant que l'influence autrichienne ne vînt édulcorer les mesures anticurialistes qu'il avait prises.

En effet, Tanucci avait l'ambitieux dessein de créer un grand État en Italie du Sud. Pour ce faire, dès qu'il parvint au pouvoir, et durant la longue période qu'il

* Manuel de Benavides y Aragón, comte de Santisteban, et José Joaquín Guzmán de Montealegre y Andrade, marquis de Salas.

** Michael Friedrich von Althann (1682-1734), fait cardinal en 1719, fut ambassadeur impérial au Saint-Siège (1720-1722), puis vice-roi de Naples de 1722 à 1728.

l'exerça, il mit toute son énergie à réformer politiquement, juridiquement et institutionnellement le royaume de Naples. Il considéra que la modernisation du pays passait notamment par une limitation des juridictions ecclésiastiques et féodales au profit du seul pouvoir du roi. C'est pourquoi, en 1741, Naples signa avec Rome un concordat. L'État contrôla rigoureusement l'Église napolitaine et fit fermer le trop grand nombre de couvents qui n'avaient presque plus de religieux. Les propriétés ecclésiastiques, qui représentaient environ un tiers du royaume, furent soumises à l'impôt et, aux yeux de l'autorité politique, le mariage cessa d'être un sacrement dont l'annulation dépendait uniquement des tribunaux religieux, et put désormais être cassable par les tribunaux civils.

L'osmose entre le roi et son ministre faisait que la puissance de Tanucci résidait tout entière dans la confiance du roi Charles III d'Espagne. Si, en raison des traités internationaux, le Bourbon n'avait pas pu régner sur les deux pays, son départ pour Madrid en 1759 n'avait pas signifié qu'il laissait Naples suivre sa propre route. La minorité de son fils lui avait permis de confier le gouvernement à un conseil de régence, dirigé par Tanucci en qui il avait toute confiance.

Lorsque Ferdinand IV fut déclaré majeur, le 12 janvier 1767, son inappétence de la chose publique ne l'incita qu'à paraître le moins possible au conseil. On a même prétendu que, pour s'éviter de trop longues séances de signature, il s'était fait fabriquer un tampon à sa griffe dont Tanucci fit ample usage. Cela valut alors à celui qui était apparu comme le réel tuteur du roi, d'être surnommé le « tuteur des deux Siciles ». Or, s'il était un domaine que Charles III surveillait de près, c'était la tentation expansionniste des Habsbourg.

En effet, le renversement des alliances avait eu pour but principal d'empêcher la coalition anglo-prussienne de devenir trop importante sur l'échiquier européen. Pour le reste, c'était un mariage de raison où chacun surveillait les velléités de l'autre. Pour les Habsbourg, c'était une occasion de se réinstaller dans des pays de la Méditerranée qu'ils avaient longtemps possédés. À l'opposé, pour les Bourbons, l'essaimage nuptial de leurs anciens rivaux ne devait pas se traduire par une quelconque influence politique de l'Autriche.

Désormais, l'échiquier politique était donc complexe, et Tanucci ne pouvait qu'être méfiant à l'arrivée de la jeune Marie-Caroline.

Le confesseur de la reine

Comme c'était la règle pour toutes les princesses appelées à régner dans un pays différent du leur, Marie-Caroline n'eut d'autre entourage que les personnes napolitaines que le roi son mari lui avait choisies. Mais ce ne fut pas le cas de son confesseur[1].

Il s'agissait du Tchèque Antonín Bernard Gürtler (1726-1791). Ordonné prêtre en 1750, il fut remarqué à Vienne pour sa maîtrise de plusieurs langues. Dans la capitale, il fréquenta les cercles anticurialistes. Les élites de Vienne (les *Großen in Wien*[2]) connaissaient alors ce que Peter Herscher appela le « jansénisme tardif » (*Spätjansenismus*). Ce « parti de la vérité » gravitait autour de la souveraine. On y retrouvait son premier médecin, Gherard van Swieten, qui était aussi le directeur de la bibliothèque impériale, le juriste Karl Anton Martini qui enseignait le droit aux archiducs, le chanoine Ambros Simon Stock, doyen de la faculté de théologie, et même son confesseur, Ignaz Müller, qui, au scandale de la Curie romaine, n'était pas un jésuite mais le prieur du couvent augustin de Sainte-Dorothée.

Le père Müller organisait toutes les semaines un « forum du dimanche soir » que fréquentaient de nombreux invités[3], notamment le haut fonctionnaire Anton Philipp Gebler*, le prêtre belge Jean-Baptiste de Terme et l'abbé Anton Bernhard Gürtler. Ce furent ces deux derniers que l'impératrice choisit pour confesseurs – le premier de Marie-Antoinette, le second de Marie-Caroline.

Or, Marie-Thérèse choisit Gürtler de sa seule autorité, sans en référer à Tanucci. Celui-ci fit alors part au roi Charles III de sa crainte que l'abbé, nourri « au venin théologique des jésuites » et « au système de ces renards » ne fît qu'une bouchée d'un « roi feuille de papier blanc qui tombera aisément dans les pièges qu'il lui tendra ». En réalité, n'ayant pas eu son mot à dire, il supputa un coup fourré de Vienne et voulut uniquement placer auprès de la jeune reine un prêtre napolitain en qui il avait personnellement confiance et qui n'aurait dû son emploi qu'à lui seul.

* Très tôt franc-maçon, auteur de pièces de théâtre, son *Thanos, roi d'Égypte* (1784) aurait servi de trame à Mozart, son frère en maçonnerie, pour la *Flûte enchantée* (1791).

Il rejeta donc d'emblée le confesseur, sans l'avoir jamais rencontré, ni cherché à savoir qui il était. Ainsi, dans une lettre à Charles III datant du 2 février 1768, il dénonçait le « chanoine Antonio Burcard Gürther [*sic*], qui a été le confesseur des deux dernières impératrices défuntes et qui l'est maintenant des petits archiducs. On le dit de principes convenables, de manières douces et à l'aise dans les Cours. Ces traits de caractère correspondent admirablement au jésuitisme que la cour de Vienne n'a pas en horreur et qu'elle avait encore moins au temps des épouses des deux précédents Empereurs[4] ». En réalité, sa détestation *a priori* de Gürtler l'avait conduit à écrire n'importe quoi. Comment ce prêtre, ordonné en 1750, aurait-il pu être le confesseur de l'épouse de Charles VI, morte justement en 1750, voire de celle de Charles VII, morte en 1756 ?

L'Autriche restant inébranlable, il réitéra ses doutes le 12 avril : « Je le vois venir rempli de prétentions. D'aucuns me le dépeignent comme un courtisan entreprenant et présomptueux. » En fait, ses virulentes calomnies, focalisées sur un confesseur qu'il accusait d'être favorable à la Curie romaine et dont il ne savait rien, sauf qu'il avait pour lui l'énorme défaut d'être autrichien, traduisaient le dépit que ressentait le Premier ministre à devoir supporter une reine Habsbourg. Elles préfiguraient aussi douloureusement celles dont Marie-Caroline serait victime des années plus tard.

Observer et se taire

Marie-Caroline ne se mit pas d'emblée au courant de la vie politique, mais elle comprit très vite de quel poids pesaient le roi d'Espagne, son beau-père, et son tout-puissant indicateur, le marquis Tanucci.

Reine, elle savait qu'elle avait le meilleur poste d'observation possible. Elle feignit donc d'être futile et de suivre son mari partout. Elle s'ennuya à mourir dans d'interminables parties de chasse d'où Ferdinand ne réapparaissait que le soir, après avoir abattu force gibier. Elle essaya de s'amuser aux réceptions de Cour et même ne manqua aucune des cérémonies religieuses importantes, le plus souvent accompagnées de processions.

En effet, à Naples comme dans tout le monde méditerranéen, la sainteté, un des piliers de la spiritualité post-tridentine, avait connu un regain de vigueur[5]. L'opposition aux ingérences de Rome allait de pair avec le soutien à une religion encadrée par des prélats et des prêtres fidèles au gouvernement et conçue comme nécessaire pour le peuple. Les saints patrons des villes, des corporations, des paroisses, furent alors l'objet d'une piété spectaculaire. Alors que dans le nord de l'Europe, où nombre de ces fêtes avaient été supprimées*, le temps de travail avait augmenté ; et comme chaque fête religieuse était toujours suivie d'amusements profanes,

* En France, elles passèrent de 35 à 40 selon les diocèses, sous Louis XIV, à moins de 20 à la veille de la Révolution. Voir Jean-Yves Grenier, « Temps de travail et fêtes religieuses au XVIIIe siècle », *Revue historique*, 2012/3, 663, p. 609-641.

les visiteurs étrangers avaient l'impression que la ville vivait un plaisir permanent et ne travaillait pas beaucoup.

À la Cour, la jeune reine était vivement surprise par la vulgarité des amusements du roi et de ses courtisans. Lorsque, peu avant son retour à Florence, le grand-duc Léopold s'était entretenu avec Tanucci, ce dernier lui avait avoué que le roi Charles III regardait les amis de son fils comme de nocifs vauriens, mais il avait bien vite rajouté que, dans quelques années, la reine ferait de son époux ce qu'elle souhaitait. Le vieil homme avait donc vite jugé la jeune Autrichienne mais sa réponse traduisait son caractère matois : tant qu'il serait aux affaires, il ne ferait rien pour que Ferdinand ait envie de jouer un rôle ; quant à Marie-Caroline, il lui faudra attendre qu'il n'y soit plus pour pouvoir faire ce qu'elle veut.

En attendant, deux choses heurtaient principalement la jeune reine. Tout d'abord, le bruit incessant qui retentissait dans les palais en raison du nombre impressionnant de domestiques qui semblaient toujours affairés à ne rien faire et qui s'exprimaient à voix haute comme s'ils étaient dans la rue, mais aussi des animaux de toutes sortes qui encombraient les salons et aux cris desquels se joignaient ceux du roi et de ses bouffons d'amis. Ensuite c'était la nourriture, non qu'elle fût pire que celle servie à Vienne, mais parce qu'elle était fort différente et dans des quantités impressionnantes que Ferdinand, glouton comme beaucoup de Bourbons, ingérait cinq fois par jour. Après la collation du matin, il y avait l'en-cas entre 10 et 11 heures où était servie principalement de la charcuterie. Entre midi et 1 heure, il y avait le dîner, suivi en fin d'après-midi d'une autre collation qui précédait le souper, servi vers 9 heures. Dîners et soupers étaient pris par le couple royal avec sa nombreuse cour. En revanche, les jeudis et dimanches, le dîner était d'apparat et toute la noblesse du royaume qui avait ses entrées à la Cour pouvait y assister.

Tant qu'il se contenta de s'amuser et de remplir, le mieux possible, ses fonctions de représentations, ce couple d'adolescents ne déplut pas vraiment à Tanucci. À Naples, la liturgie étant plus importante que la foi, Ferdinand « faisait* » le roi. En revanche, si Marie-Caroline « faisait » la reine, elle rêvait en secret de l'être vraiment.

Leur apprentissage ne se limitait cependant pas à leur métier de souverains. Il leur fallait aussi se familiariser avec la vie maritale. Tous deux avaient été des enfants et des adolescents sinon gâtés, du moins très protégés. Il leur fallait désormais vivre ensemble. Ferdinand mit beaucoup de temps à se départir de sa vie de joyeux drille en compagnie de courtisans qui trouvaient leur intérêt à l'encourager dans sa vie d'immature. Mais il tomba progressivement sous le charme de son épouse, et le « balourd » – comme elle l'appelait – devint véritablement attaché à la jeune femme. Elle le comprit et elle apprit à le rebuter pour obtenir ce qu'elle voulait : elle le disputait pour des enfantillages, lui boudait ou, pire, l'éconduisait. Loin de s'en indigner ou d'en être

---

* Alors que, dans beaucoup de langues, le métier, la position sociale donnent une essence (il est médecin, il est prêtre...), en italien, la réalité de l'individu est différente du rôle qu'il est appelé à jouer (*fa il medico, fa il prete* ; il fait le médecin, il fait le prêtre).

offusqué, le roi, qui comprenait d'abord mal la situation, était étonné, puis attristé, sinon peiné. L'énergumène mal dégrossi était tombé dans les rets d'une femme-enfant.

La visite de Joseph II

Marie-Thérèse, en mère attentive, n'était pas restée insensible aux rapports que son fils Léopold lui avait faits de son gendre napolitain. C'est pourquoi, non sans doigté, elle organisa une visite de Joseph II à Naples préalablement au mariage de sa fille Marie-Amélie avec l'infant de Parme*.

Il arriva à Portici le 31 mai 1769. Le 2 juin, le couple royal donna un bal masqué en son honneur. Pour le public, Joseph semblait être venu faire du tourisme : le 3 juin, il visita Naples, le 4, Pouzzoles et Baies, le 5 il assista à un spectacle au théâtre San Carlo, le 7 il monta jusqu'au Vésuve et visita Pompéi en compagnie de William Hamilton, ambassadeur d'Angleterre à Naples. Le 8 enfin, il prit congé de ses hôtes à Caserte pour aller attendre sa sœur Marie-Amélie à Mantoue**. D'un naturel taciturne, n'aimant ni le faste ni la gaudriole, Joseph II fut très moyennement apprécié par les Napolitains. Mais peu lui importait car, en réalité, il

* L'archiduchesse, alors âgée de vingt-trois ans, bien qu'amoureuse du duc Charles-Auguste de Deux-Ponts que la famille impériale jugeait en dessous de son rang, fut contrainte d'épouser Ferdinand de Bourbon, infant de Parme, de cinq ans son cadet et que la rumeur publique accusait de débilité mentale.

** 16 juillet 1769.

n'était pas venu pour eux, mais pour s'entretenir avec sa sœur et son beau-frère.

Ce dernier, alors âgé de dix-huit ans, fut un instant intimidé par cet homme de dix ans son aîné. Mais une fois la glace rompue, Ferdinand, qui n'avait jamais donné dans la nuance, sombra dans la plus commune des familiarités, affublant l'empereur du surnom de Don Pepe*. Il lui fallut jouer à la *mucca cieca* avec le roi, sa sœur et ses dames, et supporter de le voir leur claquer les fesses ou leur donner des coups de poing. Lui-même n'échappa pas à une vigoureuse tape sur l'arrière-train et il dut tantôt porter le roi monté sur ses épaules, tantôt le traîner, accroché à son cou, comme un poids mort. Ce qui étonna Joseph fut que les courtisans ne semblaient nullement étonnés du spectacle affligeant et puéril que leur offrait leur souverain.

Il comprit que le roi ne supportait la majesté royale qu'avec parcimonie. Lors du bal costumé à Portici, Ferdinand, la reine et lui défilèrent solennellement au milieu des ambassadeurs et des courtisans, précédés de chambellans portant des flambeaux. Très rapidement lassé, Ferdinand se mit à hurler et à donner des coups de pied aux invités. Ce fut alors le signal de la débandade, tous courant vers la salle de bal, aiguillonnés par le roi qui les poursuivait. Là, Joseph, qui conversait avec des invités, eut la surprise de voir arriver sur lui Ferdinand qui n'avait cessé de se démener à danser. Le Napolitain ouvrit son gilet et prit la main de Joseph pour lui faire toucher sa chemise trempée de sueur. L'empereur ne put réfréner une moue de dégoût

* On pourrait le traduire par *Don Jojo* en français.

et retira précipitamment sa main, au grand étonnement du roi qui ne comprit pas que son beau-frère n'ait pas goûté cette fraternelle familiarité. Le pire pour Joseph advint lorsqu'il fut convié à assister à la cérémonie publique de la chaise percée, le roi tenant à faire profiter les malheureux spectateurs de l'odeur et du contenu du vase.

Les descriptions que Joseph fit de Ferdinand à son auguste mère relevaient du portrait à charge. Au physique, il avait les genoux cagneux et il se dandinait comme s'il titubait. Sa tête était petite, avec une épaisse chevelure brune qu'il ne poudrait jamais et qu'il enfermait dans une résille. Son visage était dominé par son nez proéminent. Il avait un front bas, des petits yeux porcins, une bouche lippue et des dents irrégulières. Il reconnaissait cependant que si le roi était laid, il n'était pas repoussant, qu'il était propre et ne sentait pas mauvais, même s'il avait toujours les mains sales, ne portant jamais de gants. Criant plus que parlant, il avait une insupportable voix de fausset.

Il n'était guère plus tendre sur ses capacités intellectuelles. Selon Joseph, Ferdinand n'avait jamais appliqué sa réflexion à qui ou à quoi que ce fût, pas même à lui-même. Il ignorait le passé, subissait le présent et ne songeait pas à l'avenir. Il estimait que son beau-frère n'était qu'un être végétatif dont la seule activité consistait à tuer le temps dans des activités qui le satisfaisaient et où il excellait. Pourtant, il restait persuadé que le jeune souverain avait des qualités naturelles, mais que nul ne s'étant avisé d'ameublir son esprit, elles n'avaient jamais pu percer. Dans les huit jours de son séjour, il réussit à le prendre à part pour lui prodiguer quelques conseils. L'ayant exhorté à se montrer moins dépendant de la cour de Madrid, il se rendit compte que Ferdinand ne supportait pas d'être soumis en tout à Tanucci, mais que son indolence naturelle et sa peur de toute nouvelle situation l'empêchaient de se rebeller.

En réalité, le Habsbourg avait parfaitement compris la situation. Si Charles III avait été obligé de laisser Naples pour Madrid, il entendait néanmoins gouverner ses deux royaumes. Tanucci, bien plus que son incapable fils, était donc le seul qui pût exécuter ses volontés et leur correspondance quasi quotidienne en était la preuve. Charles III savait que si Tanucci disparaissait, Naples lui échapperait. Or, rien ne pouvait changer tant que Ferdinand, par manque de volonté, préférerait le *statu quo* à une indépendance politique qu'il était incapable d'assumer.

Joseph avait aussi fait son voyage pour parler ouvertement avec sa petite sœur. En effet, le bruit courait que le roi Ferdinand était violent à l'égard de la reine. Marie-Caroline le rassura : il ne la battait pas. Cependant, elle n'était pas exempte des horions dont son mari n'était avare ni avec la noblesse ni avec la roture, et dont il gratifiait pêle-mêle courtisans, militaires ou domestiques. Pour finir de rassurer son frère, elle lui affirma que le roi était très amoureux et très fier d'elle.

Ayant trouvé qu'elle savait masquer ses éventuelles angoisses derrière une aisance de bon ton, il lui conseilla, en dépit de l'aversion marquée de son époux pour la culture et les livres, d'animer un salon où les plaisirs de la conversation compenseraient pour elle la stérilité des parties de chasse de son époux. En outre, ayant senti que, chez la jeune reine, l'orgueil des Habsbourg souffrait de devoir composer avec le Premier ministre, l'homme des Lumières qu'il était lui vanta l'intérêt de fréquenter l'élite franc-maçonne du royaume qui pourrait, le moment venu, lui fournir le soutien politique dont elle aurait besoin.

Commencer à exister

Après quelques semaines d'union entre Marie-Caroline et Ferdinand, les craintes de Tanucci s'étaient accrues, moins du fait même de la reine que de sa mère, Marie-Thérèse. En juin 1768, il dénonça à Charles III le grand intérêt que l'impératrice témoignait aux Napolitains austrophiles qui s'étaient opposés à l'installation des Bourbons sur le trône de Naples. Ces agitateurs* avaient été condamnés à la prison à vie, mais ayant réussi à s'enfuir, ils s'étaient réfugiés en Autriche et, maintenant, la belle-mère de Ferdinand IV lui écrivait pour solliciter son indulgence et son pardon. L'éditrice de la correspondance de Tanucci, Maria Claudia Ferrari, écrit :

> La véritable préoccupation de Tanucci étaient les nouveaux équilibres que l'arrivée de la très jeune reine auraient pu créer à Naples, et la crainte que, par son intermédiaire, Vienne ne réussît à influer sur les choix politiques du royaume[6].

---

* Tanucci cite le duc de Verzano, le marquis Lofrano et Saverio Castellana.

Toute son attention se fixa alors sur l'entourage de la reine. Marie-Caroline avait trouvé à Naples une compatriote en la personne de Marie Léopoldine von Kaunitz*. Or, celle-ci était très liée à la duchesse de Castropignano**, dame de compagnie de la mère de Ferdinand. Surnommée à la fin des années 1740 « la véritable souveraine de Naples », elle était l'animatrice à la Cour d'une faction hostile à Tanucci. Pour ce dernier, nul doute que la duchesse enseignait à l'ambassadrice autrichienne l'art de mettre la main sur la reine afin de subjuguer le roi. Astucieusement, il obtint de Charles III que la duchesse, dont la maîtresse était désormais reine d'Espagne, eût à se rendre auprès d'elle.

Un autre écueil pour le ministre était Chiara Spinelli, princesse de Belmonte***. Son mari, l'un des membres les plus éminents de la noblesse napolitaine austrophile, avait épousé en premières noces la demi-sœur de la duchesse de Castropignano, Francesca Revertera**** : « À la moitié du XVIIIe siècle, la noblesse austrophile formait encore à Naples un ensemble dynamique et uni qui, pour préserver son identité, cherchait à favoriser les unions matrimoniales entre les familles qui en faisaient partie[7]. » Toutefois, pour ne pas risquer l'exil, ces nobles

* Marie Léopoldine von Oettingen-Spielberg (1741-1795) était l'épouse de l'ambassadeur autrichien Ernst-Christoph von Kaunitz-Rietberg, fils du chancelier impérial.

** Née Zenobia Revertera (1712-1779), fille du duc de Salandra.

*** Chiara Spinelli (1744-1823), fille du duc de Laurino et seconde épouse d'Antonio Pignatelli, prince de Belmonte.

**** Épousée en 1754, elle mourut deux ans plus tard. Sa mère était née Marie-Thérèse von Türheim.

étaient très prudemment passés maîtres dans l'art de la fidélité plurielle, à la fois ouverte à la cause impériale et d'une soumission intéressée aux Bourbons.

La jeune princesse de Belmonte, que Tanucci décrivait comme « la plus attrayante de toutes les dames mais aussi la plus vaine » avait jeté son dévolu sur Ferdinand qui n'avait guère résisté. Pour la garder près de lui, il l'avait chargée d'être la guide et l'institutrice de sa jeune épouse. Or, le grand-duc Léopold, s'étant rendu compte de la chose, s'était fait l'allié de Tanucci. Pour lui, sa jeune sœur était incapable de surmonter toutes ces cabales et il écrivit à sa mère :

> Il sera bien difficile de trouver ici quelqu'un qui puisse conseiller la reine, car la noblesse est ignorante et le pays divisé en deux factions, ce qui fait que tout le monde tripote, ou pour, ou contre, et malgré que ces gens s'embrassent toute la journée, ils ne peuvent se souffrir. Ainsi, il n'y aurait guère ici que Tanucci et sa femme pour conseiller la reine[8].

Mais un an plus tard, Joseph II – et plus encore Marie-Caroline – pensaient différemment. En effet, la reine avait peu à peu découvert la réalité de la vie à la cour de Naples. À Vienne, chez sa mère, elle avait été préservée des intrigues et n'avait connu de la vie officielle que les plaisirs des divertissements. À Naples, elle découvrit que ces mêmes plaisirs, devenus des obligations royales, pouvaient être harassants et ennuyeux, mais aussi que si son mari lui disait l'aimer, cela ne l'empêchait guère de cultiver d'autres intimités.

À son grand désespoir et à celui de sa mère, elle ne parvenait pas à être enceinte, mais à l'été 1769, le bruit courut qu'elle et sa belle-sœur, la grande-duchesse de Toscane*, attendaient toutes deux un heureux événement. Ces bruits venaient à point car Ferdinand, qui avait par ailleurs de nombreuses preuves de sa fertilité, en venait à douter de celle de son épouse. Dès lors, le spectre de la répudiation rôdait.

Or, peu après le départ de Joseph II, Marie-Caroline connut une mésaventure cocasse qui prit le tour d'un drame. Le couple royal étant allé déjeuner à bord d'une frégate ancrée dans la baie de Naples, la reine, en repartant, manqua d'assurance sur la passerelle et tomba à l'eau. Elle s'y serait noyée si des matelots ne l'avaient sauvée. Ferdinand, qui avait quitté la table quelque temps auparavant pour aller chasser, entra dans une colère furieuse et s'en prit personnellement à elle. Certes, il n'était pas homme à se maîtriser, mais de là à entrer dans une rage folle pour un bain sottement forcé, il y avait une marge. Marie-Caroline en informa Joseph II qui venait de quitter Naples. Dans sa réponse, le 6 juillet, il minimisa l'événement, préférant lui prodiguer les conseils que lui avait suggérés son passage à Naples :

> Soyez en tout point heureuse, c'est ce que je désire du fond de mon cœur. [...] Vous avez failli avoir un malheur sur mer ; heureusement que cela s'est passé comme

* Marie-Louise d'Espagne, sœur de Ferdinand IV, était en effet enceinte. Sa fille, Marie-Anne d'Autriche naquit le 21 avril 1770. Elle mourut en 1809.

> cela. J'espère que quoiqu'habitante de la côte, vous aurez une autre fois plus de soin de choisir un meilleur temps pour vos promenades. Si les soupçons éloignés se confirmaient de grossesse, cela serait charmant, et vous y gagneriez infiniment. Faites seulement réfléchir et raisonner le roi, vous aurez tout gagné. [...] Faites-lui sentir qu'il est homme, que cette première et plus belle qualité prévale sur tous les autres titres, et alors les étiquettes seront évanouies. Enfin, faites qu'il goûte dans le mariage les plaisirs d'une vie bourgeoise[9].

De son côté, Ferdinand, réellement troublé, avait écrit à Marie-Antoinette, sachant les liens qui unissaient les deux sœurs. Elle lui répondit le 1er août :

> Je suis bien reconnaissante, mon cher frère, des détails que vous m'avez envoyés sur ce terrible accident qui me fait encore frémir ; j'espère qu'il inspirera à ma sœur, tous les ménagements qui lui sont nécessaires. Recevez tous mes remerciements et l'assurance de l'amitié bien sincère avec laquelle je suis, mon cher frère, votre bien affectionnée sœur Marie Antoinette.

Entre la réponse du frère et de la sœur de Marie-Caroline, un mois s'était écoulé et, entre-temps, l'événement semblait avoir acquis une telle importance que la colère du roi pourrait en fait s'expliquer. En effet, Marie-Caroline, qui a donné naissance à dix-huit enfants, a toujours dit qu'elle avait fait dix-neuf grossesses. Se peut-il que la frayeur de l'incident ait provoqué un accouchement prématuré ? Si tel était le cas, la réaction disproportionnée de Ferdinand serait compréhensible, et le conseil de Joseph II sur l'intérêt, pour sa sœur, d'être enceinte serait opportun.

Faisant le meilleur usage des autres conseils de son frère, elle réussit à s'imposer à son royal époux : à la fin de l'année 1769, selon les termes ironiques de Tanucci, les époux Belmonte « se retirèrent spontanément », loin de la Cour, dans leurs terres familiales. La jalousie de la reine à l'égard de la princesse dont les grâces étaient trop appréciées du roi permit d'éloigner ces trop brillants représentants du parti austrophile. Ce ne fut toutefois que temporaire.

En effet, Joseph II l'y ayant encouragée, elle décida de tenir salon. L'esprit ne soufflait pas beaucoup dans l'aristocratie napolitaine, mais la reine sut attirer les étrangers séjournant ou passant à Naples, profitant du renom de l'abbé Galiani, connu en Europe comme un éminent économiste, mais aussi comme le grand maître des fouilles d'Herculanum*. Celui qui avait adoré Paris, qu'il appelait le « café de l'Europe », où « du haut de son mètre cinquante, cet être au dos légèrement gibbeux, plus gaulois que les Français, avait dominé les salons[10] ». Grimm disait de lui que c'était Platon avec des gestes d'Arlequin, Voltaire le comparaissait à une étincelle et Catherine II le surnommait « le cousinet du Vésuve ». « Gras à lard, les yeux à fleur de tête, l'air doux, malin et bon », selon Madame d'Épinay, le *porco sacro* (sacré

---

* Ferdinando Galiani (1728-1887), ordonné à vingt-deux ans, fut nommé en 1755 à la tête de l'académie d'Herculanum. Secrétaire de l'ambassade de Naples à Paris de 1759 à 1769, il fréquenta les Encyclopédistes et devint l'ami de Diderot. Il rédigea en français (1768) son *Dialogue sur le commerce des blés* où il prônait le libéralisme total.

cochon) de Diderot, fut l'attraction intellectuelle de Naples à partir de 1769. Et, comme avant elle Julie de Lespinasse, Marie-Caroline trouva qu'un « monstre gai vaut mieux qu'un sentimental ennuyeux[11] ». De son côté, l'abbé ne resta pas insensible au charme de la souveraine : « C'est une des plus intéressantes figures que j'aie jamais vue. Elle est la plus belle femme de Naples et c'est bien dommage qu'elle soit reine[12]. » Nietzsche a rendu un bel hommage à cet Arlequin à tête de Machiavel[13] : « Chez l'abbé Galiani, l'homme le plus profond, le plus perspicace mais peut-être aussi le plus sordide de son siècle, un caprice de la nature avait également lié le bouc et le singe au génie[14]. »

On vit alors reparaître les Belmonte. « Dame au caractère exubérant, la princesse fut la brillante protagoniste de la vie mondaine de la capitale, talentueuse animatrice de son salon et protectrice généreuse des jeunes talents. Elle réussit à capter la confiance de la souveraine qui appréciait la vivacité de sa compagnie et qui lui confia des missions confidentielles dans des affaires compliquées[15] », lui permettant d'acquérir ainsi une grande importance, tant à la Cour qu'à la ville. Quant à son mari, il fut fait Grand d'Espagne en 1771.

Marie-Caroline avait mûri bien plus vite que ne l'avait imaginé son frère Léopold. Une fois passées l'humiliation et la jalousie de la trahison conjugale, elle sut être reine : peu lui importait que son époux recherchât la compagnie des femmes car il n'y avait qu'elle qui pouvait donner un héritier au trône. Alors, plutôt que de sombrer dans de vulgaires scènes de ménage, elle s'attacha la princesse de Belmonte, espérant que l'attrait de l'intérêt saurait l'inciter à ne pas être son ennemie.

Pour la reine, l'année 1770 fut une année blanche, à l'exception du mariage, en mai, de sa sœur bien-aimée, Marie-Antoinette, avec le dauphin de France, petit-fils de Louis XV. Le même mois de mai, le 14, arriva à Naples, flanqué de son père Léopold, le jeune prodige autrichien, Wolfgang Amadeus Mozart, alors âgé de 14 ans[16]. Le 18, il vit le roi et la reine à la messe à la chapelle de Portici, mais ne fut pas enthousiasmé par Naples :

> Naples est belle, mais aussi bondée de population que Vienne ou Paris. Entre Londres et Naples, pour ce qui concerne la turbulence populaire, le peuple de Naples me paraît presque meilleur que celui de Londres, parce qu'ici les *lazzaroni* ont leur chef appointé qui reçoit du roi vingt-cinq ducats d'argent par mois pour les maintenir calmes[17].

Recommandé à Bernardo Tanucci et à l'ambassadeur anglais William Hamilton que son père et lui avaient connu à Londres, il donna un concert le 28 mai. Le 29, Mozart alla entendre la « très belle » musique de Gian Francesco De Majo* dans une église de Naples, puis assista à la répétition de l'opéra de Jomelli, *Armida abbandonata***, et le 30 à sa première. Il trouva l'œuvre

* Gian Francesco (dit *Ciccio*) De Majo (1732-1770), second organiste de la chapelle de cour.

** Niccolò Jomelli (1714-1774) écrivit cet opéra en trois actes à la fin de sa vie, d'après la *Jérusalem délivrée* du Tasse. Le livret était de Francesco Saverio De Rogatis. Selon le goût napolitain du moment bien écrite et elle lui plut, bien que « trop grave et démodée » pour la scène de Naples. Il aima le San Carlo, mais trouva le roi mal élevé, à la rude mode napolitaine. En revanche, il apprécia la beauté et la grâce de la reine, flatté de ce qu'elle l'ait salué pas moins de six fois sur la promenade. Ayant visité le Vésuve, Herculanum, Pompéi et Baies, et joui de ce « paradis pour paresseux », Mozart et son père s'en retournèrent à Rome.

À la fin de l'année 1771, la reine sut qu'elle attendait un enfant. Le 6 juin 1772, à 1 heure et demie du matin, elle donnait naissance à une fille, prénommée Marie-Thérèse* en l'honneur de son impériale grand-mère. Certes, ce n'était pas un héritier, mais elle prouvait enfin au roi qu'elle n'était pas stérile. À partir de là, et jusqu'en 1793**, Marie-Caroline ne cessa pas, pour ainsi dire, d'être enceinte. Avec une grossesse tous les treize mois, elle avoisina le taux de fécondabilité naturel***.

Pour les uns, le fait qu'elle ait été prégnante de façon quasi permanente durant plus de vingt ans, était un gage de sa fidélité conjugale. Pour d'autres, au contraire, elle n'aurait été qu'une Messaline dévoyée, attendant d'être enceinte de son époux pour l'éloigner

---

les sept chanteurs principaux étaient deux sopranos, un ténor et quatre castrats. Mozart apprécia surtout la soprano Anna De Amicis (v. 1733-1816) qui créa en 1772 à Milan son opéra *Lucio Silla*.

* Marie-Thérèse Caroline Josèphe de Bourbon-Naples (1772-1807) épousa son cousin François de Habsbourg-Lorraine, empereur du Saint-Empire (1792), puis d'Autriche (1804).

** Son dernier enfant, Marie-Isabelle, naquit le 2 décembre 1793. Elle mourut le 23 avril 1801.

*** Tous les dix à onze mois à cette époque.

d'elle et se rapprocher d'autres. Pourtant, à aucun moment, la légitimité des enfants royaux ne fut remise en question.

Sir William Hamilton, commère autant que mémorialiste, notait que le roi, s'il n'était pas ardemment attaché à sa femme, la traitait au moins avec considération, amabilité et confiance. Selon lui, ils formaient un ménage uni même si la reine n'était « pas exempte des fragilités et faiblesses de son sexe ». De son côté, Grimm parlant de Ferdinand IV n'en faisait pas non plus un parangon de vertu, le décrivant comme un « grand chasseur devant le Seigneur et qui s'occupe aussi, dans ses courses, de la multiplication de l'espèce[18] ».

Un égrillard billet de 1770 traduit d'ailleurs son goût pour les liaisons faciles. Une jeune Irlandaise, Sarah Goudar, prise en main par un aventurier français* qui en avait fait une courtisane à la mode[19], fut remarquée par Ferdinand. La jeune femme lui ayant écrit qu'elle l'attendrait comme la vache attend le taureau, il éclata de rire. Ceci attisa la curiosité de Marie-Caroline qui voulut voir la missive. Le lendemain, la reine donnait soixante-douze heures aux Goudar pour quitter Naples. L'affaire fut rapidement connue dans toute l'Europe. Dans le libelle *Le Diable dans un bénitier de Gédéon de Pelleport*, la reine fait menacer l'Irlandaise du « Révérend Père Poignardini** ».

---

* Pierre-Ange Goudar (1708-1791), agent secret français, escroc notoire et journaliste. Il rencontra Sarah en 1763 par l'intermédiaire de Casanova. Il la quitta en 1790.

** *Le Diable dans un bénitier*, p. 63. Dans cet opuscule paru en 1784, Pelleport règle ses comptes avec d'autres libellistes et agents secrets, dont Goudar.

Un autre billet du roi à la reine, daté de 1788, échappé à un tri vigilant et conservé dans l'Archivio Borbone de Naples, est très révélateur de cette liberté conjugale, sans doute d'autant plus réelle que le temps des grossesses était sans doute passé. Avec son élégance naturelle, Ferdinand écrivait en français à Marie-Caroline que, depuis huit jours, n'ayant eu de relations qu'avec elle, il la priait de lui dire à qui il devait la chaude-pisse qu'il venait de se découvrir* ! Il est vrai que la pudeur n'était pas de mise à la cour de Naples. Le chargé d'affaires français Laurent Bérenger, écrivant à Vergennes, s'offusquait des exercices physiques que fréquentait assidûment le jeune couple royal :

> Toutes les convenances du rang et de la dignité disparaissent au jeu de ballon et un nombre de jeunes courtisans, dont plusieurs sont notés pour de très mauvais sujets, s'y réunissant avec leur souverain avec des joueurs mercenaires, devant une foule de spectateurs de tous les états, et les mesures, souvent concertées d'avance pour faire perdre beaucoup d'argent au roi, ne forment peut-être qu'un des moindres inconvénients de ce désordre [...]. La pudeur s'alarme et rougit de voir une jeune reine avec des dames de sa cour, assister au spectacle que donnent ces athlètes ; la chemise et un simple caleçon blanc seulement qui voilent leur nudité, se trouvent bientôt collés à leur corps par une sueur abondante qui

* La blennorragie se trouva compliquée d'une orchite extrêmement douloureuse. Les médecins le soignèrent pendant plus d'un an, à l'écart de la cour. Ferdinand, pourtant moins polygraphe que sa femme, lui écrivit plus d'une centaine de lettres énamourées, ne lui épargnant aucun détail de ses malheurs vénériens.

en dessine les contours et les réfléchit à l'œil le moins attentif[20].

La Fontaine aurait dit : *Comment l'esprit vient aux filles*.

En réalité, la reine ne manquait ni d'esprit ni de suite dans les idées. Elle attendait seulement le moment où, ayant donné un héritier mâle, sa situation de reine serait définitivement établie.

Deuxième partie

AUDACE ET AMBITION

(1771-1786)

1
Se défaire de Tanucci

Le vieux Premier ministre, s'il se défiait de l'influence autrichienne de l'entourage de la reine, estimait cette dernière peu dangereuse, trop primesautière, occupée à la légèreté et relativement maladroite. Il était aussi d'une telle misogynie qu'il lui semblait que rien d'important ne pouvait sortir de la tête des femmes, selon lui dépravées dans leur jeunesse, bigotes dans leur vieillesse : « Ce sont toutes des Messaline ou des Agrippine, étrangères à toute vertu, et dans leur vieillesse, réduites seulement par peur à la grossière religion des moines et des prêtres. »

En réalité, très dévoué à Marie-Amélie de Saxe, épouse de Charles III et mère de Ferdinand IV, il partageait la répulsion que cette reine avait eue à l'idée de marier son fils à une archiduchesse autrichienne. Lors des projets de mariage en 1760, elle avait d'ailleurs dit à Tanucci sa haine des Habsbourg : « Je ne veux rien avoir à faire avec eux. Je vous assure que si ma pauvre Maison de Saxe ne vous avait pas autant intéressé, je serais devenue Prussienne, c'est-à-dire ennemie des Autrichiens, tant la conduite de la cour de Vienne m'a estomaquée[1]. »

De son côté, Marie-Caroline savait que son absence de grossesse pendant deux ans et son unique accouchement

– d'une fille – n'étaient pas pour déplaire au Premier ministre. Elle n'avait pas rempli son « contrat » et il lui fallait donc, en attendant des jours meilleurs, continuer à jouer les primesautières, à tenir salon et à accompagner le roi.

De toute façon, si elle avait eu des velléités à s'opposer au principal ministre, les malheurs de sa sœur Marie-Amélie, duchesse de Parme, l'auraient refroidie. En effet, Marie-Thérèse avait conseillé à sa sixième fille de ne mécontenter ni Versailles ni Madrid. Or, elle fit tout le contraire, rompit avec les Bourbons et mena une vie dépravée. L'impératrice fut intransigeante : elle obtint des Bourbons de France et d'Espagne la fin des subsides à Parme et elle bannit la malheureuse, interdisant à ses autres enfants de correspondre avec elle.

Reine consort

Marie-Caroline savait donc à quoi s'en tenir. Sans autre position officielle que celle d'être la reine épouse du roi, elle ne pouvait que rester dans l'ombre.

Mais en juillet 1773, elle donna naissance à une seconde fille, Louise. À cette occasion, le pape Clément XIV lui offrit la rose d'or* que les souverains pontifes envoyaient à chaque Carême aux reines qu'ils souhaitaient honorer.

---

* Œuvres d'orfèvrerie génoise, les quatre roses d'or sur tiges feuillues émergeaient d'un pied de candélabre en or reposant sur un socle en lapis-lazuli. L'inscription latine disait : « Clément XIV, Souverain Pontife, à Rome, à la reine par la grâce de Dieu des Siciles et de Jérusalem, 1773, Marie-Caroline, an IV [de son règne] ».

Or, une reine consort n'était pas dénuée d'influence et cela permettait même de tisser ce qui pouvait devenir un réel pouvoir. Pablo Vázquez Gestal, qui a étudié le rôle que Marie-Amélie de Saxe avait pu jouer auprès de Charles III, a parfaitement synthétisé les potentialités des épouses des souverains d'Ancien Régime :

> D'un point de vue politique, l'arrivée d'une nouvelle reine consort dans une monarchie d'Ancien Régime était un événement de première importance. [...] Bien que, formellement, la reine consort n'eût aucune *potestas* à exercer, la nouvelle souveraine pouvait jouer un rôle très important grâce à l'usage de deux leviers à sa disposition : le contrôle de l'emploi du temps du roi et la gestion d'une partie de la Maison royale [...]. Ces deux stratégies permirent à plus d'une reine consort de jouer un rôle politique significatif. En premier lieu, [...] elle pouvait orienter et modifier les jugements du souverain sur certains nobles, fonctionnaires ou serviteurs. Elle pouvait ensuite susciter, au sein de la Cour, un courant d'opinion favorable à ses intérêts et enfin, créer et développer des réseaux de clientélisme pour soutenir son autorité au sein de l'appareil politique[2].

Cependant, Marie-Caroline savait que, si elle avait été seule avec son roi qui ne rêvait que de ne pas être encombré par les devoirs de sa charge, tout eût été facile. Mais entre eux, ou plutôt au-dessus d'eux, il y avait Tanucci et l'imposante ombre portée de Charles III. Alors, elle fit sien, comme Louis XI avant elle, l'adage des ambitieux muselés par leur faiblesse momentanée : celui qui ne sait pas dissimuler, ne sait pas régner*.

Les réseaux maçonniques

Au début, toutes ses « réformes » se limitaient à apporter un peu de vent frais à la cour de Naples et à assouplir l'étiquette.

Ainsi, elle introduisit l'habitude de servir le café sur des petites tables disséminées dans les grands salons. Dans le domaine des arts et manufactures, en 1771, elle poussa Ferdinand à reprendre la tradition porcelainière que ses parents avaient lancée trente ans auparavant. En 1771, fut créée la Real Fabbrica Ferdinandea de Portici. Alors qu'elle était chargée au départ de fournir la vaisselle du roi, ses services décorés à l'antique dans le style étrusque ou pompéien devinrent des productions recherchées dans toute l'Europe aristocratique et transformèrent Naples en grand centre porcelainier. Catherine II disait que le service de porcelaine avec les vues d'Herculanum lui faisait venir « l'eau à la bouche[3] ».

Toutefois, derrière ces préoccupations mondaines, Marie-Caroline, telle l'« universelle aragne », tissait patiemment la toile dans laquelle elle espérait prendre Tanucci.

En 1769, Joseph II lui avait représenté l'intérêt que la franc-maçonnerie pouvait avoir pour elle**. Or,

* *Qui nescit dissimulare, nescit regnare.*

** Son père, l'empereur François Ier, avait été fait franc-maçon à La Haye en 1731 et la Grande Loge de Londres l'avait élevé au

Naples connaissait, au milieu du XVIIIe siècle, une importante activité maçonnique, notamment grâce à la loge Saint-Jean d'Écosse de Marseille qui recrutait de façon élitiste dans le monde des affaires et du pouvoir. En effet, « pour faire vivre le cosmopolitisme maçonnique et donner corps à la république universelle des francs-maçons », cette loge joua un rôle décisif « dans la couverture de l'espace méditerranéen et dans son ouverture en direction des autres zones d'échanges[4] ».

Au début de son règne, le roi Charles ne s'était pas ému de l'activité maçonnique et avait refusé de publier, en 1738, la bulle *In eminenti apostolatus secula* de Clément XII qui la condamnait. En revanche, le 10 juillet 1751, il rendit publique celle de Benoît XIV, *Providas romanorum,* qui renouvelait cette condamnation. Pire, loin de se contenter de la censure ecclésiastique, il y associa un édit souverain qui exigea de chaque frère une rétractation et un engagement à renoncer à toute réunion. « Ainsi, ce qui n'était jusqu'alors qu'un délit religieux devenait aussi un délit politique dans le royaume de Naples[5]. » En réalité, Charles III n'avait rien contre la maçonnerie*, mais le fait que la noblesse napolitaine qui y adhérait fût austrophile, justifiait qu'il durcît la législation.

C'est donc assez logiquement que l'arrivée sur le trône de la fille du « Frère Lorraine » suscita beaucoup d'espérance chez les esprits épris de modernité, déçus

---

grade de maître l'année suivante. Voir Oskar Posner, « Franz Stephan von Lothringen, der erste kaiserliche Freimaurer », *Die Drei Ringe,* 5, 1929.

* Lorsqu'il monta sur le trône de Madrid, il n'aggrava pas les censures espagnoles.

par les limites du réformisme de Tanucci et l'étroitesse de ses liens avec Madrid. Cela se traduisit notamment par une recrudescence de l'intérêt des Napolitains pour la franc-maçonnerie. Jusque-là elle avait été dominée par la bourgeoisie du royaume dont on disait que celle qui était riche n'était pas cultivée, et que celle qui était cultivée n'était pas riche. Les *piè di lista* (rôles) des loges font apparaître, à partir de la fin des années 1760, de nouveaux affiliés, « évidemment nobles, mais aussi militaires, membres du clergé, commerçants, professeurs de l'université* et des collèges[6] ».

La convergence entre une partie de l'aristocratie, le sommet de la bourgeoisie cultivée et certains secteurs de la hiérarchie militaire constitua donc la raison principale qui poussa Marie-Caroline à vouloir faire de la franc-maçonnerie un atout entre ses mains. Elle vit dans les loges l'instrument idoine pour constituer, au sein de la Cour comme du royaume, un parti de la reine lui permettant de lutter contre l'influence des Bourbons d'Espagne. Dès lors, le secret maçonnique fut utilisé pour couvrir les manœuvres politiques hostiles à Tanucci et favorables à un rapprochement avec l'Autriche.

Mais le tout-puissant ministre veillait et Charles III écrivit à son fils de sanctionner les « pernicieuses réunions dont les participants sont tenus par un inviolable secret ». Ferdinand IV obtempéra et, le 12 septembre 1775, il signait un décret qui déclarait les francs-maçons coupables du crime de lèse-majesté et donc susceptibles d'être condamnés à mort.

* Dont le naturaliste Domenico Cirillo (1739-1799) qui fréquenta Buffon, Diderot et d'Alembert.

Toutefois, la reine finit par obtenir de son époux l'élargissement de ceux qui avaient été emprisonnés et le rappel de ceux qui avaient été exilés. Elle fut alors érigée en Protectrice (*Padrona**) de l'ordre maçonnique et, jusqu'en 1799 et sa sanglante répression de l'éphémère République parthénopéenne, un toast lui fut réservé dans les santés portées en loge, après celles dues au souverain et au grand maître. Même en France, une loge porta son nom : Caroline-Louise reine de Naples**.

L'hostilité larvée entre la reine et le Premier ministre éclata alors en plein jour. Lui pouvait dénoncer les agissements secrets de l'Autrichienne contre les Bourbons, tandis qu'elle avait les moyens d'utiliser les loges contre lui.

Enfin mère du futur roi

Pendant qu'elle gagnait en influence, la reine perdait en confiance. En effet, il n'y avait pas que le royaume – son mari en tête – pour attendre qu'elle mît au monde un fils ; elle aussi le désirait ardemment et patientait désespérément.

Mais ses motivations étaient autres et n'avaient rien à voir avec celles de son époux. Sa mère Marie-Thérèse avait obtenu que fût stipulé dans son contrat de mariage

---

* Ce mot italien qui signifie généralement « maîtresse » peut aussi signifier « patronne », « protectrice » au sens religieux.

** Voir Pierre-François Pinaud, « Les musiciens d'église francs-maçons à Paris (1790-1815) : l'exemple des organistes », *Renaissance traditionnelle*, 162, avril 2011, p. 112-129 et plus spécifiquement le paragraphe concernant Joseph Pouteau dit Forqueray.

que, dès la naissance d'un premier héritier mâle, elle pourrait prendre part aux affaires de l'État et siéger au Conseil.

Pour Tanucci, c'était accueillir le loup dans la bergerie. Tant que Ferdinand renâclait à faire son métier de roi et qu'à la fin il cédait aux injonctions de son père, la portée de l'influence de la reine était limitée. Mais que celle-ci vînt à être présente au Conseil et le roi qui était béat d'admiration devant elle (« La reine sait tout ! »), se sentirait conforté dans son agacement contre la tutelle paternelle et ministérielle.

L'héritier du trône se faisant attendre, le couple voulut mettre toutes les chances de son côté et rechercha l'intercession divine. Il se racontait qu'il rendait visite à Pietro Vitale (1747-1800), devenu le frère Michelangelo, du tiers ordre de saint François. Renommé pour ses vertus*, les souverains l'auraient appelé « compère », lui demandant pour les uns d'être présent aux accouchements de la reine, pour les autres de devenir le parrain de l'un des princes. Tous deux étaient aussi des dévots du frère dominicain Gregorio Rocco (1700-1782), surnommé « l'idole de la plèbe ».

Bien que Marie-Caroline ait été respectueuse des conseils de sa mère, rencontrant notamment son confesseur très régulièrement[7], son désir de voir ses prières exaucées la poussa, selon le bruit qui s'était répandu, de requérir l'aide de « charismatiques et de serviteurs de Dieu dont la renommée thaumaturgique était connue en ville[8] ». C'étaient notamment des femmes, empêchées d'entrer au couvent par la politique napolitaine

* Il fut officiellement déclaré Vénérable par Léon XIII en 1890.

restrictive à l'égard du clergé régulier. Devenues des tertiaires, elles conservaient le statut laïque mais vivaient religieusement en communauté. On les appelait *bizzoche* ou *monache di casa**. Bientôt, le bruit se répandit à Naples que, grâce à l'intercession de l'une d'elles, Isabella Milone**, la reine attendait un héritier mâle[9]. Quelle que fût la raison de ce miracle, le 4 janvier 1775 naquit, au palais de Caserte, Charles Titus François Joseph de Bourbon, prince de Naples et de Sicile, et prince héréditaire du double royaume.

De Versailles, Marie-Antoinette écrivit le 19 janvier au roi Ferdinand IV :

> Monsieur mon frère, cousin et beau-frère, J'ai appris avec un très grand plaisir l'heureuse nouvelle de la naissance du Prince auquel la Reine, épouse de Votre Majesté, a donné le jour. Votre Majesté doit être persuadée de toute la part que je prends à cet événement aussi satisfaisant pour elle et qui est également intéressant pour moi puisqu'il la concerne. Je la prie de croire que je serai toujours fort aise d'avoir de fréquentes occasions aussi agréables que celle-ci de lui renouveler les assurances de ma tendresse et de la sincère amitié avec laquelle je suis, Monsieur mon frère, cousin et beau-frère, de Votre Majesté, la bonne sœur, cousine et belle-sœur[10].

---

* Béguines, moniales domestiques. Voir Giuliana Boccadamo, « Le bizzoche a Napoli fra seicento e settecento », *Campania Sacra*, 22, 1991, p. 351-394.

** Originaire de la petite ville de Perdifumo au sud de Salerne. Ses extravagances et ses prétentions à la sainteté firent que le gouvernement napolitain ordonna, le 30 mai 1772, son arrestation et sa réclusion dans une maison religieuse, puis à l'hôpital des Incurables.

Marie-Caroline avait rempli tous ses devoirs. Elle allait pouvoir régner.

S'affirmer

Étonnamment, la première manifestation de l'indépendance de la reine s'exprima en direction de sa mère et cela concerna Gürtler.

Tout avait semblé sourire au confesseur* mais au printemps 1775, il fut rappelé à Vienne sur ordre de Marie-Thérèse**. Marie-Caroline, désolée de cette décision, avait écrit en vain à sa mère. Une lettre de Marie-Thérèse relate les faits sans donner ses raisons. Estimant que Gürtler devait se sentir comblé par sa nouvelle affectation qui lui rapportait « au-delà de 4 000 florins et bien des agréments et distinctions », elle ajoutait :

> Je dois déclarer que je ne compte plus faire rien du tout pour lui et que je serais fâchée de devoir recourir en Espagne pour son renvoi, ne voulant le devoir qu'à ma fille seule et à la soumission de Gürtler et pour éviter tout éclat désagréable à tous deux mais dont je ne saurais

* Cinq ans après son arrivée à Naples, le 29 juin 1773, il avait été sacré évêque *in partibus* de Tyane. Les ruines de Tyana, métropole de la province de Cappadoce Seconde en 371, sont situées à Kemerhisar, près de Niğde.

** Le 4 avril 1775, Tanucci avait écrit à Charles III que le cardinal archevêque de Vienne, Christoph Migazzi, était venu apporter au confesseur de Marie-Caroline l'ordre impérial d'avoir à retourner à Vienne.

me départir trouvant nécessaire ce changement sans plus de retard[11].

Or, Gürtler ne rentra jamais à Vienne et, bien au contraire, « il prit à la Cour un espace toujours plus grand et, avec le temps, renforçant même son rôle politique[12] ». Dans ce qui aurait pu l'opposer à sa mère, Marie-Caroline avait évité le choc frontal. Elle fit mine de céder, mais sans doute trouva-t-elle les mots justes pour calmer le ressentiment de l'impératrice.

En réalité, cette dernière était très fière de sa fille qui, selon ses dires, surpassait ses attentes et, lorsque Marie-Antoinette, devenue dauphine de France, lui demanda l'autorisation d'établir une correspondance avec sa sœur de Naples, elle lui répondit :

> Son exemple doit vous servir de règle et d'encouragement, sa situation ayant été en tout et étant bien plus difficile que la vôtre. Par son esprit et par sa déférence, elle a surmonté tous les inconvénients qui ont été grands, elle fait ma consolation et a l'approbation générale[13].

En 1772, dans ses courriers à son ambassadeur à Paris, le comte de Mercy-Argenteau, l'impératrice lui affirmait que si sa fille n'affectionnait pas le Premier ministre, elle ne s'était jamais plainte de lui et elle ajoutait : « Je souhaiterais qu'on laissât un peu plus d'influence dans les affaires au roi pour l'accoutumer au travail et le détacher des frivolités et des mauvaises compagnies[14]. » Quelque temps plus tard, elle fut plus explicite : « Je crois seulement qu'on fait mal de ne laisser au roi aucune influence dans les affaires, ce qui pourrait à la fin lui faire perdre tout goût pour le travail et l'entraîner dans de mauvaises compagnies [...]. Cependant Tanucci dissimule tout et ne fait rien pour arrêter ce désordre[15]. »

Elle admettait que, pour que la cour de Naples fût crédible, sa fille devrait se débarrasser de Tanucci et desserrer l'étreinte de Madrid.

Or, en 1775, Marie-Caroline siégeait désormais au Conseil. Si elle n'affronta pas ouvertement Charles III et Tanucci, elle s'acharna à harceler Ferdinand.

Le prétexte fut saisi avec l'affaire de la franc-maçonnerie. En juin 1775, Ferdinand écrivait à son père qu'il avait confié à son confesseur, à son grand aumônier et à son Premier ministre d'enquêter sur « cette union de Francs-maçons ». Furieuse, Marie-Caroline usa de l'arme de Lysistrata : elle se refusa à son époux.

Son grand benêt de mari, mis à la diète maritale, s'en ouvrit à son père le 18 juillet. Ce n'était pas le roi de Naples qui écrivait, comme d'habitude, à *Cattolica Maestà, Padre e Signore,* mais un fils déboussolé qui s'adressait à son *Padre Carissimo*. Interdit d'intimité par une épouse qui ne lui adressait plus la parole ni ne le regardait plus en face, détournant même la tête en sa présence, il demandait à son père de lui dire comment se comporter.

Le 1er août, il lui écrivait une nouvelle lettre qui ne transpirait pas davantage la dignité. Il lui avouait que c'était sa femme qui « faisait le diable » en soutenant les loges maçonniques et que s'il avait déplu à son auguste père, c'était uniquement pour avoir la paix dans son ménage. Il lui narra alors la scène qu'il dut essuyer : dès que son épouse lut la lettre pleine de reproches que le père avait envoyée à son fils, elle s'emporta : « C'est pour cela que tu t'inquiètes ? Qu'est-ce que ça peut te faire ? C'est un vieil entêté qui ne veut pas entendre raison et qui s'est mis cette idée en tête. Ne t'en fais pas et fais ce que moi je te dis. » Lui ayant alors rappelé que l'on ne parlait pas comme cela d'un père, elle se déchaîna : « Vas-y, fâche-toi, lamente-toi. Toi et lui, éclatez ou crevez*, cela m'indiffère absolument. »

Le 15 août, il racontait pitoyablement à son père les scènes qu'il avait de nouveau subies deux jours auparavant. Ayant demandé à sa femme si tout allait bien, elle lui répondit : « Comment aller bien quand on est enceinte** ? » et, devant tous, elle le prévint qu'elle attendrait un an entier avant de recommencer, qu'il le veuille ou non. Ferdinand lui ayant rappelé qu'on ne tenait pas de tels propos en public, elle recommença sa scène au palais, le traitant de gredin et allant jusqu'à lui mordre la main jusqu'au sang. Ce déballage sordide d'un fils déboussolé eut au moins l'avantage de clarifier la situation.

Après cet épisode paroxystique, en apparence calmée, Marie-Caroline n'en continua pas moins ses intrigues maçonniques avec la duchesse de Termoli et son grand écuyer, le prince della Cattolica***, ne cessant de harceler Ferdinand pour qu'il entrât en loge. Tiraillé entre son père et son épouse, il louvoya sans jamais céder à cette

* En italien : *Ò schiatti ò crepi.*

** En effet, après avoir accouché au tout début de janvier, Marie-Caroline attendait un nouvel enfant, la future Marie-Anne qui naquit le 23 novembre 1775 et mourut en 1780.

*** Giuseppe Antonio Bonanno e Filangieri, prince della Cattolica et de Roccafiorita (1716-1779). Il était *cavallerizzo maggior* (grand écuyer) de la reine.

dernière. Les procédures contre les francs-maçons furent entamées.

Pourtant, en septembre, une épidémie de grippe toucha toute la famille royale qui s'en remit, mais la reine, enceinte, en resta affaiblie. Le 23 novembre 1775, à 7 heures du matin, dix mois après son dernier accouchement, elle donnait très difficilement naissance à un bébé faible et frêle, la princesse Marie-Anne. Ferdinand, tout à la joie d'être désormais père de quatre enfants, n'avait plus l'intention de déplaire à son épouse. Alors que Tanucci avait cru triompher avec la publication, le 12 septembre précédent, de l'édit contre les francs-maçons, Marie-Caroline, de nouveau mère, réussit à ruiner les effets de cette répression qui s'avéra avoir été le chant du cygne du vieux Premier ministre.

Dans ses lettres à son père, Ferdinand évitait désormais d'aborder la question de la franc-maçonnerie, tandis que Tanucci avisait Charles III qu'il avait chargé un homme à lui, Gennaro Pallante, membre de la Commission des abus et chef de la seconde chambre de la Cour criminelle, de diligenter les poursuites.

Le 5 mars 1776, Ferdinand annonça triomphalement à Charles III qu'un coup de filet avait permis l'arrestation de frères maçons qui, en dépit de l'interdiction, s'étaient réunis. Il disait avoir aussitôt ordonné à Tanucci de les traduire devant la juridiction d'État. En réalité, sans se rendre compte que ce triomphe était un piège de la reine, le Premier ministre avait déjà avisé le roi d'Espagne de cette prise, rapidement surnommée la Surprise de Capodimonte. En effet, les neuf personnes arrêtées étaient toutes d'un rang inférieur : un professeur de grec, quatre chirurgiens dont deux Suisses, un professeur de mathématiques, un Français professeur de langue, un bijoutier, un soldat écossais. Aucun noble et, surtout, aucun noble napolitain ne figurait parmi les captifs. Bien conseillé par son épouse, Ferdinand accepta toutes les félicitations de son père, mais à chaque fois, il lui rappelait finement qu'il avait laissé à Tanucci l'entière responsabilité de l'affaire. Charles III n'en tomberait que de plus haut.

En avril, Marie-Caroline trouva un appui essentiel avec la visite de sa sœur aînée, Marie-Christine, et de son mari, Albert de Saxe, prince de Teschen. L'archiduchesse, femme à poigne, et son époux, grand maître de la maçonnerie autrichienne, offrirent à Ferdinand un concert de critiques contre son Premier ministre. Albert de Saxe-Teschen le trouvait « grossier, mesquin, despotique, têtu et très en dessous de sa tâche[16] ».

Au mois de juin, ce fut au tour de la duchesse de Chartres* de rendre visite au couple de Naples. Elle voyageait sous le nom de comtesse de Joinville, sans motif officiel ni même officieux**. Somptueusement reçue par le couple royal qui lui offrit un dîner et un bal masqué, elle dut lui faire connaître la position de son époux, prince du sang et grand maître de la maçonnerie française.

* Marie-Adélaïde de Bourbon (1753-1821), arrière-petite-fille de Louis XIV par une branche légitimée, épousa le duc de Chartres en 1769. Elle fut la mère de Louis-Philippe.

** En réalité, elle avait souhaité retrouver son mari qui, embarqué sur l'escadre française, devait faire escale à Naples avant de voguer vers l'Archipel. Or, cet arrêt ayant été contremandé, elle ne le sut qu'à son arrivée.

Il semble que Ferdinand en fut ébranlé, puisque sa correspondance changea subitement de ton. Le 28 mai 1776, il informait son père qu'il était mécontent car, ayant donné des ordres pour que Tanucci lui transmît les affaires urgentes, soit elles ne les lui avaient pas été envoyées, soit le Premier ministre les avait traitées sans lui en parler. Il lui disait alors sa lassitude de voir Tanucci se prendre pour le roi et de le reléguer, lui, à n'être que « la statue du Roi ».

Au même moment, l'éminence grise était en mauvaise posture. Alors qu'il avait espéré que la rafle des neuf frères déclencherait des poursuites à grande échelle de tous les maçons et que Marie-Caroline en ressortirait gravement éclaboussée, il dut informer Charles III que la Cour criminelle avait décidé de limiter ses poursuites aux frères réunis postérieurement à la publication de l'édit. L'instruction de l'affaire démontra rapidement que l'opération de police n'avait été qu'un coup monté pour déclencher une procédure générale qui aurait sans nul doute enveloppé la reine. Le policier Pallante, chargé par Tanucci de surprendre une réunion maçonnique, savait qu'il lui était impossible de forcer la porte des palais de la noblesse napolitaine où la maçonnerie se réunissait. Il eut alors l'idée de susciter une tenue en loge au prétexte de la réception d'un Polonais, Alberto Lewitzki Schaupner, et à laquelle personne de rang élevé n'aurait participé. L'avocat des prévenus dénonça la supercherie au tribunal, tandis que Lewitzki était « malencontreusement » tué par des inconnus avant de pouvoir être entendu.

Au grand étonnement de Tanucci, le tribunal désapprouva la conduite de Pallante qui fut condamné à quitter la ville de Naples. Pour le vieux ministre, un monde s'écroulait. Il ne comprenait pas la conduite des magistrats, car c'était « une affaire d'État dans laquelle les juges se devaient de rechercher et punir l'organisation et les intentions, même non suivies de faits patents. Au lieu de cela la Cour n'a fait que raisonner sur les faits ». À son grand dam, cela équivalait pour lui à « une sorte de pardon ». Il était tombé dans la trappe de sa machination.

Le 4 juin 1776, Ferdinand creva l'abcès. Il écrivit à son père qu'âgé de vingt-six ans, sa conscience, son devoir, sa gloire, l'amour de ses enfants et celui de ses sujets l'obligeaient à lui ouvrir son cœur en toute sincérité. Ses mots étaient sans appel :

> Tanucci, je ne peux le nier, a bien servi et, dans certaines affaires, il est encore le meilleur. Mais à l'âge avancé de plus de quatre-vingts ans, la torpeur, la somnolence et la volonté de s'occuper des affaires de tous les ministères, en somme de vouloir tout faire, font qu'il ne fait rien ou alors très peu. Toutes les affaires accumulent du retard. Rien n'est mené à terme. Souvent lui-même se contredit et tout va de mal en pis. Les gens qui l'entourent profitent de cette faiblesse. Ils font leurs petites affaires et laissent tout aller à la ruine.

Il proposait de le remercier, de lui conserver son traitement, de lui verser une pension de 10 000 ducats par an et de le maintenir comme conseiller d'État. De son côté, ne voulant pas laisser humilier un serviteur aussi fidèle, Charles III suggéra de lui laisser la correspondance entre les deux Cours, mais Ferdinand refusa.

Avant de quitter son poste, Tanucci dut solder pour tout compte l'affaire maçonnique. Le 20 août, il écrivit à Charles III :

> Les innombrables protections de toutes les couches de la société ont soulevé le public contre le commissaire [Pallante] qui avait ordonné l'arrestation de la Loge. L'avocat des prisonniers [Felice Lioy] a demandé à la Cour le dessaisissement dudit conseiller commissaire [...]. L'argumentaire en défense des prisonniers contenait des maximes séditieuses qui couraient de main en main grâce à la *Gazzetta universale*, interdite ici, mais imprimée à Florence. [...] La protection et le parti [des francs-maçons] sont si universels qu'ils ont affaibli la Cour. Le Roi a pensé qu'il convenait de freiner et frapper les esprits partisans trop échauffés. Voyant la pusillanimité de la Cour dont il n'espérait plus aucune décision forte, il a ordonné de faire brûler l'argumentaire de la défense par la main du bourreau*.

Ferdinand avait aussi ordonné l'emprisonnement de l'avocat, mais le jour même où Tanucci écrivait à Madrid, Felice Lioy – qui s'était caché, sans doute prévenu – venait de s'embarquer pour Venise. Le fiasco de Tanucci était total et le pétard qu'il avait allumé avait explosé entre ses mains.

Le 29 octobre 1776, Ferdinand, enhardi, écrivit à son père qu'il avait décidé d'offrir une retraite bien méritée à Tanucci, lui confiant la gestion des affaires de son pauvre

---

* Les éventuels détenteurs de l'opuscule devaient venir le rendre au tribunal.

frère le duc de Calabre* et lui laissant la gestion de l'affaire des francs-maçons. Le vieux Premier ministre, qui avait tant de fois mis sa démission dans la balance pour emporter une décision conforme à ses vues, eut du mal à accepter qu'elle lui fût imposée. Le roi Charles écrivit à son vieux serviteur :

> Nul plus que moi ne compatit à votre disgrâce. Aidons-nous tous les deux à supporter les désagréments et les épreuves que Dieu a voulu nous envoyer dans notre vieillesse [...]. Je ne cesserai pas de vous écrire, à moins que le Seigneur ne m'inflige quelque infirmité qui m'en empêche, car je sais comment vous m'avez toujours servi et j'ai pour vous estime et affection.

Tanucci se retira dans sa villa de Santo Iorio**, entre Naples et Portici, où il mourut en 1783. Il fut enterré dans l'église San Giovanni dei Fiorentini. Sur sa dalle funéraire, une inscription latine rappelait que, bien qu'il ait dirigé le royaume pendant plus de quarante ans, il n'avait jamais imposé de nouvelles taxes***.

Dès 1776, Ferdinand n'avait plus de statue du Commandeur à ses côtés, mais il restait toujours coincé entre l'image du père et les rétorsions de l'épouse. Il s'acharna d'abord à démontrer à Charles III que seules

---

* Philippe-Antoine de Bourbon (1747-1777), né et mort à Portici, bien que fils aîné de Charles III, fut exclu de la succession aux trônes en raison de son épilepsie et de son handicap mental. Ferdinand IV prit grand soin de lui.

** Aujourd'hui San Giorgio a Cremano.

*** *Cum per annos plusquam quadraginta huius Regni clavum moderasset, vectigal nullum usquam imposuit.*

les erreurs de Tanucci dues à son grand âge avaient motivé sa décision. Le 12 novembre, il lui écrivait :

> Pour ce qui concerne Tanucci, que Votre Majesté soit sûre que, bien qu'il ait été persécuté à mort par mon épouse et, en conséquence, par la Cour de Vienne, tout ce que j'ai fait, je ne l'ai pas fait sur les instances de mon épouse, mais par pure obligation de conscience, voyant qu'avec Tanucci tout courait au précipice, qu'il ne se faisait rien de bon et que les affaires allaient de mal en pis[17].

On peut douter que Sa Majesté Catholique y ait prêté foi. Puis, courageux comme toujours, Ferdinand voulut se dédouaner un peu plus auprès de son père en accusant sa femme :

> Quant à mon épouse, encouragée par ce changement et attisée par sa patrie, elle fait tout pour entrer au Gouvernement. Que Votre Majesté me soutienne, car je m'efforcerai par tous les moyens d'empêcher que cela arrive, bien qu'elle me menace publiquement, me disant qu'elle montrerait qui elle est et qui sont ses parents et, que l'avoir reçue dans notre Maison était pour nous autant une grâce qu'une grande chance.

La suite de la lettre donne une idée de la qualité des relations entre les deux époux. Lui avouant qu'il rédigeait cette missive caché dans un pavillon de chasse, il demandait à son père, lorsqu'il souhaitait lui parler de Marie-Caroline, de le faire par courrier séparé, car la reine, au nom de la confiance devant régner dans un couple, voulait lire toutes les lettres qu'il recevait mais, en revanche, elle ne lui laissait voir aucune de celles qu'elle envoyait à Vienne. S'il insistait, elle le chassait en l'insultant.

Son père lui conseilla alors de contraindre son épouse à l'obéissance qu'une femme devait à son mari, mais Ferdinand cherchait avant tout à troubler le moins possible la tranquillité de sa famille et préférait tout souffrir en silence pour éviter une rupture.

Le ménage retrouva un peu de calme lorsque, le 10 août 1777, Marie-Caroline mit au monde un deuxième fils. Il fut baptisé François*, du nom de son impérial grand-père maternel.

Désormais, tous deux, séparément ou en couple, n'entendaient plus être mis en tutelle par Charles III.

* Le futur François Ier. Il succéda à son père en 1825 à l'âge de quarante-huit ans et mourut en 1830, après seulement cinq ans d'un règne tumultueux.

2
Se libérer de Charles III

Nous le savons, le roi d'Espagne n'avait à aucun moment eu l'idée de laisser son royaume italien aller son propre chemin et il avait veillé à ce que Tanucci en fût un vice-roi.

Il veilla même à ce que rien ne pût permettre à Ferdinand de s'imaginer être réellement roi. Pour tout ce qui concernait Naples, le souverain devait en référer à son père. Dans leur longue correspondance, même dans les moments les plus critiques entre eux, l'essentiel de leurs échanges était constitué de nouvelles familiales, de hauts faits de chasse et, quelquefois, de nouvelles politiques internationales.

L'osmose entre les deux royaumes ressemblait plutôt à une fusion.

Les ressorts d'une mère

Marie-Caroline, elle, savait que la racine du mal n'était pas Tanucci, mais le roi d'Espagne lui-même. Or, si son époux était parfois agacé par l'autorité, sinon l'autoritarisme paternel, il était un fils aimant et respectueux. Elle comprit alors que ses intrigues ne suffiraient pas. Après avoir joué de sa situation d'épouse, elle entreprit de rappeler à Ferdinand qu'il était aussi père et que, au moins pour ses enfants, il se devait de protéger l'avenir de son trône. En 1777, un drame familial vint justement souder le couple face aux exigences espagnoles.

À l'automne, une violente épidémie de variole s'abattit sur Naples, faisant des milliers de morts. Le 19 septembre, le frère aîné de Ferdinand IV, le malheureux duc de Calabre, déjà au comble des disgrâces physiques, rendit l'âme. Marie-Caroline décida alors de faire vacciner ses enfants par le célèbre docteur Gatti*, appelé en hâte de Florence. Or, Charles III fit savoir qu'outre les risques qu'elle comportait, la vaccination était un acte impie et sacrilège qui allait contre la nature et s'opposait à la volonté de Dieu.

La reine, profondément attachée à ses enfants, n'en tint aucun compte, et fut parfaitement soutenue par Ferdinand dans sa démarche. En effet, quand son père, furieux d'avoir été désobéi, lui fit part de sa colère, il lui répondit avec une dignité agacée : « Votre Majesté fait très bien de me laisser répondre à Dieu et au monde de ce à quoi, en conscience, je me suis vu obligé. »

Marie-Caroline, agissant en mère, avait mieux réussi à fissurer la fusion du père et du fils que n'avait pu le faire l'épouse. En mars 1778, Ferdinand informa même son père qu'il s'était fait lui aussi vacciner, après avoir eu l'aval de son confesseur, « non à la demande, insinuation

* Angelo Gatti (1724-1798), spécialiste italien de l'inoculation s'installa à Paris (1761-1771) sous la protection de Choiseul. Il déménagea à Florence en 1772.

ou prière de quelqu'un d'autre, mais de sa propre volonté[1] ».

Lui comme son épouse étaient des parents aimants et très attentifs. Dans ses lettres quasi hebdomadaires à son père, la santé des jeunes princes et la chasse tenaient une égale place et constituaient souvent le principal de ses échanges épistolaires.

Jusqu'à la naissance de François, Charles était son unique héritier et quand il parlait de lui, il disait *il Maschio*, le garçon, le mâle. Alors qu'au début du mois de décembre, le jeune Charles Titus avait ajouté deux lignes à son grand-père sur une lettre de Ferdinand, le 15, ce dernier, affolé, écrivait pour dire que son fils avait fait la veille une violente crise, avec une forte fièvre, des convulsions et des vomissements. Le surlendemain, le 17 décembre 1778, Ferdinand IV écrivait à Sa Majesté Catholique, son père et seigneur :

> Dieu seul sait comment j'ai la force d'écrire ces quelques lignes pleines d'amertume pour faire part à Votre Majesté de la perte d'un fils que j'aimais tant, après moins de 60 heures de maladie. Il me l'a donné, Il me l'a pris. Qu'Il soit loué et béni à jamais. J'espère qu'Il me donnera la force de résister à un tel choc*.

La reine, quant à elle, ne se remit jamais de la mort de l'aîné de ses fils. Un an plus tard, à la date anniversaire

* Contrairement à ce qui a parfois été écrit, Charles Titus n'est pas mort de la variole, ayant été vacciné. Il semble avoir été emporté par une intoxication alimentaire, le roi parlant d'un « embarras de viscères » et l'ambassadeur anglais, William Hamilton d'un « *disorder in his stomach* » (British Library, Egerton Manuscripts 2636, f° 275).

de ce décès, lorsque Nathaniel Wraxall lui fut officiellement présenté, il nota que si elle tendait aux courtisans sa main droite à baiser, elle tenait un mouchoir dans sa gauche avec lequel elle essuyait des larmes qu'elle ne pouvait réprimer.

Ces événements familiaux semblent avoir, sinon soudé, du moins mieux uni le couple.

La Sambuca, secrétaire d'État (1776-1786)

Au départ de Tanucci, Charles III ayant souhaité connaître qui son fils prendrait pour secrétaire d'État, Ferdinand lui proposa trois noms le 18 juillet 1776 : le duc de Santa Elisabetta*, le prince de Cimitile** et le marquis de la Sambuca*** – ne cachant pas sa préférence pour ce dernier. Le 9 août, Charles III lui répondit que si le « pauvre Santa Elisabetta » aurait très bien fait l'affaire, ses maux l'empêchaient de remplir convenablement la fonction. Sans plus ample réponse paternelle, le 29 octobre, Ferdinand IV informa le roi d'Espagne qu'il avait choisi La Sambuca, souhaitant qu'il en fût content.

Le choix du marquis sicilien était en fait celui de Marie-Caroline. Il avait été ambassadeur à Florence puis à Vienne. Il connaissait donc le réformisme modéré

* Antonio Uberto Montaperto e Massa, duc de Santa Elisabetta (1710-1782), était ambassadeur à Madrid depuis 1770.

** Giovanni Battista Albertini, prince de Cimitile (1717-1788), était ambassadeur à Rome depuis 1775.

*** Giuseppe Beccadelli di Bologna e Gravina, prince de Camporeale, marquis de la Sambuca (1726-1813), était ambassadeur à Vienne depuis 1774.

que les Habsbourg avaient souhaité mettre en place. Il pouvait lui être une aide dans son souhait de prendre ses distances d'avec Madrid. Elle comptait donc sur lui, comme lui de son côté escomptait son appui.

Pourtant, rapidement les rapports s'aigrirent. Si La Sambuca avait œuvré au renvoi de Tanucci*, c'était uniquement pour prendre sa place et non pour exercer une influence réduite. Or, les intentions de Marie-Caroline étaient tout le contraire. Désormais siégeant au Conseil, elle ne voulait pas d'un ministre qui traitât de toutes les affaires.

Le 26 mai 1778, alors que Tanucci avait cumulé entre ses mains la responsabilité de tous les grands ministères, cette centralisation fut démembrée et chaque ministre retrouva ses prérogatives. Le poids politique du secrétaire d'État en fut grandement amenuisé. Dès lors, la fêlure entre la reine et lui alla croissant.

En effet, La Sambuca, qui était sicilien, voulut donner des gages aux plus conservateurs de la noblesse sicilienne. Ainsi, s'il poursuivit la vente des biens des jésuites, il en atténua la portée**. Il satisfit les féodaux siciliens, mais ne s'oublia pas lui-même : il acquit une importante partie des biens religieux aliénés, se retrouvant alors à la tête d'immenses domaines dans l'ouest de la Sicile. Ces mesures sociales réactionnaires et cette rapide avidité ternirent immédiatement son image et il dut faire face, durant sa décennie de gouvernement

* En poste à Vienne, il assiégea Marie-Thérèse pour qu'elle conseillât à sa fille de faire renvoyer Tanucci.

** Les lots mis en vente furent d'une plus grande importance pour permettre aux seuls plus fortunés de s'en faire acquéreurs.

(1776-1786), à l'opprobre publique[2]. Ainsi, alors que la reine avait espéré un ministre éclairé qui allât dans son sens, La Sambuca s'était avéré n'avoir voulu le pouvoir que pour en tirer le maximum de profit et de puissance. À ses yeux, il était donc périmé.

Marie-Caroline n'espérait pas qu'il aurait révélé si rapidement son talon d'Achille. Désormais fragilisé, elle pouvait le perdre dans l'esprit du roi, mais celui-ci, par machisme naturel, n'entendait pas que l'influence de sa femme fût patente.

Par ailleurs, si Marie-Caroline était femme de pouvoir, elle n'était pas femme de gouvernement : tout régenter n'est pas gouverner, tisser des intrigues n'est pas planifier une politique. Or, rien, dans son enfance ou sa formation, ne l'avait préparée à cela : si elle savait parfaitement tenir son rang de reine, elle ignorait comment se conduire en chef d'État. Elle entreprit alors de reprendre à son compte le schéma de pouvoir entre Charles III et Tanucci : il lui fallait trouver un ministre qui fût à ses ordres et auquel Ferdinand IV s'en remettrait totalement.

Le 8 avril 1778, la reine monta une marche supplémentaire : le roi la convoqua au Petit Conseil où, jusque-là, n'étaient conviés que le secrétaire d'État et les ministres.

John Acton, de la Marine à la Guerre

Alors elle avança un nouveau pion. En novembre 1778, Ferdinand informa son père qu'il travaillait à deux réformes. L'une concernait la police de Naples et l'autre la remise sur pied de la marine et du commerce maritime du royaume. À ce dernier effet, Ferdinand, qui avait la passion de la mer[3], avait demandé à son beau-frère, le grand-duc de Toscane, de permettre au commandant de sa marine, le chevalier Acton, de lui proposer un plan de réorganisation de la marine napolitaine. Ce projet fut « admiré et loué par tous », mais il n'existait à Naples personne de talent pour le mettre à exécution. Il demanda alors à son père l'autorisation de prendre Acton à son service.

Marie-Caroline, conseillée par le prince de Caramanico*, un franc-maçon d'importance que la rumeur disait être un de ses amants, vit là l'opportunité d'attacher à son royaume un organisateur reconnu qui avait pour elle l'extrême mérite d'avoir été au service de sa famille pendant vingt ans.

Ce « débauchage » n'avait rien d'une lubie. Dans le dernier quart du XVIIIe siècle, l'équilibre du commerce maritime en Méditerranée occidentale bougeait. À la présence fort ancienne de la République de Gênes et à l'importance des Marines française et anglaise s'ajoutaient désormais les tentatives du Piémont, de la Toscane et même de Catherine II**, tandis que les corsaires barbaresques étaient plus entreprenants. Naples prit alors conscience de la précarité de ses capacités navales.

---

* Francesco Maria Venanzio d'Aquino, prince de Caramanico (1738-1795), était Vénérable de la Loge de Vittoria depuis 1769.

** En 1770, elle voulut s'installer à Malte, mais Versailles s'y opposa. Cinq ans plus tard, elle fit tenter, vainement, un soulèvement de la population maltaise contre l'Ordre.

John Francis Edward Acton (1736-1811), né à Besançon, était le fils d'un médecin anglais* émigré en France et de la fille de Philippe Loys, président du tribunal de Gray**, en Franche-Comté. Son oncle, le capitaine John Acton***, ancien capitaine de l'*East India Company*, était, à Livourne, le commandant en chef de la Marine impériale en Adriatique. Ce fut sous ses ordres qu'il entama, à quatorze ans, une carrière navale. Après avoir servi dans la Royal Navy (1750-1756), il se mit au service de la marine toscane****. En 1776, à la mort de son oncle, il déclina l'offre française de conseiller la marine française, préférant devenir le major général de la flotte toscane. Ayant eu l'aval du grand-duc, Acton se mit au service du royaume de Naples en août 1778. Le 31 décembre de la même année, il assura officiellement l'intérim de la direction de la marine. Ferdinand IV l'en nomma directeur en avril 1779.

Un loup venait de se faufiler dans la bergerie des Bourbons.

---

* Edward Acton, né en 1709. Il eut trois fils : John Francis Edward (1736-1811), Joseph Edward (1737-1830) et Philip Edward (1740 1820).

** Dans certaines notices biographiques d'Acton, il est dit à tort président du parlement de Besançon.

*** John et son frère Edward étaient les fils d'Edward Acton (1669-1728).

**** En 1767, il fut promu capitaine de vaisseau et fait chevalier de l'ordre toscan de Saint-Étienne. Il épousa, en février 1800, avec dispense papale, sa nièce Mary Anne (1786-1873), fille de son frère Joseph Edward et de la comtesse Eleanore Berghe von Trips.

Des officiers napolitains au siège de Gibraltar

En effet, pour Charles III, cette nomination était un chiffon rouge alors que la situation internationale connaissait de profonds changements.

Le 5 janvier 1778, les Insurgents américains soulevés contre la couronne britannique avaient occupé Princeton et ils marchaient sur New York. Le 6 février, après leur victoire à Saratoga, la France signait avec eux un « traité d'amitié et de commerce ». Bien qu'officiellement neutre, Madrid avait donné ordre au gouverneur de la Louisiane espagnole de neutraliser les espions anglais et d'être prêt à envoyer des secours aux belligérants. De son côté, Ferdinand IV ouvrit ses ports au pavillon des nouveaux États-Unis*.

Le 12 avril 1779, l'Espagne et la France se liaient par le traité d'Aranjuez et, en juin, Madrid déclarait la guerre à Londres. Lord Sandwich, premier lord de l'Amirauté, écrivait au roi George III : « Nous n'avons aucun ami ou allié pour nous aider. Au contraire, tous ceux que nous tenions pour nos amis, à l'exception du Portugal, agissent contre nous et fournissent à nos ennemis de quoi équiper leur flotte**. »

---

* À cet effet, le 8 octobre 1778, son ambassadeur en France, Domenico Caracciolo, demanda aux commissaires américains de lui faire connaître les couleurs du nouveau pavillon. Cf. Lint *et al.* (ed.), *The Adams Papers*, Harvard University Press, 1989, vol. 7, p. 118.

** Hamilton écrivait à Londres : « Mon poste pourrait être d'une certaine importance, car ce n'est un secret pour personne que je suis personnellement très en cour auprès de Sa Majesté sicilienne qui écrit constamment à son père ; aussi tout ce que je pourrais dire serait favorablement retransmis. » Voir Alfred Temple Patterson,

Charles III demanda alors à son fils que l'ambassadeur de Naples à Londres, Michele Pignatelli, servît d'espion pour le compte de l'Espagne, mais Ferdinand IV, poussé par Acton, choisit de rester neutre. Persuadé par William Hamilton qu'il pourrait jouer les médiateurs, il répondit à son père le 20 juillet que, dans cette affaire, il aurait aimé pouvoir lui être agréable mais qu'il en était empêché par son désir d'observer la plus stricte neutralité.

Si l'on en croit l'ambassadeur britannique*, le roi serait en réalité allé bien plus loin dans l'opposition à son père. En juin 1779, lorsque Charles III avait informé confidentiellement son fils de son entrée en guerre aux côtés de Louis XVI contre l'Angleterre, Ferdinand lui aurait transmis la lettre, lui affirmant que jamais il ne se joindrait à la coalition, « en dépit du Pacte de Famille** ». À Versailles comme à Madrid, on voulut y voir la main de Marie-Caroline et l'effet de l'influence grandissante de « l'Anglais » Acton.

Quelques mois plus tard, alors que la flotte espagnole venait d'être écrasée par la Royal Navy, Ferdinand IV

The Other Armada : The Franco-Spanish Attempt to Invade Britain in 1779, Manchester University Press, 1960.

* Hamilton avait eu vent de la chose puisqu'il en informa son Premier ministre, mais entre une indiscrétion et un acte hostile tel que cette transmission d'un document royal, il y a sans doute l'enjolivement d'un ambassadeur qui cherchait à se faire valoir.

** Le pacte de famille avait été signé à l'instigation de Choiseul, le 15 août 1761, entre le roi de France et le roi d'Espagne. Il s'étendait au duché de Parme et aux Deux-Siciles, même si celles-ci n'y avaient pas immédiatement adhéré, Tanucci ayant fait valoir la minorité du roi Ferdinand IV.

invita Hamilton à une battue de nuit. Ce dernier écrivit à sa Cour :

> Je n'ai pu m'empêcher de réfléchir à la singularité de ma situation. Qu'en plein milieu d'une violente guerre entre la Grande-Bretagne et les puissances unies de France et d'Espagne, un ministre du Roi puisse dormir tranquillement dans la même chambre* que le roi de Naples, fils du roi d'Espagne et beau-frère du roi de France.

La reine avait réussi. Certes Ferdinand restait un fils aimant et respectueux, mais le roi qu'il était devenu, en partie grâce à son épouse, savait désormais séparer ses intérêts de ceux de sa Maison. Supportant de moins en moins la tutelle paternelle, il écrivit en mai 1779 à Charles III :

> Sire, en tant que souverain créé, d'abord par Dieu et ensuite par Votre Majesté, je crois pouvoir prétendre à un traitement public égal à celui de tous les autres Princes. Si Votre Majesté qui est mon Père ne me soutient pas, je pourrais craindre que la Maison d'Autriche, la France et les autres Puissances me regardent comme un souverain inférieur à eux**.

---

* Il s'agissait de la « cabane » de chasse appelée *Pagliaro reale*. Pavée de pierre lustrée, ses murs étaient recouverts de paille. Au centre, il y avait une grande table posée sur un tapis de Perse. Un des murs était creusé de quatre alcôves dotées d'un matelas. Sur le mur d'en face, une grande vasque de marbre servait aux ablutions.

** Charles III lui avait refusé la création d'un rang supérieur de noblesse équivalent à la grandesse d'Espagne parce qu'elle aurait pu passer comme une autonomie de la cour de Naples.

Inconscience ou volonté de narguer son père, après l'avoir informé qu'Acton avait prévu de faire entraîner les officiers de marine napolitains à bord des bâtiments anglais, il lui fit savoir, en mars 1780, que George III en avait accepté sur ses vaisseaux. Le couple royal s'était d'ailleurs félicité publiquement que, lors de l'assaut contre les Espagnols à Gibraltar, le capitaine du Malborough ait permis à un officier napolitain de commander une batterie.

Charles III tomba de haut : des sujets de son fils s'étaient embarqués sur la flotte qui venait d'infliger une défaite à l'Espagne. Il lui interdit alors d'envoyer d'autres Napolitains en Angleterre tant que la paix ne serait pas signée. Béatement, Ferdinand se félicita qu'il lui ait fait connaître à temps son opposition puisqu'il était sur le point d'envoyer d'autres officiers à bord de la flotte anglaise !

Si Charles III ne décolérait pas, Joseph II était satisfait. Pour lui, « le roi de Naples doit être aussi indépendant du roi d'Espagne que le sont entre eux tous les autres souverains » et de rappeler que lorsque Charles III était roi de Naples, il n'avait pas hésité à renvoyer le ministre que protégeait sa mère « sans manquer ni au respect ni à l'amour filial qu'il lui devait* ».

L'affaire de la haquenée

Pendant que ces conflits entre grandes puissances faisaient rage, nous le savons, Rome considérait que le

---

* Archivio di Stato Napoli, *Casa Reale*, vol. 102, ins. 2.

royaume de Naples était son vassal depuis 1059. C'est pourquoi, depuis le XIIIe siècle, le roi de Naples devait faire annuellement l'hommage au pape d'une haquenée*, « blanc palefroi beau et doux** », porteur d'une somme de plusieurs milliers de ducats.

Marie-Caroline, voulant imiter son frère Joseph II, demanda au ministre des Affaires ecclésiastiques, Carlo de Marco***, de réviser les rapports entre l'Église et l'État dans le plus pur style du joséphisme autrichien.

Dans l'immédiat, elle incita Ferdinand à passer outre la cérémonie de la haquenée, mais il ne pouvait pas décider seul. Le 18 avril 1780, il écrivit à son père que l'avocat de la Couronne lui ayant remis un mémoire tendant à la cessation de « l'humiliante cérémonie », il estimait que sa conscience et sa dignité l'obligeaient à soutenir les droits de la couronne et à écouter la voix des magistrats et du peuple.

La situation internationale ne permettant pas d'ouvrir trop de fronts, Charles III calma l'ardeur de son fils. Ferdinand s'engagea donc à « exécuter aveuglément ses conseils très sages » mais, poussé par son épouse, il ne put contenir sa colère :

> « Votre Majesté peut être sûre qu'elle me trouvera toujours un fils affectueux et obéissant, mais dans le

---

* La haquenée était une jument blanche, d'humeur docile, généralement réservée aux dames. Son nom venait du district londonien de Hackney.

** *Unum palefridum album pulchrum et bonum*, selon les termes du contrat vassalique.

*** Carlo de Marco (1711-1804), disciple de Pietro Giannone, était un fervent janséniste. Il était à la tête de ce ministère depuis 1759.

même temps, je ne puis lui cacher combien je suis mortifié de voir que l'on veut me faire apparaître à la face du monde comme un enfant. »

Marie-Caroline parvenait insidieusement à ses fins, tentant de faire de son mari un souverain indépendant en contrebalançant l'influence prégnante des Bourbons par celle de Vienne et de Londres.

La collusion avec Acton

Dès lors, elle choisit son camp. Le 17 octobre 1780, William Hamilton écrivait à sa Cour : « La reine m'a dit récemment, dans le plus grand secret, que nonobstant les liens familiaux de Sa Majesté, son cœur était anglais[4]. » En effet, à cette occasion, elle lui transmit l'information secrète, tout juste parvenue au roi, du départ de Cadix d'une flotte franco-espagnole composée de vingt-deux vaisseaux espagnols et huit français. Cette « sympathie » allait donc bien plus loin que la neutralité affichée de son époux.

Alors que Charles III ne pouvait concevoir que son fils confiât sa marine à un demi-Anglais quand les deux principaux souverains de la Maison de Bourbon étaient en guerre contre l'Angleterre, Marie-Caroline poussa Ferdinand à montrer davantage son indépendance. En juin 1780, il annonça très incidemment à son père qu'il avait réuni les portefeuilles de la Guerre et de la Marine et qu'il en avait confié la responsabilité à Acton. Cette fois, contrairement à son habitude, il ne demandait au roi son père aucune permission, se contentant de lui écrire : « J'espère que Votre Majesté saura approuver ce que j'ai décidé et qu'elle voudra me continuer sa paternelle affection. »

Le démembrement des responsabilités ministérielles de l'après-Tanucci n'avait duré que peu. Acton était devenu le principal acteur du gouvernement, bien que celui-ci fût toujours dirigé par La Sambuca. Or, ce dernier n'avait pas aidé au renversement de Tanucci pour voir croître un compétiteur à ses côtés. Dès lors, s'estimant « lâché » par la reine, il se rapprocha progressivement de Madrid.

De leur côté, Marie-Caroline et Acton avaient de fréquents entretiens, en Conseil ou en privé, avec ou sans le roi. L'idée se répandit, y compris chez les diplomates étrangers, que Marie-Caroline manœuvrait Acton à sa guise et lui dictait la conduite à tenir, voire qu'il était son amant. Le marquis de Breme*, ambassadeur sarde à Naples, écrivait : « Le chevalier Acton est le ministre qui peut tout, d'une activité et d'une ambition prodigieuse et d'une influence sans limite sur la reine, celui sur lequel il faut compter pour réussir. »

Mais toute à sa volonté de régner, elle était en fait sa propre ennemie. Le comte Grigori Orlov écrit à son sujet : « Caroline, née ambitieuse, avait le caractère novateur de son frère Joseph, sans en avoir ni les talents, ni la philosophie. Il lui manquait et sa mâle persévérance et son impassible caractère**. »

---

* Ludovico Giuseppe Arborio di Gattinara, marquis de Breme (1754-1828), fut représentant du roi de Sardaigne à Naples (1782) puis à Vienne (1786). Il fut ministre de l'Intérieur du royaume d'Italie (1806-1809).

** Grigori Vladimirovitch Orlov, *Mémoires historiques, politiques et littéraires sur le royaume de Naples*, Paris, Chasseriau & Hécart, 1819/1825, 5 vol.

En même temps que la nomination d'Acton, elle fit décider par Ferdinand un jeu de chaises musicales parmi ses ambassadeurs. Informant son père des récentes nominations, il « oublia » de lui dire que le nouvel ambassadeur à Londres était le prince de Caramanico, hostile aux Bourbons, austrophile, favorable à l'Angleterre et qui était le conseiller secret de la reine dont on disait qu'il était aussi l'amant. Face au courroux de Charles III, Ferdinand IV réagit avec une désinvolture voulue. Le 10 octobre 1780, ce fut par un *post-scriptum* qu'il s'excusa : « Je supplie Votre Majesté de pardonner à ma mémoire paresseuse si j'ai oublié de lui dire qui j'avais choisi comme nouvel ambassadeur pour l'Angleterre. »

Dans cette partie de fleurets à peine mouchetés entre Marie-Caroline et son beau-père, Ferdinand, certes mal à l'aise, était aussi ravi de montrer qu'il n'était pas qu'un roi de pantomime.

La jouissance d'être reine

Pendant ce temps, Marie-Caroline savourait son triomphe. Approchant de la trentaine, elle était de plus en plus influente, mais sa vie personnelle était moins heureuse.

Le temps des deuils

Pour commencer, le 29 novembre 1780, sa mère l'impératrice Marie-Thérèse mourut à l'âge de soixante-trois ans : « Sa famille est en pleurs. Dans ces tristes moments / Le monde entier paraît peuplé de ses enfants[5]. » Marie-Caroline en fut informée le 8 décembre 1780. Elle pleura sincèrement sa mère à laquelle elle voulait tant ressembler. Terrassée, elle se retira dans ses appartements qu'elle ferma à tous. La cour de Naples observa un deuil extrêmement sévère. En janvier 1781, une grandiose messe de requiem fut dite à Naples en son honneur, présidée par l'évêque Gürtler, toujours confesseur de Marie-Caroline.

Elle fut aussi frappée dans son cœur de mère. Après la naissance, en avril 1780, de Janvier, que Ferdinand appelait affectueusement Gennarino, elle avait accouché prématurément en 1781 d'un petit Joseph qui resta valétudinaire et mourut en 1783, tout comme l'une de ses sœurs. En 1782, naissait Marie-Amélie, future reine des Français, mais elle fut suivie l'année suivante d'une autre fille mort-née.

Pour cette reine dont l'esprit semblait toujours occupé à tisser des trames et nouer des intrigues, c'était cependant le souci de ses enfants qui était primordial. En témoigne le billet, griffonné à la hâte en octobre 1782, à l'attention du médecin Auguste Tissot* :

> Devant [aller] demain à la chasse avec le Roi et ne pouvant point vous voir que le soir, je vous envoie un gribouillage informe que je n'ai eu le temps ni de corriger ni de réfléchir ni [*sic*] vous n'y trouverez qu'une relation sur l'état de Louise autant qu'à la hâte j'ai pu

* Billet inédit. Samuel Auguste Tissot (1728-1797), médecin suisse fut « le médecin des princes et le prince des médecins ». Joseph II l'avait apprécié en 1777 et l'avait recommandé à sa sœur.

m'en ressouvenir ; le médecin fera celle de son métier, chez moi ce n'est que le cœur d'une mère qui suit et chérit tendrement les enfants. Je vous envoie aussi les diverses consultations que les médecins de Paris, Montpelier me firent pour Janvier avec l'avis de Vacher* mon chirurgien accoucheur qui est au service de Parme. Je compte au premier moment de temps vous faire la relation de Janvier et [du] malheureux petit Joseph. Je devrais avoir honte de griffonner ainsi à qui a tant de lumières, connaissances et savoir, mais la confiance que vous m'avez inspirée du premier moment que je vous ai vu et les qualités d'homme estimable et d'un cœur sensible que je vous ai reconnues me font vaincre toute fausse honte pour vous parler sans détour et tout franchement d'un article si intéressant pour mon cœur comme le sont mes enfants. Recevez en même temps les assurances de mon estime et du sincère désir que j'aurai toute ma vie de pouvoir vous en assurer de vive voix. Charlotte[6].

Elle ressentit durement cette année 1783 :

Je perdis un fils que j'aimais tendrement et lequel, pour la peine qu'il m'avait coûté de l'élever et l'esprit précoce qu'il témoignait, faisait ma consolation. J'eus un mauvais accouchement qui me réduisit à la mort, ayant reçu tous les saints sacrements. J'eus le malheur de mettre un enfant mort au monde[7].

* François Guillaume Le Vacher, né en 1732, devint maître chirurgien en 1754. Nommé professeur de chirurgie à Parme en 1769, il remplaça au pied levé, en 1779, l'accoucheur de Marie-Caroline, le docteur Payenne, victime d'une crise d'apoplexie.

À cela s'ajouta, en février et mars 1783, le tremblement de terre en Calabre qui détruisit Messine et fit un nombre impressionnant de victimes.

Heureusement, la reine connut quelques joies : en 1784, elle donna naissance à Marie-Antoinette, dite Toto, qui deviendra princesse des Asturies (Marie-Clotilde suivra en 1786).

Le patronage culturel

Au bout de plusieurs années de vie commune, le couple royal semblait avoir trouvé son rythme de croisière. La reine pouvait être satisfaite. Certes son mari n'était pas métamorphosé, mais il était transformé. Son influence, jointe à la maturité naturelle d'un désormais trentenaire, avait canalisé le chien fou qu'il avait été. Chez lui, comme chez tous les Bourbons, la chasse restait l'occupation favorite. Mais lui aussi avait une réelle passion pour ses enfants qu'il adorait. Et, surtout, il avait trouvé en Acton un collaborateur qui, à partir de leur intérêt commun pour la marine, avait su l'ouvrir à d'autres domaines du gouvernement. La reine pouvait désormais, à loisir, satisfaire aux obligations mondaines qui étaient les siennes.

Marie-Caroline, à l'inverse de sa belle-mère Marie-Amélie de Saxe, ne montra guère d'engouement pour l'archéologie. Pourtant, Naples était devenue, depuis la moitié du siècle, une étape incontournable pour les érudits qui accomplissaient le Grand Tour. Comme Marc Fumaroli l'a magistralement démontré, à partir des années 1750, les « Modernes » étant désormais convaincus de leur supériorité sur les temps précédents, ils « renversèrent le sablier » et imposèrent le retour esthétique à l'Antiquité, c'est-à-dire à la simplicité lumineuse des styles. Le bon goût de l'époque des Lumières s'appuya alors sur les découvertes de Naples[8] et les Anglais créèrent pour ces « voyageurs de la culture » le mot *tourist,* très éloigné du sens désormais galvaudé de vacancier.

Si Ferdinand n'y montrait pas davantage d'intérêt, tous deux surent cependant accepter d'être conseillés. Sous le règne de Charles, des fouilles avaient été entreprises à Herculanum, puis à Pompéi*. Il avait confié à l'abbé Ferdinando Galiani la coordination des fouilles d'Herculanum et la publication des découvertes**. En 1758, fut inauguré le musée de Portici (ou *Museo Ercolanese).*

Ce furent les frères de Marie-Caroline qui donnèrent mauvaise conscience au jeune couple. Léopold de Toscane puis son frère Joseph II, en exigeant de visiter les ruines des deux cités antiques, ne manquèrent pas de l'inciter à en prendre meilleur soin. En 1779, les collections archéologiques furent installées dans le Palazzo degli Studi, siège de l'université de Naples, dont les travaux de restructuration furent confiés à l'architecte Ferdinando Fuga***.

---

* De 1730 à 1780, elles furent dirigées par un ingénieur militaire, Roque Joaquín de Alcubierre, puis par Francisco La Vega. Voir Léa Dutrieux, *L'Influence d'Herculanum et Pompéi aux* XVIIIe *et* XIXe *siècles. De la redécouverte aux premiers musées,* Université de Louvain, 2020.

** En 1756, il remit au roi le manuscrit de ses *Pitture antiche che si conservano nelle Villa reale di Portici, dissotterrate per ordine della Maestà del Re*... aujourd'hui conservé au Musée archéologique National de Naples. Il fut imprimé en 1757.

*** Le nouveau musée s'enrichit énormément grâce à l'héritage que les Bourbons de Naples avaient fait des impressionnantes

En revanche, Marie-Caroline fut à l'origine d'une nouveauté musicale à Naples, même si elle avait un regard peu amène sur la scène locale[9]. Tantôt elle note qu'elle s'est ennuyée à mourir, tantôt elle quitte le théâtre après le deuxième acte[10]. En réalité, les bals étaient sa manifestation préférée. Cependant, elle tenait à assumer son rôle de patronage officiel des événements culturels, paraissant à chacun, au risque d'y périr d'ennui.

La ville ne comptait pas moins de quatre grands théâtres dédiés à l'opéra*. Elle était le tremplin de toutes les grandes voix, la « métropole de l'opéra » qui fournissait à l'Europe le « langage musical** ». À l'époque, l'opéra y était un spectacle aussi populaire qu'aristocratique[11] : on y vibrait pour ses castrats, ces « monstres angéliques » qui, avec des voix pures d'enfants et la puissance d'un adulte, suscitaient un énorme engouement du public. Mais en cette fin du XVIIIe siècle, s'ils étaient toujours aussi adulés, des compositeurs – tel Mozart – leur préféraient les voix de femme. Marie-Caroline partageait l'engouement de ses sujets pour les cantatrices désormais à la mode : la finissante Anna De Amicis,

---

collections Farnèse de Parme. Dans les années 1780, Ferdinand y fit transférer les collections d'antiques du palais Farnèse de Rome, au très grand déplaisir du pape Pie VI.

* Le Teatro dei Fiorentini fondé en 1618 mais restauré en 1713 puis en 1773 ; le San Carlo, l'un des plus anciens théâtres lyriques d'Europe inauguré en 1737 et rénové en 1767 pour le mariage de Ferdinand et Marie-Caroline ; le Teatro del Fondo, ouvert en 1779 et le San Ferdinando construit à la fin des années 1780.

** Nadia Guilbault, « La figure mythique de Naples dans le roman de Dominique Fernandez *Porporino ou les mystères de Naples* », *in* Georges Cesbron (dir.), *Recherches sur l'imaginaire*, cahier XVII, t. 2.

Maria Balducci qui jouait à la diva tel un castrat, la soprano Celeste Coltellini que débaucha Joseph II, voire le chanteur Giovanni Morelli*.

Sa chance fut de rencontrer Norbert Hadrava, secrétaire d'ambassade autrichien et compositeur à temps partiel[12]. Il s'était mis dans l'idée de faire découvrir aux Napolitains la musique et les musiciens allemands. Ce projet recueillit toute la bienveillance de Marie-Caroline.

Dans une ville où la musique symphonique était limitée à l'ouverture des opéras, il fit jouer le 11 décembre 1783, au Teatro dei Fiorentini, une symphonie de von Dittersdorf**, un interlude en deux actes de Lessing*** et un opéra de Benda****, *Ariadne auf Naxos,* traduite et adaptée au goût local. Il fit de même en 1790 avec un autre œuvre de Benda, *Medea*[13]. En 1785, Hadrava fit représenter *l'Alceste,* de Gluck, au Teatro del Fondo.

---

* Anna Lucia De Amicis-Buonsolazzi (v. 1733-1816), qui créa le *Lucio Silla* de Mozart en 1772, se retira en 1779. Maria Balducci, née en 1758, fut la *prima donna* du San Carlo de 1780 à 1784, souvent partenaire du castrat Luigi Marchesi. Celeste Coltellini (1760-1828), mezzo-soprano puis soprano, célèbre à Naples comme à Vienne, quitta la scène en 1795 pour épouser un banquier. Giovanni Morelli occupa le devant de la scène entre 1787 et 1815.

** Karl Ditters von Dittersdorf (1739-1799), compositeur et violoniste viennois. Lié à Metastasio, Haydn et Gluck, il accompagna ce dernier en Italie en 1763.

*** *Der Schatz* (*Le Trésor*). Le Saxon Gotthold Ephraim Lessing (1729-1781) l'écrivit en un acte, d'après Plaute, en 1750 et le remania en 1771 (en deux actes) pour le théâtre de Vienne.

**** Jiřií Antonín [Georg Anton] Benda (1722-1795), musicien des cours de Prusse et de Saxe-Gotha, dut sa renommée à ses mélodrames, dont *Medea* qui inspira à Mozart son opéra *Zaïde.*

Grâce à la souveraine, il put organiser de nombreuses soirées où se produisirent des artistes austro-allemands, notamment le compositeur Pleyel* qui se vit commander un opéra, *Ifigenia in Aulide*, pour l'anniversaire du roi (30 mai 1785). Pour mieux importer la musique austro-allemande dans la capitale du bel canto, Hadrava joua sur la curiosité des Napolitains et demanda à ce dernier de composer pour des instruments hors du commun, comme la vielle organisée** (*lira organizzata*) qui enchanta le roi Ferdinand, le chalumeau*** ou le vis-à-vis****.

En matière de peinture, Marie-Caroline savait apprécier le beau. Elle invita à Naples la peintre suissesse, Angélica Kauffmann*****, qui séjourna trois fois à Naples, aux étés 1782, 1784 et 1785 et y peignit sa plus grande toile : *Ferdinand IV de Naples et sa famille*******.

En outre, sans les avoir vraiment recherchés, Marie-Caroline, mais aussi son époux, surent accueillir des

* Ignace Joseph Pleyel (1757-1831), Autrichien naturalisé français, élève de Haydn, fut à la fois compositeur, éditeur de musique et facteur de pianos (il inventa cet instrument en 1802).

** Vielle à roue accouplée à un orgue à sa dimension.

*** Perfectionné par Johann Christoph Denner, facteur d'instruments nurembergeois, il devint la clarinette baroque.

**** Créé en 1777 par le facteur Johann Andreas Stein (1728-1792), il était composé d'une table unique avec un clavier de clavecin à un bout et un de pianoforte à l'autre.

***** Angelica Kauffmann (1741-1807). Renommée en Angleterre où elle avait ouvert un atelier (1766-1780), elle avait épousé en 1781 un Vénitien, le védutiste Antonio Zucchi. Joseph II étant, avec Catherine II, l'un de ses éminents clients, il la recommanda à sa sœur lorsque le couple d'artistes retourna en Italie.

****** Au musée de Capodimonte.

artistes européens, mandatés ou non par leur pays, qui vinrent à Naples pour découvrir ses antiquités et contribuer ainsi à l'éclosion et au triomphe du néoclassicisme quelques années plus tard*.

Les invités de marque

Le siècle des Lumières se voulant le siècle du savoir, Naples et ses curiosités furent désormais à la mode dans la bonne société européenne. Les grands qui, à quelques exceptions près, n'avaient jusque-là pas brillé par leur intérêt intellectuel, partagèrent à leur tour l'engouement de l'antique. La cour de Marie-Caroline et de son époux devint donc l'étape obligée de princes qui, sous le voile d'un *incognito* feint, parcouraient l'Europe autant pour se cultiver que découvrir ce à quoi l'autre ressemblait.

En effet, les princes s'étaient entichés d'un *incognito* qui les déliait des obligations protocolaires. Les Habsbourg en furent friands. Ainsi, en 1775, Versailles accueillit le comte de Burgau, *alias* l'archiduc Maximilien, frère de la reine. Il fut suivi par Joseph II (1777 et 1781), comte de Falkenstein, l'archiduc Ferdinand (1786), comte de Nellembourg, et, la même année, l'archiduchesse Marie-Christine, comtesse de Bellié.

* Le Français Léon Durfourny (1754-1818) que Ferdinand IV chargea de faire le relevé des temples grecs et qui dessina plusieurs bâtiments du Jardin botanique de Palerme. Ou le Prussien Jacob Philipp Hackert que le couple royal nomma peintre de la Cour en 1782. Ce fut à Naples qu'il rencontra Goethe auquel il fut lié par une profonde amitié. Quand celui-ci visita la Sicile en 1787, il se fit accompagner par le paysagiste Christoph Heinrich Kniep qui se fixa à Naples par la suite.

Après avoir reçu Léopold de Toscane et son frère l'empereur Joseph II, le couple napolitain accueillit, en février 1782, le tsarévitch Paul Petrovitch, fils de Catherine II, et son épouse, Maria Feodorovna, née princesse de Wurtemberg-Montbéliard. Le couple voyageait sous le nom de comte et comtesse du Nord[14]. En raison de leur *incognito,* les souverains ne purent les héberger. Ils durent s'accommoder d'un logement chez le duc de Pescolanciano. En revanche, le roi mit l'abbé Galiani à leur disposition pour leurs visites d'Herculanum, Pompéi, Baies et Paestum. Leur séjour ennuyait Ferdinand qui dénonça à son père « tout le fardeau que nous donnent les grands-ducs de Russie, qui pour nos péchés ont voulu venir jusqu'ici et chez qui transparaît leur nation, non encore parvenue au degré de civilisation des autres ». Et il ajoutait, autant de mauvaise foi que de mauvaise humeur, « le temps aussi se met de la partie puisque le vent n'arrête pas de souffler et qu'il ne fait que pleuvoir ».

Paul et son épouse n'étaient pas mieux disposés à l'égard de leurs hôtes napolitains. Lorsqu'ils décidèrent d'aller à Paestum, Ferdinand prévit de les loger dans son domaine de Persano, au sud de Salerne, organisant une chasse en leur honneur le lendemain. Alors qu'il avait passé deux mois à préparer cet événement, Marie-Caroline restée à Naples lui écrivit, trois jours avant, « qu'avec leur habituelle grossièreté naturelle, ils avaient décidé de ne pas venir ».

En réalité, le grand-duc Paul avait été confronté à des souvenirs douloureux. L'ambassadeur russe à Naples était le comte André Razoumovski*, un bel homme aimant plaire aux femmes. Il avait sans doute été l'unique ami de Paul, mais il avait abusé de cette amitié pour devenir l'amant de sa première épouse et le père de l'enfant qui emporta la grande-duchesse en couches. Revoir le fauteur de tant de douleurs lui fut insupportable, d'autant qu'il n'ignorait pas que le galant diplomate exerçait ses charmes auprès de Marie-Caroline qui, en outre, avait pour lui le défaut d'être autrichienne. Le couple russe décida donc brusquement de retourner à Rome sans même prendre congé de Leurs Majestés Siciliennes.

À l'été 1782, ce fut au tour d'une amie de Catherine II, la princesse Dachkov**, de visiter Naples et d'être reçue à la Cour. En femme avisée, elle expliqua au couple royal que les fouilles romaines pouvaient représenter un fort intérêt économique pour le royaume :

> Je me permis un jour de dire à Leurs Majestés qu'il aurait mieux valu de tripler le petit nombre d'ouvriers que l'on employait à déblayer Pompéi et à faire d'autres fouilles [...] et quand cela serait fait, publier par toute l'Europe que l'on pouvait voir une image réelle des coutumes, usages, ustensiles et instruments des habitants d'une ancienne ville, dont on verrait les rues, les maisons, les cabarets avec leurs affiches ou enseignes, et qu'il serait permis de tout voir, en payant tant par tête ;

* Andrei Kirillovitch Razoumovski (1752-1836).

** Catherine Vorontsov (1743-1810) épousa en 1759 le prince Michel Dachkov. Veuve en 1768, elle visita l'Europe et, en 1784, elle fonda l'Académie impériale de Russie sur le modèle de l'Académie française.

que Sa Majesté se ferait un revenu qui surpasserait les dépenses faites pour cet effet, et que les connaisseurs, les curieux et les badauds s'y porteraient en foule pour jouir d'un tableau parlant, qu'aucune description ne pourrait rendre compréhensible*.

Ni les souverains napolitains ni les temps n'étaient encore mûrs pour cela.

Fin décembre 1782, un autre prince arriva *incognito*. Il s'agissait de Louis-Philippe d'Orléans, alors duc de Chartres et futur Philippe-Égalité. Dominique-Vivant Denon, chargé d'affaires de France, écrivit à Vergennes : « L'agrément et les grâces de son accueil pour tout le monde a fait la sensation la plus flatteuse et la plus générale. » Le couple royal, bien mieux disposé à son égard qu'à celui des grands-ducs russes, veilla à ce qu'il eût l'avantage des honneurs de son rang et la liberté de l'*incognito*. Ravi de son séjour, Chartres repartit le 14 janvier 1783, laissant Ferdinand et Marie-Caroline enchantés d'avoir eu un tel hôte. Bien que rien n'ait filtré sur les raisons du voyage de ce prince du sang, il semble qu'il soit venu négocier pour son fils Louis-Philippe, né en 1773, la main d'une princesse de Naples, peut-être même celle de Marie-Amélie, née peu avant en avril 1782 et qu'il épousa bien plus tard.

En 1784, dans le cadre de son second voyage en Europe, ce fut au tour du roi Gustave III de Suède de

* Princesse Ekaterina Romanova Dachkova, née Vorontsova, *Mon histoire : mémoires d'une femme de lettres russe à l'époque des Lumières ; suivis des lettres de l'impératrice Catherine II à la princesse Dachkova*, Paris, L'Harmattan, 1999, p. 136.

venir leur rendre visite sous le nom de comte de Haga. Collectionneur d'antiques, celui que Joseph II traitait de « pauvre espèce d'homme » ne resta pas longtemps : il arrivait de Rome et repartait pour Paris. Sa plus grande activité fut de dessiner quelques vues de Naples et de ses environs.

Le couple royal reçut aussi en 1784 la visite du duc Ferdinand et de la duchesse Marie-Amélie de Parme. Le duc Ferdinand Ier que Louis XVI taxait de « pure bêtise », cousin de Ferdinand IV, s'était détaché des liens étroits qui existaient entre son duché et la France. Parme devint alors « une principauté de province, arriérée et insignifiante, un angle mort du passé dans l'Italie rénovée[15] ». La duchesse, sœur de Marie-Caroline, n'était plus l'ombre que d'elle-même, ostracisée par sa famille, ses pairs, son mari. Une seule lui gardait son affection : Marie-Caroline.

Ce court séjour à Naples fut une bouffée d'air frais pour la malheureuse Marie-Amélie et elle rêva d'y revenir, mais le diktat des chancelleries l'en empêchait comme en témoigne cette lettre de la reine de Naples en date du 27 juillet 1784 :

> Votre lettre du 23 d'Albano que j'ai exactement reçue, accroît encore en moi l'estime sincère que j'ai depuis longtemps vouée à votre respectable caractère, le ton de vérité franchise [*sic*] qui règne dans toute cette lettre m'a charmé et toujours augmente mes regrets que nous n'avons pas le bonheur de vous posséder à Naples ; je sens parfaitement la vérité, sagesse et délicatesse, de vos raisons pour lesquelles vous n'osez faire un second voyage sans une autorisation

> expresse des deux Cours de France et d'Espagne. [...] Je ferai des vœux pour vous revoir et vous apprendre délivrée en tout de votre incommode goutte m'intéressant infiniment à tout ce qui vous concerne, recevez les assurances de ma parfaite estime, confiance et sincère amitié avec laquelle je suis pour la vie votre sincère amie Charlotte[16].

Moins mondaines mais sans doute plus importantes furent les visites en mars 1783 de l'archiduc Maximilien* et au début de 1784 de l'empereur Joseph II. Que deux princes, et non des moindres, de l'Archimaison de Habsbourg aient décidé de rendre visite à leur sœur et leur beau-frère de Naples prouve la pression que l'Autriche souhaitait exercer sur le roi de Naples. En effet, selon le chargé d'affaires français Denon, ces deux voyageurs seraient venus pour conforter les intérêts de l'Autriche en Italie.

Joseph II, quant à lui, prétexta la visite de courtoisie qu'il avait souhaité rendre au pape Pie VI** du 23 au 29 décembre 1783, pour décider de faire un crochet par Naples. Alors que tous présumaient que son séjour serait bref, il se révéla plus long que prévu. Marie-Caroline ne put alors s'empêcher d'expliquer à l'ambassadeur d'Espagne que son frère « pourrait bien tout

* Maximilien François Xavier de Habsbourg-Lorraine (1756-1801), le plus jeune de la fratrie, dut abandonner la carrière des armes à la suite d'une chute de cheval à la fin des années 1770. Grand maître de l'ordre Teutonique en 1780, il devint prince-évêque de Munster et archevêque de Cologne en 1784.

** En 1782, il s'était rendu à Vienne pour demander à Joseph II de ne pas pousser plus avant sa volonté réformatrice de l'Église d'Autriche.

à coup tourner son ambition et ses forces du côté de l'Italie ». C'était indirectement prévenir son beau-père, voire le menacer.

En effet, la reine avait décidé d'abattre son jeu. Jusque-là, elle avait osé tout imaginer. Désormais, elle allait oser tout faire.

3
Des manœuvres payantes

Une fois remise de ses chagrins qui émaillèrent l'année 1783, Marie-Caroline renoua avec son vieux démon de l'intrigue. Ainsi que le notait Denon : « C'est en se déclarant contre la France et contre l'Espagne que l'on réussit et que l'on plaît à cette Cour-ci. »

Le branle-bas de combat

Pour bien montrer le peu d'intérêt qu'elle portait aux cours de famille, elle ne lésina sur aucune avanie. Ainsi, lors de la venue de Gustave III à Naples en février 1784, les chargés d'affaires français et espagnols furent les seuls à ne pas avoir été invités aux fêtes données en son honneur.

Mais ces froissements d'étiquette n'étaient rien à côté d'insolences patentes.

Les piques antifrançaises

Depuis plusieurs décennies, il était d'usage pour la France d'acheter des bois en Calabre, mais Acton en empêcha la vente au prétexte que ces bois étaient utiles à la marine qu'il était en train de constituer. Versailles cacha son mécontentement, mais le pire était à venir.

Lors du tremblement de terre de 1783 en Calabre et en Sicile, l'ampleur des désastres suscita la compassion des États voisins. Louis XVI fit même envoyer à Naples des vaisseaux chargés de farine. Mais au Conseil, Marie-Caroline s'emporta : « La France a sans doute cru que nous mourions de faim. Il faut lui prouver que nous n'avons pas besoin de ses secours et refuser ses offres. » Et les navires français durent s'en retourner sans avoir déchargé leur cargaison.

Puis ce fut « l'affaire des poudres[1] » (1782-1785). Au prétexte de lois, pourtant non publiées, interdisant aux navires de faire relâche dans le port de Naples dès lors qu'ils avaient des poudres dans leur soute, les bâtiments français qui refusèrent d'obtempérer durent remettre à la voile. En revanche, un capitaine anglais fut vu en train de faire publiquement le commerce de poudre au milieu du port de Naples.

Avec une obstination perverse, Marie-Caroline crut avoir trouvé une nouvelle carte à abattre pour mieux inquiéter les Bourbons de France et d'Espagne en agitant la menace d'une alliance avec la Russie.

Le jeu avec la Russie

Depuis 1783, la Russie avait annexé la Crimée et, désormais, la flotte russe avait un débouché sur la mer Noire. Néanmoins, il ne lui aurait pas été inutile d'avoir un point d'ancrage à Malte, autant pour radouber que pour commercer. Catherine II, sachant pertinemment que l'ordre se conformait aux décisions des Bourbons, s'était emportée : « Malte, toujours neutre et jamais neutre ! » Mais si l'ordre gouvernait Malte, la suzeraineté de l'île appartenait au roi de Sicile depuis le XIe siècle. Naples pouvait donc se permettre de contourner le veto des Bourbons.

Saint-Pétersbourg ne voulait rien ébruiter et l'ambassadeur russe, le comte Razoumovski, fut chargé d'une intrigue d'alcôve. À trente ans, la reine aimait à plaire. Pourtant, si l'on en croit Wraxall, Marie-Caroline n'avait ni beau visage ni physique agréable, mais sa grâce et sa dignité étaient attirantes. Comme le notait le diplomate sarde, le marquis de Breme, sa plus grande joie était d'être regardée langoureusement.

Entre Acton et Razoumovski, ce fut à celui qui ravirait l'attention de la reine. Si le jeu était pipé par les préférences de celle-ci, le diplomate russe réussit cependant à la flatter en lui faisant miroiter une relation étroite avec Catherine II. Or, Acton désirait ce rapprochement diplomatique. Grimm parle du « chevalier Acton qui a [...] une forte passion pour notre Impératrice, parce que c'est un homme de tête[2] ».

Un premier pas fut, en 1782, la décision du royaume de Naples d'adhérer à la Ligue de neutralité armée, voulue par Catherine II pour empêcher la Royal Navy, en guerre contre les Insurgents, la France et l'Espagne, de gêner ou interrompre le commerce des non-belligérants. Selon Denon, l'impératrice s'étant rendu compte, lors de sa précédente guerre contre les Ottomans, « que les secours qu'elle pouvait tirer de Livourne étaient trop chers et insuffisants » et que Naples « lui fournirait des ressources plus abondantes et plus faciles », Razoumovski demanda que la flotte russe pût radouber dans les ports napolitains. Le 22 décembre 1782, Ferdinand IV et Acton montèrent à bord d'un bâtiment russe. Les diplomates furent stupéfaits de voir le souverain se rendre sur un navire étranger, hors de la portée de ses propres canons.

Dès lors, Marie-Caroline se crut une araignée au centre de la toile qu'elle tissait. Elle commettait là la bévue commune à tous ceux qui, absorbés par leur intrigue, ne prennent pas attention à ceux qui cherchent à les envelopper à leur tour.

Tout à son idée d'offrir Malte à sa nouvelle alliée russe, elle cultivait la bienveillance de quelques dignitaires de l'ordre. Le grand maître du moment était un Français, Emmanuel de Rohan-Pouldu*. Or, ce religieux franc-maçon**, totalement paralysé par sa pusillanimité, s'appuyait sur des personnages qui se targuaient de leur entregent.

L'un était le bailli Michele Sagramoso***, lié à Catherine II. Marie-Caroline pensa alors qu'avec lui,

* S'il appartenait bien à la lignée qui tenait le haut du pavé en France, son père avait été contraint à l'exil en Espagne pour avoir comploté contre le Régent. Le jeune Emmanuel était alors devenu le menin de l'infant Don Carlos et le suivit à Parme. Élu grand maître en 1775, à l'âge de cinquante ans, il eut la coquetterie de vouloir jouer au souverain en entretenant une correspondance privée avec la plupart des princes régnants.

** Il avait été initié à Parme en juillet 1756. Voir Pierre Mollier, « Malte, les chevaliers et la franc-maçonnerie », *Cahiers de la Méditerranée*, 72, 2006, p. 1-15.

*** Michele Enrico Sagramoso (1720-1791). Sa mère et celle de Catherine II avaient été demoiselles d'honneur de la mère de Frédéric II. Envoyé en Russie par le grand maître Pinto en 1744, il se chargea secrètement de la correspondance entre Catherine et sa mère à l'insu de l'impératrice Élisabeth Ire.

elle pourrait doubler à Saint-Pétersbourg l'influence de Razoumovski. L'autre était le bailli de Loras*, véritable éminence grise du grand maître. Il était venu à Naples au début de 1784, pour rechercher l'appui de la cour de Naples dans un problème interne à la Langue d'Italie**. Pour mieux se la rendre favorable, il se porta garant qu'il n'y aurait, de la part de l'ordre, aucune opposition aux éventuelles tractations concernant Malte entre Marie-Caroline et Catherine II.

Ainsi, la reine se laissait emporter par son goût pour l'intrigue, mais son approximation dans l'action se traduisait par son amateurisme en matière de réseaux. Elle s'appuyait sur les francs-maçons qui en avaient certes beaucoup voulu à Tanucci et à l'Espagne, mais qui s'étaient bien plus servis d'elle qu'elle ne se servait d'eux. Elle croyait trouver un appui auprès de fantoches politiques, plus vaniteux qu'ambitieux mais qui s'estimaient importants parce qu'ils avaient été remarqués par une souveraine. Alors qu'elle avait espéré fédérer autour d'elle une opposition, un « parti de la reine », elle n'avait en fait réussi qu'à être le faire-valoir d'une camarilla hétéroclite de courtisans et de mécontents.

---

* Charles Abel de Loras, né en 1736, fut reçu dans la Langue d'Auvergne en 1740. Nommé ambassadeur de l'ordre à Rome en 1789, il devint un fidèle des réunions maçonniques animées par Cagliostro.

** Les commanderies qui fournissaient de larges prébendes aux chevaliers les plus anciens étaient communes à chaque Langue. Or la Langue d'Italie, préfigurant l'unité de la péninsule, comprenait tous les États italiens. Les commanderies les plus riches étant situées dans le nord, les Piémontais, Lombards, Génois, Parmesans ou Toscans ne voulaient plus les partager avec les Italiens du Sud.

Madrid et Versailles en avaient conscience et les deux Cours avaient organisé autour d'elle un cordon sanitaire de surveillance dont les ténors étaient le cardinal de Bernis*, ambassadeur de France à Rome, José Nicolás de Azara**, son homologue espagnol, Simón de Las Casas***, ambassadeur d'Espagne à Naples, mais aussi l'ambassadeur de l'ordre à Rome, le bailli de La Brillanne****. En effet, si l'on en croit Las Casas, ce dernier, bien que dignitaire de l'ordre, était leur ami « et l'ennemi des ruses de son Grand Maître et de toutes ses indignités[3] ».

Bourbons contre Habsbourg

Mais pour mettre fin aux tractations secrètes entre Naples et la Russie, les Bourbons devaient avoir autre chose que des supputations de diplomates. Ils furent d'abord servis par le froissement d'amour-propre de La Sambuca. Le vaniteux ministre avait été ravi à l'idée de parapher le traité d'adhésion à la Ligue des neutres,

* François-Joachim de Pierre de Bernis (1715-1794) représenta la France à Rome de 1769 à 1791.

** José Nicolás de Azara, marquis de Nibbiano (1730-1804), dignitaire franc-maçon, fut envoyé à Rome dès 1765 comme agent et procureur général d'Espagne avant d'y devenir ministre plénipotentiaire (1784).

*** Simón de Las Casas y Arragorri y Olavide (1742-1798), marquis d'Iranda (1742-1798), fut ambassadeur à Naples de janvier 1785 à février 1786.

**** Le bailli Henri-François de Guiran de La Brillanne (1727-1789), reçu dans l'ordre en 1743, fut ambassadeur à Rome puis à Paris.

mais Marie-Caroline et Acton firent décider que cet honneur serait réservé à l'ambassadeur napolitain à Saint-Pétersbourg, le duc de San Nicola*, très apprécié de la tsarine. Le secrétaire d'État, se considérant trahi par Marie-Caroline, se rapprocha de Charles III. Madrid eut désormais des informations de première main, mais la reine n'ignorait rien de la volte-face du secrétaire d'État.

L'ultimatum de Charles III

En 1784, les relations avec Madrid s'aigrirent un peu plus avec « l'affaire des mariages portugais ». Charles III avait marié son fils Gabriel (1752-1788), jeune frère de Ferdinand IV, à la princesse Marie-Anne de Portugal, et sa petite-fille Charlotte-Joaquime au prince Jean de Bragance, futur Jean VI de Portugal. Une clause du contrat de mariage de Gabriel stipulait que, dans l'ordre de succession au trône madrilène, sa descendance aurait préséance sur celle de Ferdinand IV. Marie-Caroline n'eut aucun mal à démontrer à son époux que cette décision lésait ses propres enfants et qu'elle portait un coup fatal à son honneur « en le faisant passer, aux yeux du monde, pour un imbécile ».

Au même moment, La Sambuca informait Madrid que Joseph II avait nommé ambassadeur à Naples le général Richecourt, appelé aussi à devenir le commandant en chef de l'armée napolitaine. Il dénonçait « le but

* Muzio di Gaeta, duc de San Nicola, fut ambassadeur en Russie de 1779 à septembre 1783.

de ce général Acton qui a toujours été d'avoir des généraux allemands qui, d'accord avec lui, pourraient réaliser ce qu'il se proposait de faire ».

Le 11 mai, Charles III écrivit secrètement à son fils pour éviter que sa lettre ne fût lue par le parti austrophile, au premier rang duquel il mettait la reine et Acton : si Ferdinand acceptait un général autrichien comme commandant en chef de ses troupes, il ne serait plus qu'un roi de jeu de cartes et les Autrichiens deviendraient les maîtres de son royaume. Il lui conseillait donc de se débarrasser d'Acton, pour se libérer des chaînes qui l'entravaient. Le 8 juin, il revint à la charge, non plus en roi, mais en père. S'il n'éloignait pas Acton, l'auteur des difficultés qui s'élevaient entre eux deux, il ne faudrait plus compter sur lui. Et il le menaçait du châtiment de Dieu pour les méchancetés qu'il faisait à son vieux père.

Pris entre Charybde (Charles III) et Scylla (Marie-Caroline), Ferdinand tenta de calmer le premier, protestant, le 29 juin, comme toujours de son amour filial, puis d'éviter un drame avec la seconde en lui cachant les courriers de son père. Mais en juillet, affaibli par des coliques néphrétiques, il lui montra les dépêches. Elle entra alors dans une rage folle : « J'y perdrai la couronne, j'y perdrai jusqu'à la dernière goutte de mon sang, mais je sortirai de la dépendance de la Maison de Bourbon », ajoutant que son frère, l'empereur, ne l'abandonnerait jamais.

Dans ce qui devenait le délire de Marie-Caroline, elle s'imaginait agir en commun avec son frère, alors que le pragmatique Joseph II ne se serait lancé dans aucune aventure. Elle agitait l'autorité de Sa Majesté Aulique pour tenter d'effrayer ses contradicteurs, maintenue coupablement par Acton dans son errance aveugle. Elle tourna alors sa vindicte contre La Sambuca qu'elle accusait, non sans raison, d'être l'informateur de Madrid.

Les rumeurs d'adultère

Pour lui donner le coup de massue qu'il jugeait nécessaire, le 20 juillet, Charles III écrivit une lettre dramatiquement attristée à son fils : « Ouvre les yeux, mon fils, et découvre ceux qui t'aveuglent [...] ceux qui après avoir fait de toi un roi de papier mâché, rêvent de te faire perdre ton honneur, le respect de tes enfants et même ton âme. Ne pense pas que j'exagère. » Et, pour la première fois, il se fit l'écho des commérages qui couraient dans toutes les chancelleries sur les liens entre la reine et le ministre : « Parce que si tu te renseignes, si tu n'as pas la faiblesse de montrer cette lettre à ceux qui te détruisent, tu découvriras ce que chantent même les enfants, non seulement à Naples mais encore dans les principales Cours d'Europe. [...] Je suis abasourdi que tu puisses ignorer ce que tu devrais savoir et à quoi tu devrais porter remède. »

Il y avait un certain temps que la vie privée de Marie-Caroline défrayait les chroniques. Le chargé d'affaires français, dans ses courriers officiels à Vergennes, usait de termes fort peu diplomatiques en parlant de la belle-sœur du roi son maître. L'avocat de l'ambassade de France, le Napolitain Stefano Colicchi, écrivait à

Hennin*, le premier commis du ministère des Affaires étrangères :

> C'est toujours le même caprice et la volonté de ce ministre [Acton] qui règle toutes choses. Il est l'amant déclaré de la reine, au grand scandale de toute la Cour. J'ai lieu de croire que Sa Majesté Catholique ignore cette anecdote dont personne n'a osé lui faire part. On amuse le roi au-dehors, on l'engage à courir sur mer dans un paquebot qu'on lui a fait construire et, pendant ce temps, Monsieur Acton est en tête-à-tête continuel avec la reine et on les a sus enfermés sous clef à des heures indues. Ils ont failli être surpris deux ou trois fois par le roi qui est arrivé à l'improviste et qui a été le seul à ne pas s'apercevoir de l'embarras qu'il causait. Le public voit avec surprise et indignation cette conduite[4].

Le bon peuple napolitain, tel celui de Rome, avait l'habitude de faire parler les statues. Si la ville pontificale avait Pasquin et Marforio, Naples avait le « géant du palais ». C'était une statue composite, à partir d'un buste de Jupiter découvert à Cumes au XVIIe siècle. Elle était placée à côté du palais royal, sur le largo del Palazzo, au débouché de la rue qui montait de la mer[5]. Plusieurs nuits durant, elle fut pourvue d'un mystérieux « testament de la statue » fort désagréable pour l'amour-propre d'Acton et celui de la souveraine. Dans les rues, on riait de Ferdinand, *« 'o Rre de cuorno »*, et l'on chantait : « Ouvre les yeux, Majesté. Ne pense plus à la chasse et

---

* Pierre-Michel Hennin (1728-1807), après une carrière diplomatique en Pologne et à Genève, fut nommé premier commis par Vergennes en 1778. Il fut renvoyé en 1792 par Dumouriez.

aux filles, regarde ce que fait Monsieur [Acton] avec la Majesté [Marie-Caroline][6]. »

Charles III, après ce qu'il croyait être une estocade portée aux prétendus amants, concluait sans appel :

> Cesse de me décrire les choses comme ils te les dictent, feignant de croire que l'auteur de notre désaccord est La Sambuca, alors que tout le monde sait que c'est Acton. Si tu continues à te conduire avec tant de légèreté, tu ne trouveras plus d'hommes honorables disposés à te servir. En conclusion, si tu veux me faire plaisir, [...] tu dois immédiatement te défaire d'Acton et lui ordonner de sortir de tes États.

Le 10 août, Ferdinand répondait à son père qu'à la lecture de sa lettre, il avait ressenti une douleur semblable à un coup de foudre. Toutefois, pour ne pas citer Acton, il lui déclarait fort adroitement qu'il n'entendait pas faire de victimes parmi les gens qui le servaient convenablement. La formulation était trop astucieusement diplomatique pour être sienne.

Les deux hommes ressentaient sans nul doute une profonde tristesse de leur désaccord. En réalité ce n'était pas le père et le fils qui s'opposaient, mais le roi d'Espagne et le roi de Naples. Le premier estimait qu'il avait procuré à Ferdinand un fort bel établissement en le faisant roi. Mais en même temps, il n'envisageait pas que ses pouvoirs fussent autre chose qu'encadrés par des ministres prenant leurs ordres à Madrid. Ferdinand s'en serait sans doute contenté, si Marie-Caroline ne lui avait démontré qu'il était un roi-soliveau et si, avec l'aide d'Acton, elle n'avait pas réussi à l'intéresser au devenir de son royaume. Le malheureux, qui souffrait de la brouille avec son père, sentait confusément que son épouse avait raison et, tiraillé entre son amour filial et son devoir d'état, il assura son père, le 21 septembre, que, s'il n'avait pas eu femme et enfants, il lui aurait demandé de le décharger de la couronne de Naples et de la confier à un autre de ses frères.

Charles III ne fut pas dupe et, le 31 août, il dit à son cher fils, « âme de sa vie et de son cœur », la tristesse qu'il ressentait à le voir ne tenir aucun compte de ce que lui conseillait un père très affectueux : « Ce que je t'ai dit, je l'ai dit pour ton bien, pour celui de tes fils et de tes sujets [...]. Je te répète que tant que tu ne te seras pas séparé d'Acton et que tu ne l'auras pas expulsé de tes États, tu ne pourras, en aucune façon, compter sur moi. » Le 7 septembre, comme Ferdinand lui avait répondu en geignant sur les malheurs de leur dispute, il lui écrivit que la fin de leur désaccord était entre ses mains et que la paix entre eux résidait dans ce qu'il lui avait dit et répété quant au renvoi d'Acton. Le 9 novembre 1784, Marie-Caroline, comprenant que le chantage affectif du père sur le fils risquait de réussir, écrivit alors directement à son beau-père :

> Cela fait désormais dix-sept ans que je suis mariée. Une union sans nuages a toujours régné entre moi et mon mari [...]. J'ose dire à Votre Majesté qu'elle a dans mon mari, âgé de trente-quatre ans, père de onze enfants, Maître et Souverain de ses États, le fils le plus humble, le plus respectueux et le plus obéissant qui soit sur terre.

Et pour dédouaner Ferdinand, elle s'accusait de tout, se prétendant induite en erreur... par le roi de Suède ! Charles III eut la bienveillance de faire semblant de croire à la fable.

En réalité, chacun campait sur ses positions mais les Bourbons de France comme d'Espagne avaient fixé une limite à ne pas dépasser : ils entendaient bien ne pas permettre l'intrusion permanente de la Russie en Méditerranée.

Naples, les Russes et Malte

Au printemps 1784, Catherine II avait envoyé un nouvel ambassadeur à Malte en la personne d'un Grec, Antonio Psaro*. À l'occasion du naufrage dans le Tibre du bateau qui le transportait, l'on découvrit qu'il était porteur de quatorze mille sequins, somme extraordinaire qui ne correspondait ni à son rang ni à l'île à laquelle il était destiné.

Le souvenir funeste d'une révolution manquée, fomentée à Malte en 1775 avec l'argent de son prédécesseur, réveilla les craintes des chancelleries. Le serpent de mer russe réapparaissait donc. D'autant que l'ambassadeur espagnol à Naples, La Herreria, prévenait Madrid que, bien que son collègue russe, Razoumovski, eût été

* Sa carrière en Russie avait été liée à son rôle dans le soulèvement grec du Magne (1769-1779). Chargé par Alexis Orlov de la défense de Mistra, dans le Péloponnèse, il organisa les « légions spartiates », échoua à s'emparer de Tripolitza, mais participa à la victoire de Tchesmé sur les Ottomans en juillet 1770. À la suite de quoi, il fut nommé intendant général des Cyclades (1771-1772).

rappelé à Saint-Pétersbourg et que son successeur Paul Skavronski* fût déjà arrivé, ce dernier n'avait toujours pas présenté ses lettres de créances tandis que le premier continuait à jouer son rôle. Il ajoutait. : « Ceci montre que la cour de Vienne et la reine de Naples souhaitent que reste ici un ministre entièrement à leurs ordres. »

Les ennemis de Marie-Caroline crurent pouvoir se servir de cette rocambolesque histoire. Débutèrent alors ce qu'on appela « les bruits de Naples ».

Le *deus ex machina* en fut un savant de renommée internationale, le commandeur Déodat de Dolomieu**. Par ses liens maçonniques comme par goût personnel[7], Dolomieu était hostile aux princes et aux politiciens dont la dérive absolutiste œuvrait dans les ténèbres de l'intrigue : « C'est une chose bien singulière que cette ardeur pour le despotisme qu'ont tous ceux qui sont à la tête des affaires[8]. »

Il fut donc celui qui fit jaillir la lumière. Rentré à Malte à l'automne 1784, il assura, sur le ton de la confidence, à son confrère le bailli Pignatelli, ambassadeur

---

* Paul Martinovitch Skavronski (1757-1793), petit-neveu de l'impératrice Catherine Ire, épouse de Pierre Ier, fut ambassadeur à Naples de 1785 à 1795. Il avait épousé la nièce de Potemkine.

** Dieudonné Guy Sylvain Tancrède de Gratet de Dolomieu (1750-1801) fut reçu dans l'ordre de Malte en 1762. Commandeur en 1780, il fut élu lieutenant du Maréchal de l'ordre. Minéralogiste de renom, en l'honneur de qui l'on baptisa la roche dolomitique, il entretint une correspondance avec les plus grands savants de l'époque, La Pérouse, Saussure, Daubenton, Haüy, Gioeni… À l'invitation de ce dernier il était allé voir le théâtre du grand tremblement de terre qui avait détruit une partie de la Sicile et de la Calabre et il parvint à Naples au début 1784 au moment où Loras, son ennemi déclaré, s'y trouvait et complotait.

de Naples auprès de l'Ordre, que sa Cour « traitait la vente de la suzeraineté de l'île de Malte dont la Russie voulait en faire l'acquisition[9] ». Il venait d'allumer le pétard sauteur qui allait exploser en chaîne. Pignatelli en informa immédiatement La Sambuca qui dénonça une manœuvre d'Acton et en porta plainte au roi. Ferdinand, furieux d'avoir été découvert, fit savoir au grand maître que ces bruits étaient sans fondements. Le 20 novembre 1784, il fit écrire au bailli Pignatelli : « Sa Majesté veut que Votre Seigneurie illustrissime fasse cesser ce bruit, donnant au Grand Maître les plus vives assurances de l'invalidité et fausseté sur cet objet. »

Dans cet imbroglio où tout le monde dupait tout le monde et où personne ne savait qui était membre d'un secret tellement éventé qu'il circulait dans toutes les chancelleries d'Europe, chacun feignit ne pas être au courant. Il fallait cependant un coupable et ce fut Dolomieu. Ostracisé par le grand maître, il encourut le courroux de Ferdinand et de Marie-Caroline qui lui interdirent de reparaître dans le royaume de Naples ou celui de Sicile.

La rupture

Peu après les bruits de Naples, tous les adversaires de Marie-Caroline croyaient que l'abcès était crevé, que Ferdinand allait se reprendre et qu'Acton allait être renvoyé. Or, ils furent les dupes de l'affaire.

Simón de Las Casas

Dans un premier temps, Charles III nomma un nouvel ambassadeur à Naples en la personne d'un Basque espagnol, Simon de Las Casas. C'était un diplomate de combat qui avait pour mission de détacher Ferdinand de son épouse et d'Acton afin de le rapprocher de son père. Les Bourbons passaient à l'offensive.

Las Casas arriva en mars 1785. Il avait été secrétaire d'ambassade à Vienne (1763-1774), ambassadeur à Florence (1780) puis à Berlin (1781-1784). Il connaissait donc bien le monde germanique et les Habsbourg en particulier. Le lendemain de la remise de ses lettres de créance, Ferdinand IV le prit à part et lui fit une étonnante déclaration que l'ambassadeur s'empressa de transmettre au secrétaire d'État espagnol, Floridablanca[10] :

> Je t'ai appelé pour te parler de la triste situation dans laquelle je me trouve. Hier je n'ai rien pu te dire car nous étions entourés de gens. Je te demande de ne croire personne, de ne faire confiance à personne. Méfie-toi même de moi et de ce que je dis. Regarde avec tes yeux et juge en fonction de ce que tu vois, sans te laisser entraîner dans les cabales dont cette Cour est remplie. Et puis informe mon père sur la base de ce que tu crois juste et qui te semble opportun.

Il y avait de quoi laisser perplexe le meilleur des diplomates. Ferdinand, ensuite, ressassait son malheur d'être en froid avec son père qui ne lui écrivait presque plus, sinon durement, et qui, « après vingt-sept années de séparation », le traitait comme un enfant. En réalité, Ferdinand chargeait Las Casas d'obtenir de Charles III qu'il l'autorisât à se rendre à Madrid pour se justifier et se raccommoder avec lui.

Dans une lettre séparée, Las Casas livra son analyse à Floridablanca. Selon lui, Ferdinand était victime de la malveillance de la reine et d'Acton auxquels il s'était totalement livré et qu'il consultait à tout propos. Il estimait que ce serait long et difficile de le faire changer d'avis et, quand bien même y réussirait-on, tous deux avaient suffisamment de sophismes en réserve pour en détruire les effets. Si le roi d'Espagne n'estimait pas utile de recevoir son fils à Madrid, il faudrait alors opposer l'intrigue à l'intrigue. Jouant sur l'animosité de la reine pour La Sambucca, il proposait de lui offrir le départ de ce dernier contre celui d'Acton.

Le voyage en Italie du Nord

Mais le diplomate se leurrait. En effet, Marie-Caroline réussit à séduire son époux avec l'idée de rendre visite au couple grand-ducal de Toscane, Léopold étant son frère et Marie-Louise la sœur de Ferdinand.

Alors qu'aucun prince de Bourbon ne voyageait sans demander l'aval des deux Cours majeures, le roi de Naples informa son père de sa décision, sans avoir pris la peine de lui demander la permission. Pire, dans sa lettre au roi son père en date du 22 mars 1785, ce fut après une longue digression sur la météo de Naples et sur la santé de sa famille qu'incidemment il lui fit connaître son projet. Celle ou ceux qui lui avaient soufflé cette rédaction ne pouvaient pas mieux faire savoir à Charles III que l'étiquette à son égard passait derrière des considérations secondaires.

Au milieu de cette crise d'agacements réciproques, Marie-Caroline reçut une bonne nouvelle de la part de sa sœur Marie-Antoinette. Elle avait accouché le 27 mars 1785 d'un second fils, Louis-Charles*, titré duc de Normandie et elle-même en était la marraine. Cette touchante attention ne fut pourtant qu'une pause dans l'imbroglio diplomatique.

En effet, loin d'une simple réunion de famille comme semblait l'indiquer Ferdinand dans sa lettre, la *Gazette universelle* du 29 mars 1785 informait ses lecteurs que le couple royal se déplacerait sur la flotte napolitaine, accompagné des galères de Malte et de quatre vaisseaux anglais, emportant onze mille onces d'or pour leurs frais et un nombre infini de cadeaux d'une valeur de cinq cent mille ducats.

Charles III répondit sèchement à son fils qu'il n'était pas dupe puisqu'il l'avait informé d'un voyage déjà décidé dans un délai « bien conçu pour que [sa] réponse ne puisse pas arriver avant son exécution ». Scandalisé, il ajoutait que le royaume de Naples ne pouvait se permettre de jeter une telle fortune par les fenêtres et qu'il désapprouvait ce déplacement dépourvu de sens.

Néanmoins, le départ fut fixé au 30 avril. Juste avant l'appareillage, Las Casas eut un coup de sang : la cabine du roi était agrémentée de gravures anglaises représentant les principales défaites navales espagnoles de 1780 et 1782. Comme il était allé s'en plaindre au roi, celui-ci les avait fait enlever, mais alors que son nom n'avait pas

* Son frère aîné, Louis-Joseph (1781-1789) fut dauphin jusqu'à sa mort le 4 juin 1789. Louis-Charles fut le nouveau dauphin, connu sous le nom de Louis XVII après l'exécution du roi son père.

été prononcé, Ferdinand l'assura qu'Acton n'y était pour rien. Peu après, le roi en ayant parlé à Marie-Caroline, elle vint lui affirmer que ce n'était pas Acton, mais au contraire Ferdinand qui avait réclamé ces illustrations. Leur empressement désignait le coupable. Selon Denon, Marie-Caroline enragea :

> On croyait avoir gagné au change avec cet ambassadeur d'Espagne, mais il est pire que l'autre car il va directement parler au roi. J'aurai soin de lui couper les ailes pour que cela ne se reproduise pas. Je lui ai dit que l'affichage des gravures était de la faute du roi. Nous aura-t-il cru ?

À partir de ce moment-là, Las Casas fit exercer une surveillance continue de la reine, trouvant dans La Sambuca un informateur désormais zélé.

La désinvolture de Marie-Caroline était déroutante. Agissait-elle par provocation ou, au contraire, parce qu'elle savait son amoralité assurée d'impunité ? Ainsi, quand elle demanda à La Sambuca pourquoi Charles III était hostile à Acton, le ministre lui répondit qu'il ne le savait pas mais que c'était peut-être parce que le bruit courait qu'Acton lui faisait la cour. La reine lui répliqua alors : « Qui l'a informé ? Et pourquoi, pour les mêmes raisons, ne s'est-il pas formalisé de Razoumovski ? »

Le couple royal séjourna en Italie du Nord du 8 mai au 7 septembre. Les deux époux rencontrèrent surtout des Habsbourg : Léopold, grand-duc de Toscane ; l'archiduc Ferdinand, gouverneur du Milanais ; l'empereur Joseph II ; et leur sœur Marie-Louise, duchesse de Parme.

Ils voyagèrent ensuite *incognito* sous le nom de comte et comtesse de Castellammare, se rendant à Turin où Ferdinand put rencontrer sa tante, Marie-Antoinette de Bourbon*, puis à Milan et Gênes. Le 7 septembre, ils étaient enfin de retour. À ce moment, Marie-Caroline était enceinte de Marie-Clotilde (1786-1792).

Si l'on en croit la *Gazette universelle*, le couple, débarqué à 23 h 30, eut juste le temps de se changer pour paraître au théâtre San Carlo où la représentation de l'opéra *Vologeso re de' Parti*** fut interrompue une demi-heure durant par les applaudissements du public tout autant que de l'orchestre.

Le retour à la réalité des intrigues

Ferdinand à peine revenu, Las Casas lui demanda audience pour pouvoir lui montrer les preuves « des vols, désordres et arnaques » d'Acton dans le gouvernement général du royaume. Le roi ayant donné son accord, l'ambassadeur le pria de n'en parler à personne, « pas même à la reine ».

Ferdinand promit mais, peu après, l'ambassadeur eut à essuyer une terrible scène de la part de Marie-Caroline. Hors d'elle, elle l'accusa de trahison, lui reprochant d'avoir parlé directement au roi sans l'avoir préalablement avertie. Elle l'assura que tous ses stratagèmes

---

* Sœur de Charles III, elle mourut peu après, le 19 septembre 1785.

** Le livret d'Apostolo Zeno fut mis en musique par de nombreux compositeurs. En l'occurrence, il s'agissait du drame musical (1783) de Vicente Martin y Soler qui séjourna à Naples entre 1777 et 1785.

échoueraient car elle avait la pleine confiance du roi et lui affirma que « jamais, jamais, jamais, on ne réussirait à faire renvoyer Acton ». Enfin, elle l'avertit que si, jusqu'à présent, elle l'avait fait espionner par deux personnes, désormais, ce serait par vingt. Le ton montant vite chez elle, elle le menaça de faire brûler sa maison, de le faire assassiner et vomit des insultes contre Charles III.

En fait, sa fureur et sa défense découlaient de ce que Las Casas n'avait pas parlé à Ferdinand que des malversations d'Acton dont La Sambuca lui avait fourni des preuves*. En effet, enhardi par la sympathie que lui montrait le roi, il lui aurait assuré savoir que l'intérêt de la reine pour Acton n'était pas que de nature chaste…

Sur cette affaire relativement sordide, les archives conservent deux témoignages. Le premier est celui de l'ambassadeur anglais Hamilton**. Il parle de quatre lettres de la reine à Acton que se serait procurées le « parti espagnol » et qui auraient témoigné d'une « ancienne faiblesse*** » de Marie-Caroline pour le ministre. De son côté, le comte de Richecourt****, ambassadeur d'Autriche, s'il ne nie pas l'existence des

* Pour couvrir ses « fuites » de documents, La Sambuca avait fait organiser un cambriolage chez Acton pour que l'on pût croire que c'étaient les voleurs qui avaient fourni les documents.

** Public Record Office, Foreign Office, 70/3, 211-212. Lettre chiffrée de l'ambassadeur Hamilton au marquis de Carmarthen, secrétaire d'État aux Affaires étrangères du gouvernement Pitt de 1783 à 1791.

*** *Former weakness.*

**** Charles Henri Dominique de Nay, comte de Richecourt (1730-1815) fut ambassadeur à Naples de 1784 à 1787.

lettres, estime que c'étaient des faux fabriqués par le « parti espagnol[11] ».

En réalité, les papiers que possédait Las Casas ne concernaient qu'Acton : contre une forte commission pour lui, il aurait mis le port d'Augusta ou de Brindisi à la disposition des Russes. Pour le reste, il ne s'agissait que d'un bluff de Las Casas.

Pour Marie-Caroline, renvoyer Acton, c'était risquer la fin de toutes ses manœuvres, voire pire. Elle ne pouvait donc pas rester inactive face à son beau-père. Elle lui écrivit le 5 octobre 1785. Tout en respectant la courtoisie de l'étiquette, elle se montra très ferme. Voulant épargner à son mari les peines que lui causait sa correspondance avec son père, elle le priait de désormais ne « plus faire mention » du renvoi d'Acton, car ni son époux ni elle ne voulait trahir celui qui les servait bien.

La réponse de Charles III fut tout aussi cinglante : « Personne, si ce n'est pour conseiller l'obéissance, le respect et la reconnaissance, ne doit se mêler des différends entre un père et un fils, quand l'objet en est le bien-être de ce même fils, celui de ses enfants et de son peuple. Voilà tout ce que j'ai à répondre à votre lettre[12]. »

Loin de se calmer, elle répliqua qu'elle trouvait juste que nul ne pût s'ingérer dans les affaires entre un père et un fils – nul, sauf elle, sa bru depuis dix-sept ans, car c'était là son devoir devant Dieu et devant les hommes.

Dans l'intimité du couple, les scènes étaient fréquentes et violentes au point que, selon l'ambassadeur français, dans un accès de fureur, Ferdinand aurait dit à Marie-Caroline : « Je cherche à vous surprendre ensemble : je tuerai l'un et l'autre et ferai jeter les cadavres par les fenêtres du palais*. » Néanmoins, le 8 octobre, Ferdinand envoya alors à Madrid Francesco Pignatelli Strongoli** pour demander à son père réparation par Las Casas des propos diffamatoires qu'il avait tenus contre son épouse. En effet, l'affaire était montée d'un cran. Ferdinand, geignard comme à son habitude, s'était épanché auprès de son beau-frère, le grand-duc de Toscane :

> Maintenant qu'on ose s'en prendre publiquement à l'honneur de ma femme, ta propre sœur, et la traîner dans la boue, je n'ose plus me montrer nulle part et je ne sais même plus si je vis dans ce monde ou dans un autre [...]. Je te recommande une pauvre et malheureuse famille.

Le 15 octobre, Léopold écrivit à son tour à Joseph II. Pour lui, l'affaire dépassait le simple cas de leur sœur, dont il reconnaissait « la sensibilité et la vivacité » autant que « son imprudence dans ses lettres ». En revanche, il refusait qu'elle fût diffamée et traitée comme l'avait fait Las Casas, car le parti espagnol agitait le spectre de la répudiation, à l'instar de ce qui était advenu en 1772 à la reine Caroline-Mathilde de Danemark, la sœur de George III de Grande-Bretagne***.

---

* Ministère des Affaires étrangères, CP Naples 118.

** Francesco Pignatelli Strongoli (1734-1812), décrié pour ses malhonnêtetés, avait été nommé vicaire général pour la Calabre après le tremblement de terre de 1783. Lors de son retour à Naples en 1784, il emporta un impressionnant « butin » fait de vases sacrés, d'objets et de pierres précieuses provenant des églises démolies.

*** Vivante, intelligente mais capricieuse, elle avait été mal mariée au roi Christian VII, déséquilibré mentalement. Il laissa le

Les malheurs de Marie-Caroline, amplifiés par ses intrigues et celles de ses ennemis, étaient donc devenus une affaire diplomatique.

Dans sa réponse à son frère Léopold, Joseph II estima que tous s'étaient trop agités sans raison. Il dénonçait Ferdinand qui aurait dû parler avec Las Casas et vérifier les lettres qu'il possédait pour savoir si son épouse était coupable ou non, au lieu d'envoyer Pignatelli à son père pour lui « demander la permission d'être roi de Naples ». Il n'épargnait pas non plus Marie-Caroline qui s'occasionnait bien du malheur par ses violentes colères. Sa conclusion était sans appel : si tous deux ne changeaient pas de comportement, il faudrait qu'ils renoncent à être souverains et aussi à être heureux[13].

Pendant ce temps, à Naples, l'air de la Cour était devenu irrespirable, surtout pour Las Casas. Marie-Caroline s'étant parfaitement acclimatée aux mœurs de son royaume, elle parlait à qui voulait l'entendre des amis à elle qui se chargeraient de l'empoisonner ou de lui tirer dessus.

En novembre, l'ambassadeur remit au roi Ferdinand un mémorandum. Destiné à lui seul et ne devant pas être communiqué à la reine, le texte rappelait les exigences de la cour d'Espagne : 1 – le renvoi d'Acton ; 2 – la diminution de la marine napolitaine ; 3 – la nomination du général espagnol Fons de Viela, actuel commandant des troupes de Sicile, comme ministre des Grâces et de la Marine ; 4 – l'adhésion au pacte

pouvoir à son médecin, Struensee, qui devint l'amant de la reine. En 1772, un coup d'État entraîna l'arrestation et la décapitation du ministre. La reine quant à elle fut répudiée et exilée.

de famille ; 5 – la nomination d'un nouveau Premier ministre ; 6 – l'interdiction de donner refuge ou accès à la marine russe dans aucun port.

Comme à son habitude, Ferdinand s'empressa de communiquer le tout à Marie-Caroline qui envoya le texte, annoté par ses soins, à son frère Joseph II[14]. À propos d'Acton elle écrivait : « S'il est criminel, le prouver, puis le juger. » Quant à Fons de Viela, elle estimait qu'il n'y avait pas plus intrigant espagnol que lui. Le pacte de famille ne trouvait pas meilleure grâce à ses yeux : « Ceci n'a pas besoin de discussion ; aucun avantage et tout le désavantage de toutes façons et côtés. » Pour elle, la nomination d'un Premier ministre était « déclarer le roi, père de huit enfants vivants, stupide et incapable et le réduire pupille et nul ». Quant à fermer les ports aux Russes, elle s'étonnait : « Pourquoi pas, puisque on est neutre ? » Elle estimait que cet ultimatum n'avait d'autre but que de forcer le royaume de Naples à « rester province dépendante, vendue aux cours bourboniques ».

Cela faisait maintenant un mois et demi qu'elle vivait dans une angoisse permanente*. Elle était arrivée à un point de non-retour et il lui fallait sortir de la crise. Elle savait que soit elle gagnait tout, soit elle perdait tout. L'intransigeance de Charles III lui rendit service.

Pignatelli arriva à Madrid le 3 novembre 1785. Le roi d'Espagne le reçut en audience secrète le 6. Cet honneur tout particulier, par égard pour son fils, fut le seul bénéfice que Pignatelli retira. Charles III reconnut que

* Ce sont les termes qu'elle employa dans un entretien avec le marquis de Breme, ambassadeur du roi de Piémont-Sardaigne. Archivio di Stato Torino, *Lettere ministri,* Due Sicilie, mazzo 32.

Las Casas avait eu tort dans ses propos, toutefois il persistait à demander le renvoi d'Acton, non pas à cause des arguments de l'ambassadeur, mais « pour des raisons connues de lui seul ». Il ajouta : « Il doit suffire à mon fils que moi j'en sache les motifs [...]. Qu'il obéisse d'abord et qu'il vienne ensuite ! » et il ordonna sèchement au messager de rapporter sa réponse à Naples.

L'envoyé ne voulut pas quitter Madrid sans avoir rencontré les frères et sœur de Ferdinand auxquels il remit une de ses lettres. Charles, le prince des Asturies, et son frère Gabriel protestèrent de leur amour fraternel mais ils lui firent savoir qu'ils ne pouvaient rien faire. Leur sœur aînée, l'infante Marie-Josèphe, fut plus diserte : si le retrait d'Acton était toujours exigé, du temps était donné à Ferdinand pour ne pas sembler donner raison aux médisances. Elle ajouta « Et ce temps est illimité [...]. Vous avez compris[15] ? » Il suffisait donc d'attendre que le temps que Dieu avait imparti à Charles III prît fin.

Las Casas, réfugié à Rome depuis novembre 1785, fut nommé ambassadeur à Venise en février 1786. Bien que continuant à dénoncer cette « femme possédée du diable », vipère dont le venin ne lui faisait pas peur[16], qu'il le voulût ou non, Marie-Caroline avait triomphé car ce ne fut pas qu'elle, mais le couple royal qui défendit le ministre mordicus.

Le roi savait qu'il n'avait pas les capacités de régner sans mentor. La reine s'était rendu compte que, si elle avait le caractère pour régner, elle n'avait pas les connaissances pour gouverner. Ayant choisi Acton pour donner du lustre à la marine napolitaine, le couple avait découvert qu'il avait de profondes capacités intellectuelles qui lui permettaient d'embrasser plusieurs branches de l'activité gouvernementale.

Ferdinand comme Marie-Caroline étaient donc ravis d'avoir trouvé un collaborateur à l'égal de Tanucci, mais qui, à l'inverse de ce dernier, n'était pas aux ordres de Madrid et leur était totalement lié. La crise paroxystique entre le père et le fils fut donc celle de l'émancipation, non seulement du jeune roi, mais aussi et surtout de son royaume.

Au début de 1786, le roi d'Espagne et son ministre étaient abasourdis par l'ingénuité vicieuse des courriers venus de Naples. Ils suintaient l'amour et la reconnaissance, mais évitaient soigneusement de mentionner l'objet de la querelle. Ce n'étaient que des bonnes paroles écrites à un souverain dont on ne se souciait plus. La reine elle-même gratifia son beau-père de plusieurs lettres concernant sa propre santé. On se jouait du vieux roi et on se contentait d'attendre sa fin.

Pour le dernier acte de cette palinodie, Marie-Caroline écrivit à sa sœur Marie-Antoinette pour que Louis XVI intervînt afin d'amener le père et le fils à se réconcilier. Le chargé d'affaires de France, Denon, qui n'aimait pas plus la reine de Naples que celle-ci ne l'aimait, parla d'une « petite intrigue éphémère* ».

Le roi de France écrivit donc à son oncle Charles III[17] le 17 novembre 1786, le priant de bien vouloir renouer avec un fils dont, selon ses mots, l'esprit avait pu être entraîné par quelque illusion mais que son cœur n'avait

* Ministère des Affaires étrangères, CP Naples 111, f° 277. Charles III était son oncle par alliance, époux de sa tante, Marie-Amélie de Saxe, sœur de sa mère Marie-Josèphe.

pas suivi. Il joignait à sa missive une lettre de Ferdinand qui se disait soucieux de se réconcilier avec son père mais dans laquelle il réaffirmait que le renvoi d'Acton était contraire à son honneur, à sa dignité et à sa réputation.

Ce fut la dernière lettre de son fils que Charles III accepta de recevoir. Dans sa réponse au roi de France, après lui avoir exprimé en termes courtoisement diplomatiques qu'il se mêlait de ce qui ne le regardait pas*, Charles III réitérait ses exigences : « Qu'il écarte un étranger des ministères qu'il lui a confiés sans qu'il fût avant attaché à son service, sans aucune proportion et sans connaissance du royaume qu'il doit gouverner[18]. »

À partir de ce moment, il n'y eut plus de véritables liens entre Naples et Madrid. De 1786 à juin 1789, l'Espagne ne fut plus représentée que par le consul Antonio Marqués Coronel, nommé chargé d'affaires. Ce ne fut qu'après la mort de Charles III, le 14 décembre 1788, et à l'accession au trône de Charles IV, frère de Ferdinand, qu'elles retrouvèrent un cours normal.

* « Je ne puis assez vous exprimer toute la sensibilité de mon cœur pour le vif intérêt que vous voulez bien prendre dans mes affaires personnelles. »

Troisième partie

ALLIANCES ET RÉVOLUTIONS

(1786-1794)

1
Les vents se lèvent

Hennin, premier commis du ministère français des Affaires étrangères, écrivant à Dominique-Vivant Denon, s'étonnait de ce qu'envoyé dans un pays où il n'aurait dû trouver que des roses, il ne récoltait que des épines*. Cette formule ironique aurait pu tout aussi bien s'appliquer à Marie-Caroline.

Des cartes rebattues

Pourtant, elle avait éliminé tous ceux qui, autour du trône de Naples, souhaitaient que ce royaume ne fût qu'un État satellite des Bourbons de Madrid et de Versailles. Las Casas avait été nommé à Venise. Denon, chargé d'affaires dont elle demandait instamment le rappel à sa sœur Marie-Antoinette depuis 1784, était rentré en France en septembre 1785 lorsque le baron de Talleyrand** y avait été nommé ambassadeur

* Bibliothèque de l'Institut de France, Ms 1258.

** Louis Marie Anne, baron de Talleyrand-Périgord (1738-1799), maréchal de camp, chevalier de Malte, résida à Naples de 1785 à 1790. Il était l'oncle de l'évêque d'Autun, plus tard ministre de Napoléon Ier et de Louis XVIII.

extraordinaire et plénipotentiaire. Enfin et surtout, les liens avaient été rompus avec Charles III et la cour de Madrid. Marie-Caroline résumait l'échec de ses ennemis et son triomphe en une phrase : « La mine infâme a échoué. »

En janvier 1786, La Sambuca fut renvoyé ou, plutôt comme l'écrivait la reine : « Il a eu la permission et l'insinuation de demander sa démission qui lui a été accordée sur-le-champ. » Pour le remplacer au poste de secrétaire d'État, le choix se porta sur Domenico Caracciolo*. Naguère spirituel, esthète, vibrionnant, il était désormais un serviteur de l'État estimé mais âgé de soixante et onze ans. Le palais royal attendait qu'il se contentât d'un prestigieux rôle de figurant et comptait sur son inexistence pour permettre à Acton de décider quasi arbitrairement de toutes les affaires du royaume**.

Marie-Caroline, débarrassée de la tutelle des Bourbons, ne se jeta pas pour autant dans les filets de ses frères, l'empereur et le grand-duc de Toscane. Pour éviter de passer d'une sujétion à une autre, elle souhaita, et sans doute Acton avec elle, diversifier ses alliances, au premier rang desquelles elle plaçait l'Angleterre. En novembre 1786, Hamilton s'en flatta auprès de son ministre : « Ma situation

---

* Domenico Caracciolo, marquis de Villamaina (1715-1789), avait été ambassadeur à Londres (1763) puis à Paris (1770) et vice-roi de Sicile depuis 1781. Anticurialiste forcené qui appelait le pape « le grand mufti de Rome », c'était un homme des Lumières qui était devenu à Paris le commensal de Diderot, d'Alembert, Voltaire ou Helvétius.

** Selon les mots du chancelier impérial Thugut.

dans cette Cour est vraiment particulière, car Leurs Majestés Siciliennes se plaisent à me laisser la liberté de les approcher à tout moment et elles ne manquent jamais de m'inviter à leurs réceptions privées, honneur dont les ministres de Famille ne jouissent que rarement[1]. »

Excellent observateur, même si ses descriptions du roi Ferdinand sont très souvent des portraits à charge, il donne un instantané intéressant de la vie politique napolitaine à la fin de 1786 :

> Sa Majesté Sicilienne ne veut pas prendre position, conscient de n'y avoir pas été préparé et, de ce fait, se défiant d'agir par lui-même. Toutefois, dans le même temps, il est extrêmement jaloux quand les autres agissent à sa place. Sa propension à la distraction a des racines si profondes qu'il y a peu de probabilités, pour ne pas dire aucune, qu'il change jamais ou s'applique sérieusement aux affaires. La chasse en hiver, la voile ou la pêche en été, occupent Sa Majesté presque toute la journée, de l'aube au crépuscule, moment où il donne généralement audience ou se rend au Conseil des ministres auquel assiste la reine. Et encore ces Conseils sont-ils limités par les signes de fatigue du roi, conséquence de ses exercices de la journée. La reine, qui est très bien informée et qui acquiert chaque jour davantage de fermeté de caractère, est sensée. Si elle ne se chargeait pas de ce que le roi néglige, l'État sombrerait totalement en confusion. Elle passe la plus grande partie de son temps à lire minutieusement tous les dossiers et à préparer leur affectation au Conseil du soir quand elle rencontre le roi. Et, bien que devant faire face à des difficultés et à des retards dus à la jalousie

susmentionnée du roi, Sa Majesté réussit à mener les affaires à leur terme. Comme le général Acton, secrétaire à la Guerre et à la Marine, est le seul ministre en qui la reine semble avoir toute confiance, toutes les affaires, même étrangères à ses ministères, passent par lui. On peut réellement le considérer comme le Premier ministre de son pays. Je crois que le général mérite réellement la confiance que l'on met en lui. Dans les deux départements qui lui ont été confiés, il a largement donné la preuve de son intégrité, de sa diligence et de son efficacité. En outre, Son Excellence est infatigable à traiter des matières financières ou autres que l'on ajoute à sa charge. Mais la fatigue due à tant de travail, jointe aux vexations d'une opposition maligne et envieuse, me semble trop importante pour sa faible constitution et, parfois, il semble en crouler sous le poids. Le marquis de Caracciolo (personnage que Votre Seigneurie connaît bien), ayant été appelé de la vice-royauté de Sicile au poste de secrétaire d'État aux Affaires étrangères et à la Maison du Roi*, semble très content, dans son grand âge, d'être soulagé des affaires et d'avoir du temps pour jouir de la joyeuse société mondaine de Naples, Son Excellence, comme Votre Grâce l'imagine, n'étant pas le dernier à contribuer à sa gaîté.

Mais le temps de ce triomphe dura fort peu. Pour la reine de Naples, l'année 1789 s'avéra une année aussi terrible que 1783.

À l'hiver 1788, le jeune frère bien aimé de Ferdinand IV, l'infant Gabriel, avait contracté la variole et l'avait communiquée à son épouse, l'infante

* Le ministère de la Maison du Roi était l'équivalent du ministère de l'Intérieur moderne.

Marie-Anne de Portugal et à l'enfant qu'elle venait de mettre au monde. Ces trois décès concomitants ébranlèrent la santé du vieux roi d'Espagne. Le 1er janvier 1789, parvint à Naples la nouvelle de la mort de Charles III, survenue dans la nuit du 13 au 14 décembre.

Le même jour, le couple royal avait l'immense douleur de perdre le petit prince Gennaro, âgé de huit ans, et qui avait contracté la variole le mois précédent. C'était le troisième garçon que la petite vérole leur enlevait. Le 1er février suivant, c'était au tour du petit prince Charles, âgé de cinq mois, d'être enlevé par la maladie, contractée auprès de son frère. Il ne leur restait qu'un seul garçon, François.

Marie-Caroline sombra dans le désespoir. Son exaltation naturelle se nourrit de sa douleur et, autant dans ses palais que dans ses correspondances, elle accusa l'Espagne d'être à l'origine de cette maladie mortifère. Néanmoins, en mai 1789, elle reconnut que son hispanophobie était allée trop loin : « Je suis mère avant tout. La perte de mes fils m'a mise hors de moi-même. J'ai soupçonné tout l'univers. Je n'ai épargné personne. »

Mais, progressivement, les orages antérieurs parurent s'éloigner. À Madrid, le nouveau roi Charles IV semblait vouloir diminuer la tension existante entre les deux Cours. De son côté, Versailles ne souhaitait pas camper sur des positions qui dataient du « mur de séparation entre la cour de Naples et celle de Madrid* ».

* Ministère des Affaires étrangères, CP Naples 117. Montmorin, ministre des Affaires étrangères, au baron de Talleyrand, ambassadeur à Naples.

Le ministre des Affaires étrangères, Montmorin, encouragea alors l'ambassadeur, baron de Talleyrand, à détruire chez Acton toute prévention contre la France et à lui démontrer que ce pays ne répugnait nullement à travailler avec lui.

Le début des effervescences

Si, finalement, tout semblait donc pour le mieux dans le meilleur des mondes possibles, l'effervescence intellectuelle qui avait caractérisé le siècle accouchait d'idées et d'événements totalement imprévus. Les adeptes des Lumières qui, au départ, avaient été les soutiens des souverains éclairés, se retournaient contre eux avec une phraséologie et des arguments qui se voulaient plus modernes. Pour commencer, dans les États soumis aux Habsbourg, les réformes menées tambour battant par Joseph II avaient suscité de forts mécontentements. Certes, il était soucieux de mettre à bas les édifices politiques, religieux et sociaux vermoulus qui n'étaient maintenus en place que par tradition et pour le plus grand avantage de quelques privilégiés, mais en despote éclairé, il n'admettait pas que sa volonté de modernité pût être objet de discussion. Face aux oppositions qu'il rencontra, il réagit autoritairement, ce qui ne fut pas sans créer des remous, d'autant plus violents que les peuples et territoires concernés n'étaient pas de culture austro-germanique. Ce fut le cas de la Hongrie. Ce fut aussi le cas des Pays-Bas autrichiens.

Dans ces derniers, placés sous le gouvernorat de l'archiduchesse Marie-Christine et de son époux le prince Albert de Saxe-Teschen, les États du Brabant, puis ceux du Hainaut, refusèrent en 1788 de voter les subsides dus à la couronne. En octobre 1789, des députés, réfugiés en Hollande, proclamèrent la déchéance de Joseph II comme duc de Brabant.

Dans un premier temps, ces troubles dans les provinces belges nourrirent les consciences françaises, mais ensuite, les événements parisiens encouragèrent le durcissement de l'opposition brabançonne et hennuyère. On assista alors à une réelle osmose et Camille Desmoulins a pu, à juste titre, associer les révolutions de France et de Brabant*.

À Versailles, en juin 1789, des députés aux états généraux se proclamèrent Assemblée nationale puis, en juillet, Assemblée nationale constituante.

À Naples, le 16 juillet 1789, deux jours après la prise de la Bastille – dont nul, en France ou ailleurs, ne perçut immédiatement l'importance –, mourait le secrétaire d'État, Domenico Caracciolo. Désormais, il était inutile de feindre. Le principal ministre devint donc le Premier ministre : John Acton fut secrétaire d'État de 1789 à 1804.

Sans surprise, le succès du Bisontin fut davantage dû à Ferdinand IV qu'à Marie-Caroline. Son caractère ombrageux et dominateur avait besoin d'hommes soumis à son autorité et qui devaient voir en elle la « médiatrice du royaume » entre eux et le roi. Mais Ferdinand

* Titre du journal dont il fit paraître 86 numéros à partir de novembre 1789.

s'était entiché d'Acton et, souvent, le contact s'établissait directement entre eux, en dehors de la présence de la reine. La manipulatrice s'inquiéta alors de voir son favori grandir seul et son mari échapper à son influence. Mais, bien vite, les événements la détournèrent de sa lancinante rancœur…

En octobre 1789, au moment où Joseph II était récusé par les députés belges, le roi Louis XVI et sa famille étaient contraints de quitter Versailles et de résider aux Tuileries, désormais sous les regards de la foule parisienne. Marie-Antoinette, la sœur préférée de Marie-Caroline, était devenue l'objet de la vindicte populaire, affublée de surnoms, dont celui d'Autrichienne n'était pas le moins dangereux. La haine de l'ennemi héréditaire Habsbourg renaissait.

Pour comble de malheur, celui sur lequel elle avait toujours compté, le taciturne Joseph II, mourut le 20 février 1790, à l'aube de ses quarante-neuf ans. Comme il était sans enfants, son frère Léopold lui succéda. Ce dernier ne quitta Florence qu'au début mars et ses premières mesures diplomatiques ne purent que ravir sa sœur de Naples.

En effet, conscient, et sans doute pas mécontent, que les désordres de France amoindriraient la puissance de ce pays, il ne vit aucun avantage à continuer la politique de « renversement des alliances » de sa mère contre les appétits hostiles de la Prusse et de la Russie. Six semaines après être monté sur le trône, il ouvrit des négociations avec la Grande-Bretagne. La « ligne Acton » triomphait à Naples comme à Vienne.

Pendant ce temps, si les événements de France avaient d'abord suscité de la curiosité, passée la première année d'agitation, l'Europe devint dubitative quant à ce qui pouvait naître du tohu bohu organisé.

Le sentiment était double. Il y avait d'abord le secret contentement, principalement de la part de l'Autriche comme de l'Angleterre, de voir le pays des Lumières s'engluer dans sa propre logorrhée. La première puissance d'Europe, certes mise à mal par la guerre de Sept Ans, se sabordait elle-même dans un mortifère happening festif.

Mais il y avait ensuite – et surtout – la crainte d'une propagation de l'épidémie de chamboulement. Tout Français devint donc suspect et, désormais, un passeport fut nécessaire pour que les sujets de Louis XVI pussent voyager en Europe.

Le gouvernement napolitain donna des ordres pour que la délivrance de passeports aux Français fît l'objet d'une étude préalable. Or, cet ostracisme eut l'effet inverse de celui escompté, et les répercussions dans la société napolitaine furent immédiates. Ceux qui étaient attachés aux idées libérales et qui, bien souvent, se retrouvaient au sein de la franc-maçonnerie, se détachèrent d'une souveraine qui leur avait été favorable mais qui, désormais, s'opposait aux réformes. La révolution parisienne, devenue la Révolution française, s'invitait à Naples pour lézarder l'alliance objective entre la reine et les libéraux.

Toutefois, si les événements de France paraissaient un violent accès de fièvre et si les récits des émigrés effrayaient, on estimait suffisantes les mesures prophylactiques qui visaient les plus exaltés des Français.

Les mariages autrichiens

La mort de Joseph II, le 20 février 1790, avait été précédée de deux jours par celle la princesse Élisabeth de Wurtemberg-Montbéliard*, épouse de l'archiduc François, fils aîné de Léopold. Or, ce dernier étant devenu empereur, François était donc appelé à lui succéder sur le trône de Vienne.

Marie-Caroline, mère enfin d'un nouveau garçon prénommé Léopold, s'empressa de caser ses filles Marie-Thérèse (1772-1807) et Marie-Louise (1773-1802), respectivement avec leurs doubles cousins François et Ferdinand de Habsbourg-Lorraine. La reine ne se leurrait pas : reconnaissant qu'elles n'étaient pas belles, elle espérait toutefois qu'elles seraient de bonnes épouses.

François devant devenir un jour empereur, sa fille aînée régnerait donc sur le trône de Marie-Thérèse. Ferdinand devenant le grand-duc Ferdinand III de Toscane, son autre fille allait régner sur le trône qu'avait occupé l'empereur François Ier. Marie-Caroline avait ainsi réussi à placer ses deux filles sur les trônes qu'avaient occupés ses propres parents.

Les mariages par procuration furent célébrés à Naples le 15 août 1790 et à Vienne *in praesentia* le 19 septembre. Le couple royal fit alors le déplacement.

Le renversement des alliances cher à Choiseul avait vécu. Versailles, par les mots de son ministre des

---

* Elle était la sœur de l'épouse du tsarévitch, futur Paul Ier.

Affaires étrangères, fit contre mauvaise fortune bon cœur :

> Dans d'autres temps les liaisons intimes entre les Cours de Naples et de Vienne auraient pu donner quelque inquiétude ; aujourd'hui que la monarchie autrichienne est entre les mains d'un prince pacifique et ami de l'humanité, on peut compter que ses nouveaux rapports avec Naples n'opéreront jamais autre chose qu'une grande sécurité pour l'Italie*.

En effet, le couple royal napolitain fut rapidement douché par les remontrances de l'empereur Léopold qui n'avait pas, à l'égard de sa sœur et de son beau-frère, l'aménité de ton de Joseph II.

Car la situation à Naples avait rapidement évolué. Devenu secrétaire d'État, Acton s'était émancipé de la tutelle de la reine ; il travaillait directement avec le roi, ce que Marie-Caroline ressentait comme une profonde ingratitude. La femme possessive qu'elle était considérait cette indépendance comme une trahison. Selon l'ambassadeur piémontais à Naples, le marquis de Breme, elle se serait débarrassée de lui s'il n'avait eu des documents qui auraient pu la compromettre. Or, cette omnipotence du ministre déplaisait à Léopold qui reprocha à Ferdinand de trop dépendre d'un ministre qui semblait vouloir désormais l'éloigner autant de Vienne qu'il l'avait fait de Madrid. Singulièrement, le roi de Naples entendait de son

---

* Montmorin, ministre des Affaires étrangères à l'ambassadeur baron de Talleyrand.

beau-frère les mêmes réflexions que lui avait faites son père : le fait d'être un excellent officier de marine ne donnait à Acton aucune qualification pour être un homme d'État.

Marie-Caroline joua finement. Elle ne répondit pas aux sollicitations de son frère d'éloigner l'encombrant ministre car elle savait qu'il était essentiel au fonctionnement de l'administration du royaume. En revanche, elle fit nommer comme ambassadeur à Vienne le marquis de Gallo* qui était un de ses proches et sut se faire apprécier autant de l'empereur que du chancelier Thugut. Par son truchement, elle put donc rester en contact avec Léopold, sans que ni le roi ni son ministre ne pussent s'en rendre compte.

Le drame de Varennes

Au même moment, les affaires de France préoccupaient Marie-Caroline, moins par crainte de troubles à Naples – qu'elle estimait pouvoir maîtriser – qu'en raison des liens d'affection qui la liaient à Marie-Antoinette.

La Napolitaine d'adoption profita de son séjour à Vienne pour s'entretenir avec l'empereur. Léopold savait à quoi s'en tenir, sa sœur la reine de France l'assiégeant de ses appels au secours : « Le peuple est en

* Marzio Mastrilli (1753-1833), marquis puis duc de Gallo. Noble sans grande fortune, ses talents poétiques et sa conversation lui valurent de devenir un intime de la reine. Il fit par la suite, une brillante carrière diplomatique et politique.

délire et je ne cesse de dévorer mes larmes[2]. » Mais lui et la reine de France ne s'étaient jamais aimés. Le nouvel empereur, prenant en compte l'ensemble de la conjoncture européenne, mit moins dans la balance ses obligations fraternelles que les intérêts de l'Autriche et sa satisfaction non avouée de voir la France pour un temps hors jeu sur l'échiquier européen[3]. Aussi se contenta-t-il de bonnes paroles, assurant Marie-Antoinette que si le roi parvenait à s'échapper de Paris pour rejoindre des armées fidèles aux frontières, les souverains européens l'aideraient.

En France, la situation de ceux qui étaient les plus hostiles aux événements s'était aggravée et ils prenaient la route de l'émigration, attirés par les rodomontades des grands seigneurs ou des anciens ministres qui avaient émigré les premiers et leur firent croire qu'une armée puissante, soutenue par les autres souverains, allait ramener l'ordre.

Sur son voyage de retour, Marie-Caroline rencontra des partisans de la contre-révolution : le marquis de Bombelles* à Venise, Calonne** à Florence, Mesdames Tantes (les filles de Louis XV) à Rome. La reine prit alors la mesure du danger que courait sa sœur.

---

* Marc-Marie de Bombelles (1744-1822) n'émigra en fait qu'en 1792, à la chute de la royauté. Veuf en 1800, il entra dans les ordres en 1803. Rentré en France à la Restauration, il devint l'aumônier de la duchesse de Berry, petite-fille de Marie-Caroline, et l'évêque d'Amiens. Son troisième fils fut le troisième mari de l'impératrice Marie-Louise (1834).

** Charles-Alexandre de Calonne (1734-1802) fut contrôleur général des finances de 1783 à 1787. Son échec rendit nécessaire la convocation des états généraux.

Elle relaya les appels au secours de Marie-Antoinette à leur frère, se réjouissant d'apprendre en retour que les souverains français envisageaient sérieusement, depuis octobre 1790, de suivre le conseil de Léopold II et de fuir Paris pour trouver protection auprès de l'armée de Meuse, Sarre et Moselle, commandée par le marquis de Bouillé*.

Mais le 21 juin 1791, le roi et sa famille étaient arrêtés à Varennes-en-Argonne. Le cortège qui les ramena partit le 24 juin à 6 heures du matin et n'arriva à Paris que le 25 à 10 heures du soir. Le piteux aller et retour s'achevait dans une atmosphère sépulcrale, entre deux haies de gardes nationaux, la crosse en l'air comme pour un enterrement, les hommes gardant leur chapeau sur la tête et dans un silence de mort, véritable « excommunication du silence » selon Michelet, huées comme applaudissements ayant été formellement interdits. Lorsque Marie-Caroline apprit les détails de ce retour, sa haine des Français mais aussi celle de tous les révolutionnaires devinrent inextinguibles.

Au mois de juillet 1791, elle livra son sentiment à la duchesse de Polignac** :

---

* François du Chariol, marquis de Bouillé, (1739-1800) fut gouverneur des Antilles (1769-1783), puis de l'est de la France (Lorraine, Alsace et Franche-Comté) en 1789. En 1790, il mata rudement toutes les tentatives de mutinerie, devenant la bête noire des « patriotes ».

** Lettre inédite. Yolande de Polastron, duchesse de Polignac (1749-1793), fut l'amie de Marie-Antoinette et la gouvernante des enfants royaux. Elle et son mari fuirent Paris le 16 juillet 1789 à la demande du couple royal.

Ma chère Amie, notre consolation a été de bien courte durée et le chagrin que nous ressentons ne s'effacera jamais depuis que je sais la fatale arrestation, l'exécrable entrée à Paris de ma chère et si malheureuse sœur. Je ne puis me remettre, j'ai d'abord pensé à vous et à la part que vous y prendrez. Grands Dieux, comment ces malheurs arrivent-ils ? Comment, après avoir, durant une année entière, que trop parlé de cette évasion, est-elle si mal concertée, exécutée et sans une personne ferme et sûre pour les faire passer coûte que coûte. Une blessure et j'ose dire la mort même était préférable à cet avilissant et douloureux retour. Je crois de sûr que ma si malheureuse sœur n'y survivra point, surtout depuis qu'on lui a enlevé son précieux et cher enfant qui seul la soutenait en vie. Si je ne vous savais point aussi attachée à sa personne, je ne vous écrirais point, car j'avoue j'abhorre tout ce qui porte le nom français, voyant que personne ne les a aidés, pourquoi nous a-t-on flattés de cette fable des prodiges de M. de Bouillé ? J'avoue, j'enviais cet homme, je l'adorais et aurais désiré être lui durant les cinq jours que cette illusion si cruellement détruite a duré. Je souhaite vivement et crains d'en recevoir des nouvelles. Quel état que celui de ma malheureuse sœur, elle n'y survivra point et il est à lui désirer la fin de ses souffrances présentes et, encore pire, futures. Si vous en savez des nouvelles vous m'obligerez infiniment de m'en donner. Car ici, par tous ces papiers publics, on sait mille sortes de contradictions. Mon cher mari est pénétré de ces horreurs envers son cousin et belle-sœur et de ce manque de tous égards envers la Souveraineté. Il est résolu et déterminé, et en a fait part au Vertueux Chef l'Empereur, de prendre tous les moyens et le suivre, s'unir à lui en tout pour venger, réparer et s'il le peut sauver ces malheureux Princes. Je ne suis en état de vous parler que de cela n'ayant que cela dans l'âme et dans le cœur. Mille compliments à vos intéressants enfants. Heureusement, le duc de Guiche qu'on avait nommé n'était point de ces trois victimes*, mais l'avoir nommé prouve qu'on rend justice aux sentiments qu'il a si bien témoignés. Saluez tous les vôtres en mon nom, ne m'oubliez point et croyez que l'intérêt et les sentiments que vous m'avez inspirés et que je fais joie d'avouer dureront autant que la vie de votre sincère mais très affligée amie Charlotte[4].

Elle se reprit à espérer quand, en août 1791, Léopold II et le roi Frédéric-Guillaume II de Prusse signèrent une alliance offensive. Mais au moment où Louis XVI, le 14 septembre, jura fidélité à la Constitution qui le déprivait de son droit divin millénaire et ne faisait de lui qu'un « simple agent du pouvoir délégué par la Constitution** » avec le titre de roi des Français, Marie-Caroline écrivit au marquis de Gallo, non sans une pointe de mépris pour ce qu'elle considérait être une faiblesse : « Le roi de France, ayant accepté et signé ce qu'on lui imposait, a fini de jouer son rôle. »

* La reine fait référence aux trois gardes du corps (François-Melchior de Moustier, François-Florent de Valory et Jean-François de Malden) que Louis XVI avait chargés de jouer les domestiques lors du voyage. Antoine-Louis-Marie de Gramont, duc de Guiche (1755-1838) qui avait été pressenti était le gendre de la duchesse de Polignac.

** Archives nationales, O^3 529, Maison du roi, *Rapport sur les domaines nationaux… par Barère, député des Hautes-Pyrénées.*

Pessimiste quant à l'avenir de tous les trônes, la reine, une nouvelle fois péniblement enceinte*, eut néanmoins la joie d'apprendre la naissance, le 12 décembre 1791, de sa petite-fille, fille de l'archiduc François et de sa fille Marie-Thérèse, l'archiduchesse Marie-Louise, future impératrice des Français.

* Son septième fils, Albert-Louis, naquit en mai 1792.

2
Le royaume de Naples sur la scène internationale

Si le sort de leur sœur Marie-Antoinette n'avait pas été en cause, Marie-Caroline, pas plus que Léopold, ne se seraient souciés outre mesure de la situation de la monarchie française. Car après le décès de Charles III, l'accession au trône d'Espagne du peu reluisant Charles IV et la rapide désagrégation du pouvoir de Louis XVI, les Habsbourg se trouvaient débarrassés des Bourbons.

Désormais, il ne restait plus au royaume de Naples qu'à jouer un rôle sur le théâtre diplomatique européen.

La médiation dans la guerre russo-turque de 1787-1792

En 1787, Catherine II, poussée par son favori Potemkine, avait décidé d'étendre son empire vers le sud en dominant l'Ukraine et la Crimée, ce qui avait eu pour résultat la réouverture des hostilités avec l'Empire ottoman.

Cette montée en puissance de l'Empire russe inquiéta alors la Prusse et l'Angleterre qui entendirent imposer une limite aux annexions de la Russie. Catherine II ne pouvait céder à un ultimatum prusso-britannique, mais elle ne pouvait continuer la guerre, son pays étant exsangue. Ne voulant entrer en pourparlers avec Constantinople grâce à aucun de ses adversaires, elle demanda la médiation de Naples.

L'accord de principe fut conclu en septembre 1790, par le truchement de l'ambassadeur napolitain en Russie, le marquis de Serracapriola*.

Marie-Caroline rêva alors que son époux devînt un faiseur de paix. Elle s'en ouvrit à l'ambassadeur de Vienne (son nouveau correspondant favori), le marquis de Gallo :

> Nous désirerions nous donner cette considération en Europe [...]. Que le roi de Naples [...] soit choisi à faire le rôle de pacificateur serait bien glorieux. Et quand il y a six ans encore, le nom du roi de Naples était ignoré et tout au plus regardé comme un vice-roi envoyé de l'Espagne et une province dépendante, s'il joue le beau rôle avec gloire et honnêteté, j'avoue que cela serait agréable.

Or, lorsque l'ambassadeur napolitain à Constantinople, le comte de Ludolf, prit langue avec la Sublime Porte en octobre 1790, le sultan, au grand étonnement de Naples

* Antonino Maresca di Serracapriola (1750-1822). Nommé ambassadeur à Saint-Pétersbourg en 1782, il gagna à la fois la confiance de Catherine II, Paul Ier et Alexandre Ier. Il mourut à son poste en 1822.

comme de la tsarine, sembla privilégier la médiation de la Prusse ou de la Grande-Bretagne qui prônaient le retour, à la fin des hostilités, au *statu quo ante*.

Catherine, qui ne voulait pas s'être battue pour rien, fit remettre en février 1791 une lettre à Marie-Caroline pour qu'elle informât Vienne de ses contre-propositions. À la signature du traité d'Iaşi en janvier 1792, la tsarine l'emporta sur l'essentiel : la Porte lui reconnaissait l'Ukraine et la Crimée.

Ainsi, la nouvelle politique prussophile de Léopold II avait fait avorter l'intervention napolitaine. Non seulement Ferdinand IV perdait le prestige d'avoir été le médiateur de la paix, mais encore apparaissait-il totalement soumis à la cour d'Autriche. Maigre consolation : Naples y gagna la liberté de commerce et de navigation en mer Noire.

Tenter de plaire à l'Angleterre

Si Marie-Caroline se satisfit de cette avancée économique, limitée politiquement, sa tête épique la fit s'enorgueillir d'être devenue la correspondante de Catherine II et elle se prit à rêver d'une alliance à la fois plus profonde et plus personnelle entre les deux États.

Mais à Londres, Naples était apparue dans cette affaire comme une gêne pour la politique anglaise. Cela n'ayant pas été l'intention de la reine, il lui fallut donc trouver un moyen d'être agréable sans perdre la face.

L'ambassadeur William Hamilton lui en donna indirectement l'occasion.

En 1782, il avait rencontré dans la capitale anglaise, chez son neveu Charles Francis Greville*, une sulfureuse beauté qui enflammait les sens de la bonne société londonienne.

Née en 1765, Amy Lyon était la fille d'un forgeron qui mourut deux mois après sa naissance. À quinze ans, elle quitta sa mère pour Londres où, après avoir enchaîné des petits travaux, elle entra dans une maison de luxure. Elle excella assez rapidement dans le théâtre lascif, posant nue dans des fourrures ou sous de légers voiles. Devenue la coqueluche de la *gentry* polissonne, elle séduisit un baronnet qui l'entretint non sans l'exhiber dans ses soirées privées. Mais lorsqu'elle se découvrit enceinte, son protecteur refusa de la garder. Ce fut alors que Charles Francis Greville devint son Pygmalion. Il lui fit d'abord changer de nom. Devenue Emma Hart, il l'installa à Londres et lui fit donner une excellente éducation. Aussi intelligente que belle, elle progressa très vite et put rapidement passer pour une femme du monde. Elle devint en 1782, et, pour plus de dix ans, le modèle favori du peintre George Romney que Joshua Reynolds considérait comme son rival.

Si elle fut très attachée à Greville, elle n'était pas payée de retour car il se devait de faire un bon mariage. Sa seule espérance était donc l'héritage de son oncle, William Hamilton, veuf et sans enfants.

* Charles Francis Greville (1749-1809), était le fils du comte Warwick et de son épouse, Elizabeth Hamilton, sœur de l'ambassadeur.

Il eut alors l'idée machiavélique de persuader la jeune femme qu'un séjour à Naples pourrait parfaire sa formation intellectuelle et artistique. Elle finit par accepter en avril 1786. L'ambassadeur, alors âgé de cinquante-cinq ans, était épris de cette jeune beauté qui ne pensait qu'au neveu. Toutefois, ce dernier lui ayant conseillé de céder à son oncle, elle s'y résolut. En septembre 1791, Emma devint lady Hamilton.

Après Londres, elle enthousiasma Naples. Ses allures à l'antique, héritées de ses prouesses de bordel et de ses poses chez Romney, enchantèrent autant Goethe que Mme Vigée-Lebrun qui fit son portrait en bacchante couchée. Mais si l'on en croit la comtesse de Boigne, ôtés ses oripeaux de déesse, sa nature commune transparaissait assez vite. La reine Marie-Caroline n'était guère plus amène qui s'étonnait de voir un ambassadeur anglais vivre « avec une prostituée littéralement ramassée sur le trottoir de Londres ».

En revanche, lorsque le couple Hamilton passa par la France sur le chemin de l'Italie, il alla présenter ses respects au roi et à la reine, alors assignés à résidence aux Tuileries « sous la surveillance du peuple ». Marie-Antoinette vit là l'opportunité de donner des nouvelles à sa sœur et, ainsi, elle aurait secrètement chargé les Hamilton de remettre son courrier à Marie-Caroline*.

La reine de Naples n'avait donc plus d'occasion de bouder et décida de rencontrer enfin celle dont le

---

* Bien que sans preuve, cette assertion est plausible. À la même époque, la reine de France fit remettre une lettre à sa sœur par Luigi, fils du compositeur Nicoló Piccinni (*Annales révolutionnaires*, t. I, n° 1, 1908, p. 180-183).

tout-Naples raffolait depuis des années. Hamilton fut extrêmement sensible à l'affabilité de la reine à l'égard de sa jeune épouse*. C'était, sans nul doute, le but recherché par Marie-Caroline. Elle avait besoin de ne plus cabrer l'Angleterre et nul mieux que Hamilton, frère de lait du roi, ne pouvait présenter les intentions napolitaines sous un meilleur jour.

Or, ce qui n'avait été qu'une manœuvre s'avéra rapidement la source d'une véritable passion entre la souveraine et l'ambassadrice : elles ne se quittèrent plus. Selon Hamilton lui-même, Emma n'aurait rien caché de sa vie à la reine. Pourtant, entre l'archiduchesse grandie à la Hofburg et la petite Anglaise formée dans le ruisseau, s'établit une complicité qui se retourna rapidement contre Marie-Caroline.

En effet, la reine avait, à l'instar de sa sœur en France, trop suscité de haines pour ne pas être éclaboussée par ce que le commun produit de plus efficace en matière de calomnie : le sexuel et le graveleux. Les clabaudeurs patentés, qui s'ingénient à salir ceux qui les dominent, redoublent toujours de sordides vilenies lorsqu'il s'agit de femmes. Jusque-là, Marie-Caroline avait été une Messaline, multipliant les amants comme l'impératrice de Russie ou la reine d'Espagne. Désormais, elle était accusée de relations antiphysiques avec l'ancienne prostituée devenue lady. Le même processus qui avait voulu que Marie-Antoinette eût des relations saphiques avec la princesse de Lamballe ou la duchesse de Polignac s'appliqua aux liens, il est vrai extraordinaires, qui unissaient la reine de Naples à la jeune beauté anglaise.

---

* « La reine l'aime beaucoup et l'a prise sous sa protection. »

En ce début des années 1790, alors que Marie-Caroline pouvait penser que ses efforts étaient désormais payants et qu'elle était parvenue à ses fins, ayant pendant près de trente ans patiemment détricoté tous les liens qui unissaient son royaume à l'Espagne, tandis que la France des Bourbons se sabordait sous ses yeux et qu'enfin, elle avait trouvé un ministre capable de donner une direction à la politique de Naples, sa propre image s'effritait inexorablement.

La rupture avec la France

La fuite à Varennes avait agi comme un électrochoc dans toute l'Europe. À Naples, le baron de Talleyrand ayant adressé sa démission au lendemain de l'arrestation, son secrétaire, François Cacault*, fut nommé chargé d'affaires en août 1791, mais la Cour refusa de l'agréer comme tel.

La mort de Léopold II

Le retour du couple royal à Paris fit également réagir les princes européens. Léopold II, jusque-là réformateur très modéré, lança un appel à tous les monarques du continent pour s'opposer à des événements qui avaient « atteint l'honneur de tous les souverains et la sécurité de tous les gouvernements ».

* François Cacault (1743-1805), professeur à l'École militaire de Paris, entra dans la carrière diplomatique en 1785, en devenant le secrétaire du baron de Talleyrand à Naples.

Toutefois, il était tout sauf un va-t'en guerre et il pensa qu'un simple coup de semonce suffirait à faire cesser l'effervescence parisienne. Le roi de Prusse et l'empereur s'étant retrouvés à Pillnitz, en Saxe, pour parler de la Pologne et de l'Empire ottoman, publièrent, en août 1791, une déclaration dans laquelle ils se disaient prêts à agir, de concert avec les autres souverains européens, afin d'aider le roi Louis XVI à affermir le gouvernement monarchique*.

Mais, alors que Marie-Caroline se réjouissait que le « Vertueux Chef l'Empereur » eût pris la tête d'une croisade contre les révolutionnaires français, le 1er mars 1792, Léopold II s'éteignait à la veille de ses quarante-cinq ans.

Le mal s'était déclaré le 27 février. Le lendemain, l'inflammation des entrailles était insoutenable et le 1er mars, à 3 heures de l'après-midi, il décédait dans une crise de vomissements convulsifs. Il aurait été victime d'un usage excessif d'aphrodisiaques**, mais les symptômes ressemblant à ceux d'un empoisonnement, on parla d'un meurtre perpétré par une dame soudoyée à cet effet[1].

Marie-Caroline, tout à sa douleur de perdre « un frère, un ami, un protecteur », en accusa « ces diables de Français ». Du côté de ces derniers, les émigrés affirmèrent que les chefs révolutionnaires étaient les coupables et

---

* Loin d'avoir aidé Louis XVI, cette bravade ne contribua qu'à braquer davantage ses ennemis contre lui et son épouse autrichienne.

** Les Italiens les appelaient *diavolini* et les Français *pastilles à la Richelieu*. C'étaient des bonbons mélangés à une poudre d'insectes séchés (les cantharides). La cantharidine stimulait l'érection mais produisait aussi des effets secondaires graves (vomissements, douleurs abdominales), voire létaux.

ceux-ci leur rendirent la pareille en les accusant d'avoir occis un souverain trop libéral à leurs yeux.

L'emballement des événements

Chez Marie-Caroline, la tristesse du deuil se mêla à une indicible fierté : sa fille Marie-Thérèse, épouse de l'archiduc François, s'apprêtait à monter avec lui sur le trône impérial. En revanche, nul ne savait les intentions du futur empereur. Alors que beaucoup craignaient qu'il ne se révélât faible, le jeune homme de vingt-quatre ans fit montre d'un tempérament belliqueux.

À Paris, pour des raisons diamétralement opposées, l'Assemblée et la Cour étaient favorables à un conflit : les Girondins l'étaient pour pouvoir renverser la royauté ; l'entourage de Louis XVI, pensant que la France courrait à la défaite, estimait que le recours au roi serait alors inévitable.

Le 5 avril 1792, l'ambassadeur français à Vienne remit donc au « roi de Bohême et de Hongrie » un ultimatum l'invitant à disperser les émigrés rassemblés en Rhénanie. Le texte ayant été repoussé, la France déclara la guerre le 20 avril 1792.

Alors que François II accélérait son accession officielle aux trônes*, à Paris, la lutte entre le roi et les révolutionnaires s'engagea début juin**.

* Le 6 juin il était couronné roi de Hongrie à Buda, le 7 juin il était élu roi des Romains puis, le 7 juillet, à l'unanimité, empereur du Saint-Empire et couronné à Francfort le 14 juillet. Le 5 août, il recevait la couronne de Bohême.

** Pour faire pression sur lui, une manifestation populaire fut organisée le 20 juin à laquelle Louis XVI opposa une résistance passive. La Fayette lui proposa de se replier à Compiègne où il avait

Avec son outrance habituelle, Marie-Caroline enrageait des atermoiements politiciens qui laissaient pourrir une situation qui ressemblait de plus en plus à une nasse pour sa sœur Marie-Antoinette. Lorsque fut connu le manifeste du duc de Brunswick* qui promettait de livrer « la ville de Paris à une exécution militaire et à une subversion totale, et les révoltés coupables d'attentats aux supplices qu'ils auront mérités », Marie-Caroline exulta. Ne voyant dans les Français favorables aux changements qu'un ramassis de gibiers de potence, la reine, par ultracisme idéologique réfractaire à toute realpolitik, ne put comprendre Acton qui dénonçait cette proclamation comme une erreur stratégique fatale.

L'ambassade de Mackau

En réalité, la cour de Naples avait choisi son camp très tôt. Dès août 1790, l'ambassadeur napolitain à Paris, le marquis de Circello**, avait quitté la France. N'ayant laissé sur place qu'un chargé d'affaires, l'abbé Leprini, son secrétaire particulier, il intriguait ouvertement à

---

massé des troupes, mais le roi préférait se mettre à la tête de troupes fidèles, à La Roche-Guyon, près de Rouen. Le départ, prévu pour le 4 août, fut différé au 10 août. Le projet ayant fuité, la Commune fit attaquer ce jour-là les Tuileries, et le roi et sa famille, qui avaient dû se réfugier à l'Assemblée, y entendirent voter la déchéance de la royauté.

* Daté du 25 juillet 1792, il fut rendu public à Paris le 3 août.

** Tommaso di Somma, marquis de Circello (1738-1826), fut ambassadeur à Copenhague (1775), puis Vienne et Paris (1786-1793), avant de devenir le ministre des Affaires étrangères de Ferdinand IV en 1815.

Bruxelles avec les émigrés. À la chute de la royauté, Leprini ayant demandé à son tour ses passeports, il n'y eut plus de représentation diplomatique napolitaine en France.

Or, au même moment, Paris avait nommé pour succéder au baron de Talleyrand et à l'intérim de Cacault, le baron Armand-Louis de Mackau*, précédemment ambassadeur à Stuttgart (1785-1792). Durant toute sa mission auprès du duc de Wurtemberg, il avait essayé de détacher ce prince de l'Autriche et de la Prusse et de l'attirer dans l'orbite de la France. Il arrivait donc à Naples précédé par cette réputation.

La révolution du 10 août 1792 avait mis fin à la diplomatie régalienne pour donner naissance à la diplomatie nationale. Les envoyés à l'étranger ne furent plus que des agents diplomatiques dont le seul rôle était d'agir au nom de la Nation en territoire étranger, voire d'y être des agents de propagande. Le corps des ambassadeurs-courtisans était donc remplacé par celui de diplomates-fonctionnaires[2]. Toutefois, au tout début de la Révolution républicaine, avant qu'un nouveau recrutement ne pût être effectué, on conserva les ci-devant nobles ralliés au nouveau régime.

---

* Armand-Louis de Mackau (1759-1827), lieutenant-colonel de dragons, d'une vieille famille de jacobites irlandais. Sa mère avait été sous-gouvernante des Enfants de France pour les sœurs (Mme Élisabeth et Clotilde, reine de Piémont) et la fille (Madame Royale) de Louis XVI. Sa sœur avait épousé le marquis de Bombelles, démissionnaire de son ambassade à Venise. Voir Chantal de Tourtier-Bonazzi, « Un diplomate d'Ancien Régime aux prises avec la Révolution : Armand-Louis de Mackau, 1757-1827 », *Revue d'histoire diplomatique*, 1969/I.

Tel était le cas de Mackau, ce qui permit aux émigrés français présents à Naples de le dénoncer comme traître à son nom et à son roi.

Un incident lui montra qu'il n'était pas le bienvenu. Alors qu'il avait oublié son passeport à Rome, le seul énoncé de son caractère diplomatique n'émut pas l'officier du poste frontière. Il lui fallut négocier puis menacer pour qu'il le laissât passer. Arrivé à Naples, il s'en plaignit à Acton, mais celui-ci, loin de présenter des excuses, ordonna de punir l'officier qui avait laissé entrer un Français sans passeport.

Lorsque, le 24 août, il fut admis à remettre ses lettres de créance à Ferdinand IV, il s'y rendit avec la cocarde tricolore au chapeau. Or, peu après, parvint à Naples la nouvelle de la révolution du 10 août, l'emprisonnement du roi et son remplacement par un Conseil exécutif provisoire. C'en fut trop pour Marie-Caroline. Le 3 septembre 1792, Acton notifia avec hauteur à Mackau que le roi de Naples ne lui reconnaissait plus aucun caractère diplomatique.

Désormais sans aucun caractère public, il était traité en paria par la société napolitaine et les émigrés. Mais alors que tous avaient espéré qu'il imiterait les nobles fidèles à leur roi et qu'il démissionnerait, il entendit n'être fidèle qu'au peuple : « Le peuple français a voulu la République et il l'a [...]. J'ai promis de soutenir ses droits. Sous les ordres d'un roi, je les ai eus toujours en vue. Sous la République, je leur dois tout mon dévouement*. »

Comme il accusait la cour de Naples de se venger sur lui de tout ce qui causait son mécontentement, la

* Ministère des Affaires étrangères, CP Naples 122.

Convention nouvellement élue l'invita à quitter un poste où l'on ne voulait pas de lui. La Cour, effrayée *a posteriori* de sa propre hardiesse, lui fit alors savoir qu'elle était prête à reconnaître la République française et à l'admettre pour son représentant sur-le-champ, sans aucun besoin de nouvelles lettres de créance.

En réalité, Acton et le couple royal, qui avaient tant espéré de la contre-révolution, avaient été obligés de se rendre à l'évidence : Dumouriez avait arrêté Brunswick à Valmy, la Savoie et le comté de Nice avaient été envahis, et la flotte de l'amiral Truguet croisait au large de Gênes.

Réduit à ses propres forces, le gouvernement napolitain ne put qu'aller à Canossa. Ironie de l'histoire, le royaume de la propre sœur de Marie-Antoinette fut donc le premier pays européen à reconnaître la République française.

Les émigrés reçus à la Cour eurent l'ordre de ne plus porter leurs décorations, le baron de Talleyrand fut prié de ne plus y paraître et Marie-Caroline condescendit même à recevoir Mme de Mackau*.

Si les événements sont parfois le fruit des idées, ils le sont assurément encore davantage de l'ego des acteurs politiques. Or, Mackau avait une haute idée de lui-même et du rôle qu'il pouvait jouer.

Depuis 1791, l'ambassadeur de France à Gênes, le marquis de Sémonville**, se voulait le chef d'orchestre de tous les jacobins d'Italie. Le baron entra donc en

---

* Née Angélique Alissan de Chazet (1765-1794), fille d'un receveur général des finances.

** Charles-Louis Huguet de Montaran (1759-1839), marquis de Sémonville. Talleyrand le surnomma le « vieux chat » tant il eut de souplesse à durer, de Louis XVI à Louis-Philippe.

relations épistolaires avec lui, ce qu'Acton n'ignora pas. Mackau imagina qu'à tous les deux ils allaient régénérer la péninsule italienne, mais en août 1792, Sémonville fut nommé ambassadeur à Constantinople.

Naples réagit à l'annonce de cette décision. Acton rédigea une note dénonçant le rôle de « commissaire politique » de Sémonville à Gênes ou en Piémont et il chargea l'ambassadeur napolitain près la Porte de la remettre au Divan. Elle eut son plein effet : Constantinople récusa l'ambassadeur pressenti.

Côté français, la Convention ne pouvait laisser passer un tel procédé. Une dépêche de Cacault du 29 janvier 1792 lui donna des idées : « La Sicile présente d'excellents ports, une terre promise aisée à prendre et à garder. À Naples, les magasins à poudre, les chantiers, le palais du roi, les greniers publics, tout est situé sur le bord de mer. Comme il serait aisé de dépouiller ce beau golfe, de faire capituler Naples par la crainte d'un bombardement. »

La Convention prit sa décision en octobre 1792. Le 17 décembre, le contre-amiral Latouche-Tréville* à la tête d'une escadre composée des deux tiers de la flotte française de Méditerranée, bloqua la baie de Naples et mit ses vaisseaux en ligne de bataille à deux portées de canon du palais royal. Il envoya alors à Ferdinand IV, celui que Saint-Just avait désigné pour obtenir réparation, Geoffroy Redon de Belleville**. Seul, sans suite, revêtu du simple uniforme de grenadier de la garde

* Louis-René Levassor de La Touche, comte de Tréville (1745-1804).

** Geoffroy Redon de Belleville (1748-1820) avait travaillé auprès de Léopold de Toscane (1788-1790), puis était devenu l'intendant des biens français du riche banquier génois Cambiaso. Son nationale, il remit au roi l'ultimatum, parfaitement cavalier, de Latouche-Tréville :

> Roi de Naples, Je viens au nom de la République française, demander réparation de l'insulte faite à ma nation par votre ministre, dans une note signée Acton, par laquelle Sémonville, ambassadeur près la Porte Ottomane, est outragé de la manière la plus atroce. Je demande à Votre Majesté qu'elle avoue ou désavoue cette note, où se manifeste la mauvaise foi la plus insigne. Si, comme je n'en doute pas, elle désavoue cet acte de perfidie, je lui demande de le manifester et de faire connaître, dans une heure, l'aveu ou le désaveu d'un procédé qu'un peuple libre et républicain ne pouvait supporter, en envoyant une ambassade auprès de ma république, et rappelant de Constantinople celui qui a servi à l'outrager. Si Votre Majesté se refusait à cet acte de justice, je suis chargé de lui déclarer la guerre, qui peut répandre les plus grands malheurs sur la ville de Naples. Je ne dois pas dissimuler à Votre Majesté que si elle me force à recourir à la voie des armes, je ne suspendrai la destruction et la mort qu'après avoir fait de Naples un monceau de cendres.

La reine comme Acton engagèrent le roi à céder. En deux heures, Latouche-Tréville eut satisfaction et remit à la voile. Naples cédait sur tout. Acton informa le ministre français des Affaires étrangères que le roi avait décidé de mettre fin à la vacance de l'ambassade napolitaine à Paris et y avait nommé le prince

---

frère, Jean-Claude Redon de Beaupréau, fit une carrière dans l'administration maritime de Louis XVI à Louis XVIII.

de Castelcicala*, alors chargé d'une mission spéciale à Londres.

En réalité, contrairement aux rodomontades de Treilhard qui présidait la Convention et annonçait aux députés que « l'injure était vengée », la cour de Naples et le Conseil exécutif étaient parvenus, avec des intentions opposées, à coexister. Une lettre du ministre des Affaires étrangères à Mackau est très claire et contredit tout le triomphalisme dont les politiciens de l'époque et les historiens postérieurs ont voulu faire preuve :

> L'apparition devant Naples de l'escadre que commande le citoyen Latouche devait avoir lieu dès le mois d'octobre. Des circonstances particulières ayant empêché cette expédition et la cour de Naples paraissant avoir changé de système à notre égard depuis quelques mois, le Conseil exécutif s'était déterminé d'une part à rétracter les ordres donnés au citoyen Latouche et de l'autre à vous accréditer formellement près de cette Cour. Les ordres du ministre de la marine qui ont dû être expédiés au citoyen Latouche à peu près dans le même temps où je vous adressais vos lettres de créance, ne sont pas arrivés assez tôt pour prévenir l'expédition[3].

Si Marie-Caroline n'avait pas changé à l'égard de la Révolution française, elle avait par-dessus tout l'idée de sauver sa sœur. Or, à camper sur des positions intransigeantes, elle savait qu'elle risquait de créer des

* Fabrizio Ruffo (1763-1832), prince de Castelcicala, duc de Marzano. Ambassadeur à Londres en 1790, il remplaça Acton aux Affaires étrangères, à la Marine et au Commerce en 1795. En 1798, il reçut la charge de la Police de la ville de Naples et du royaume.

complications fatales. Elle opta donc pour une entente de façade afin de ne pas interrompre la communication avec Paris, car elle espérait, comme d'autres souverains, obtenir le bannissement de la famille royale à la signature de la paix avec la France. Elle fit donc meilleure figure à Mackau. Mieux, deux vaisseaux de l'escadre de Latouche ayant été démâtés par la tempête au large de la Sardaigne, ils purent retourner à Naples et s'y réparer.

En revanche, elle veilla à ce que le ver n'entrât pas dans le fruit. Au lendemain de la démonstration de Latouche-Tréville, elle fit ordonner l'arrestation de nuit de tous les Napolitains soupçonnés d'avoir eu des relations avec des Français et leur emprisonnement dans les geôles du château Saint-Elme.

Mais le régicide du 21 janvier 1793, qui frappa d'horreur toute l'Europe, culbuta tous les vagues espoirs d'entente avec la Révolution. L'hiver 1792-1793 marqua ainsi un basculement et scella la fin d'une période : l'espoir d'un retour en arrière et d'un arrêt du processus révolutionnaire n'était désormais plus envisageable.

3
La République française

L'exécution de Louis XVI sidéra. Certes, Charles Ier d'Angleterre avait été décapité, mais cela s'était déroulé en 1649, soit presque un siècle et demi plus tôt. Certes, des souverains avaient déjà été victimes d'assassinats. Mais à une époque qui se réclamait des Lumières, qui défendait le droit naturel et la dignité de chaque homme, ce meurtre rituel, habillé de légalité juridique, était autant une offense à la souveraineté qu'à la raison.

La République française venait, selon le mot de Danton, « de jeter en défi une tête de roi aux brigands couronnés ». Elle avait volontairement ouvert un conflit idéologique avec le reste du monde européen, hérissant nombre de ceux qui l'avaient regardée grandir avec sympathie.

Alors que le soulèvement des Insurgents américains avait donné naissance à une révolution américaine, la révolution de France ne se contenta pas d'être française : elle se conçut comme une croisade universelle contre toutes les monarchies.

La sidération

La nouvelle de la mort du roi ne parvint à Naples que le 7 février. Tandis que Ferdinand s'effondrait dans la douleur, Marie-Caroline se cabra face à cette criminelle outrecuidance et son exaltation ne connut plus de bornes.

Immédiatement, les bals, les galas, les festivités de carnaval furent annulés. La Cour ordonna un deuil de quatre mois et une solennelle messe de requiem à laquelle assistèrent le couple royal et la société de Naples fut dite pour le repos de l'âme du malheureux souverain.

La reine avait bien l'intention de ne pas laisser cet acte impuni. Lady Hamilton lui ayant envoyé ses condoléances, elle lui répondit aussitôt :

> De la reine de Naples, 9 février 1793, deux jours après qu'elle eut reçu la nouvelle de l'horrible supplice du roi de France, son beau-frère. Ma chère Milady, J'ai été bien touchée de l'intérêt que vous prenez à l'exécrable catastrophe dont se sont souillés les infâmes Français. Je vous envoie le portrait de cet innocent enfant* qui implore vengeance, secours, ou s'il est aussi immolé, ses Cendres unies à celles de ses infortunés Parents crient devant l'Éternel pour une Éclatante Vengeance. Je compte le plus sur votre généreuse Nation pour remplir cet objet et pardonnez à mon cœur déchiré ses sentiments. Votre attachée amie. Charlotte.

* Le Dauphin, dès lors devenu Louis XVII.

La fin de Mackau

Sans surprise, Mackau était dans l'œil du cyclone. Acton n'avait pas manqué de lui signifier le long deuil décidé par le roi Ferdinand IV. Tous s'attendaient à le voir respecter cette décision royale, lui qui, tout jeune, avec sa mère, avait connu Louis XVI de près. Pourtant, il persista dans son choix. Le 9 février 1793, il écrivait à Paris : « Convaincu en mon particulier qu'il est de l'essence républicaine de ne porter le deuil d'aucun roi passé et à venir, vous croyez bien que je n'ai pas hésité à ne pas le prendre[1]. »

Il jugea cependant plus sage de se faire discret. Le comte Ferenc Esterhazy, ambassadeur impérial à Naples, dans une lettre du 16 février 1793, rapporte que Mackau s'était alors caché pour éviter de fâcheuses conséquences que cet événement avait produit sur le bas peuple au désavantage de tous les Français qui déjà, disait-il, étaient vus d'un mauvais œil.

Néanmoins, au fond de lui-même, il déplorait ce qu'il appelait pudiquement « l'événement du 21 janvier ». Dans une lettre du 16 mars 1793, il écrivait au commandeur de Seystres-Caumont, chargé d'affaires français auprès de l'ordre de Malte : « La majorité de la France adhère à ce décret. Je me soumets. Mais je ne puis être de cet avis et je me crois d'autant meilleur patriote que je le dis, et que je me battrais volontiers contre ceux qui, à cette occasion, se croient le droit de nous faire la guerre[2]. »

Malheureusement, son choix de la monarchie constitutionnelle, puis de la république, l'avait installé entre deux chaises. Vomi par les émigrés, il était désormais suspect à une Convention où la Montagne accroissait son pouvoir et se méfiait de tous les nobles, encore plus lorsqu'ils avaient eu, comme lui, partie liée avec les Girondins.

Cet événement sans beaucoup d'importance signa sa fin. Le 19 avril 1793, le couple impérial de Vienne avait eu son premier fils, Ferdinand*. La cour de Naples interrompit son deuil pour fêter cet impérial petit-fils. Mackau, comme tous les diplomates en poste, reçut une invitation. Celui que la reine surnommait « le ministre des bourreaux du Roi notre cousin[3] » eut la légèreté – ou la témérité – de s'y rendre. Il fut abreuvé de mépris, de moqueries et, devant l'affront, se retira, bien décidé à quitter Naples. Mais Paris précéda ses intentions. Il fut officiellement rappelé le 12 mai : « La démarche inconsidérée de ce ministre l'ayant exposé à un désagrément qui compromet le caractère dont il est revêtu, le Conseil exécutif qui avait déjà d'autres torts à lui reprocher, a cru devoir saisir cette occasion pour le rappeler[4]. »

Son beau-frère, le marquis de Bombelles, écrit sévèrement : « Quant au citoyen Mackau, son affaire paraît faite. Voici un homme rejeté par tous les partis et auquel il ne reste de parti à prendre que celui de se cacher de manière à ce qu'on entende, le moins qu'il se pourra, parler de ses folies, de ses crimes, de ses lâchetés[5]. »

Stoïque, il attendit l'arrivée de son successeur. Ce fut le moment que choisit Marie-Caroline pour l'humilier davantage. Elle se souciait de lui comme d'une guigne,

* En 1835, à la mort de son père, il devint empereur d'Autriche. En 1848, il abdiqua en faveur de son neveu François-Joseph. Il mourut en 1875.

mais elle voulait connaître, avant son départ, les noms des conspirateurs napolitains avec lesquels il avait des liaisons. Ainsi, alors qu'il était à la campagne, la reine envoya à la résidence de France un de ses proches, l'écrivain Luigi Custode*, pour y voler ses papiers… qui ne révélèrent rien.

Le projet de libération de Marie-Antoinette

À Naples, dans un premier temps, on ne voulut pas se départir officiellement de la neutralité. Mais la reine et Acton se partagèrent les rôles. Si Marie-Caroline ne pouvait plus rien supporter de français et se préparait à la rupture, Acton endormait Mackau qui finit par croire qu'il avait gagné la confiance du ministre et qu'il allait l'attirer dans l'orbite de la France en lui faisant miroiter les dépouilles des États pontificaux. Il en convainquit son ministre, Lebrun-Tondu, qui en fit le point principal de ses instructions au successeur de Mackau, Hugues-Bernard Maret**.

De son côté, la reine préparait une défense de la famille royale française, sans que l'on puisse savoir si elle voulait prouver que ni le roi ni la reine n'avaient trahi la France ou si, au contraire, ils n'avaient fait mine d'accepter la révolution que parce qu'ils n'étaient pas libres de leurs actes. En mai 1793, le marquis de Bombelles notait dans son Journal : « La reine de Naples désirait

* Elle s'en vanta dans une lettre à lady Hamilton : « C'est lui qui a enlevé les papiers et archives de la maison de Mackau. »

** Hugues-Bernard Maret (1763-1839) avait été envoyé par Lebrun-Tondu en mission à Londres pour essayer d'obtenir la neutralité de l'Angleterre. Il fut nommé à Naples en juillet 1793.

depuis longtemps de connaître plus exactement quels avaient été les vrais sentiments du Roi depuis la révolution et quelle part la Reine de France avait eue à toutes les démarches que la méchanceté lui avait prêtées[6]. »

En réalité, après l'exécution du roi, Paris tentait une négociation secrète. Il s'agissait de la libération de Marie-Antoinette, en contrepartie de la fin de toute hostilité contre la République. Deux hommes en avaient été chargés : Sémonville, de nouveau nommé ambassadeur à Constantinople et qui devait négocier avec le grand-duc Ferdinand de Toscane ; et Maret, envoyé à Naples pour négocier avec Marie-Caroline. La reine et le grand-duc devaient convaincre l'empereur François II.

Or, ce dernier qui se croyait proche d'une victoire militaire, n'entendait nullement ruiner ses efforts par la signature d'un armistice pour sauver sa tante. Il opposa donc une fin de non-recevoir au projet. Étonnamment, Marie-Caroline le soutint. Elle jugeait les révolutionnaires parisiens tellement démoralisés qu'ils étaient prêts à tout pour avoir la paix, « jusqu'à proposer de rendre la liberté à toute la famille royale et de la reconduire aux frontières ».

Le 25 juillet 1793, Sémonville et Maret, voyageant de conserve pour se rendre chacun à son poste, furent alors arrêtés par les Autrichiens sur le territoire suisse et faits prisonniers*.

Cette arrestation n'est pas sans poser d'interrogations. Pour d'aucuns, Sémonville et Maret, peu sûrs d'échapper aux purges menées en France, auraient organisé ou

---

* Ils ne furent libérés qu'en 1795, en échange de Madame Royale, fille de Louis XVI et de Marie-Antoinette.

provoqué leur arrestation. Pour d'autres, ce fut le meilleur moyen pour Vienne de couper court aux tractations secrètes dont elle ne voulait à aucun prix. Quoi qu'il en soit, il n'y avait plus rien à espérer pour la reine de France.

La désertion de Dumouriez et de Louis-Philippe d'Orléans en avril 1793 fut suivie de l'arrestation des Girondins le 2 juin. Les Montagnards, craignant une interruption du processus révolutionnaire et un éventuel retour à la monarchie, s'emparèrent du pouvoir. Les sans-culottes parisiens réclamaient la tête de la reine depuis des mois. Celle-ci, gardée au secret à la Conciergerie depuis le 2 août, gravement malade et sans doute sur le point de mourir d'un cancer, son procès fut décidé par Robespierre. Jugée le 14 octobre, alors qu'elle croyait encore à son extradition, elle fut condamnée à mort. Le 16 octobre, selon le mot de Chateaubriand, elle eut « l'honneur de monter à l'échafaud ».

Marie-Caroline, effondrée, réunit alors ses enfants autour du portrait de sa sœur et jura solennellement de poursuivre sa vengeance jusqu'à la mort. Douleur sincère sans doute, mais peut-être teintée de remords. Napoléon à Sainte-Hélène dira que les Habsbourg, à l'évocation du nom de Marie-Antoinette, baissaient les yeux et changeaient significativement de conversation pour échapper à un sujet embarrassant.

La Première Coalition

Si la France était entrée en conflit avec l'Autriche et la Prusse en avril-mai 1792, l'Angleterre, de son côté, était restée dans une prudente expectative. Mais après l'annexion française des territoires conquis*, la décapitation de Louis XVI fut le prétexte à l'expulsion de l'ambassadeur de France le 24 janvier 1793. Le 1er février, Paris rétorquait en déclarant la guerre à l'Angleterre et aux Provinces-Unies.

L'Espagne entra en guerre le 7 mars et si la Russie, elle, n'entra pas dans le conflit, elle interrompit ses importations venues de France. Puis ce fut le tour du Saint-Empire romain germanique, du Portugal, des États pontificaux, des duchés de Parme et de Modène, du grand-duché de Toscane et enfin du royaume de Naples.

L'entrée en guerre

Le 20 juillet 1793, Naples signa avec Londres une alliance offensive contre la France. Le 1er septembre 1793, des navires anglais entrèrent dans le port de Naples tandis qu'Acton remettait à Mackau son ordre d'expulsion, sans attendre son successeur que Naples ne voulait pas : « La Cour de Naples ne pouvant plus supporter la faction qui a usurpé le pouvoir en France, a pris la détermination de faire savoir à M. de Mackau qu'il doit, dans le terme de huit jours, quitter les États de Sa Majesté Sicilienne. »

* La Savoie en novembre 1792, Nice en janvier 1793.

Cette expulsion concernait aussi le consul de France, Lallement*, arrivé à Naples seulement le 18 mars précédent. Le 7 septembre, il faisait ses adieux à Seystres-Caumont, le chargé d'affaires à Malte : « Voici la dernière lettre que je vous écris de Naples. Dimanche dernier on nous a fort obligeamment priés de partir sous huit jours et nous partons demain, sur un Anglais qui doit nous conduire au premier port où l'on voudra nous recevoir. [...] P-S. Je plains les Français qui resteront ici[7]. »

La tentative de paix séparée

Marie-Caroline était parvenue à ses fins : Naples était entrée en guerre contre la République.

En fait, elle avait forcé la main de Ferdinand, naturellement enclin au pacifisme. Aussi, dans le traité d'alliance avec Londres, il avait fait insérer un article qui stipulait que l'Angleterre ne l'inquiéterait pas dans le cas où il se réconcilierait avec la France. En matière militaire comme dans ses relations familiales, le roi était semblable à une balle de jokari, ne coupant jamais les liens et pouvant à tout moment être ramené à son point de départ.

Or, les armées républicaines, loin d'être rapidement vaincues, avaient remporté des victoires significatives, notamment sur la riviera ligure. L'empereur, soucieux de

* Jean-Baptiste Lallement, né en 1736. Chancelier à Naples de 1763 à 1775. Il y fut chargé de l'intérim du consulat de 1766 à 1767 et de 1771 à 1773. Il devint vice-consul à Messine de 1774 à 1792. Consul général à Naples en 1793, il fut ministre plénipotentiaire à Venise de 1794 à 1797.

la sécurité de la Lombardie, demanda à son beau-père de lui envoyer des troupes. Le poids financier* de la guerre effraya Ferdinand IV mais aussi Acton. Le roi songea alors à négocier avec la France à Venise, ville neutre, sans, bien sûr, en informer son épouse. C'était sans compter sur le comte d'Antraigues, espion du comte de Provence, frère de Louis XVI et régent autoproclamé de son neveu Louis XVII, qui en avertit l'ambassadeur d'Espagne – qui dénonça les pourparlers à Marie-Caroline.

La reine entra dans une des colères dont elle avait le secret mais, cette fois, son courroux retomba autant sur son époux que sur Acton. Les deux hommes battirent en retraite et la négociation fut interrompue**.

La fin de la coalition

Naples restait donc dans la Coalition mais, au même moment, celle-ci se délitait. En effet, en février 1795, la Toscane signa un traité avec la France ; en avril, la Prusse reconnut les conquêtes françaises sur la rive gauche du Rhin ; en mai, la République batave traita et déclara la guerre à l'Angleterre ; en juillet l'Espagne signa le second traité de Bâle.

Les souverains napolitains étant désormais uniquement alliés à l'empereur et au roi d'Angleterre, Marie-Caroline compta plus que jamais sur ce dernier.

---

* Un impôt du dixième frappa toutes les propriétés foncières. Pour les biens ecclésiastiques, il fut appelé « emprunt forcé », donc théoriquement remboursable. La ville de Naples fut taxée de cent mille ducats mensuels et la noblesse de cent vingt mille.

** Elle prévoyait notamment la livraison par Naples d'un demi-million de quintaux de blé.

Son caractère outrancièrement passionné lui faisait tout exagérer, ses haines comme ses amours. Chez cette femme au psychisme fragile, l'Angleterre était Emma Hamilton et Emma Hamilton était l'Angleterre. Quand elle s'adressait à elle, elle s'adressait à Londres. La jeune femme étant l'épouse de l'ambassadeur qui transmettait tout à son gouvernement, la reine se persuada que son amie était le truchement idéal pour toucher George III.

En septembre 1793, une visite éclair du capitaine Horatio Nelson* à Naples eut, des années plus tard, une grande importance sur les deux femmes : la reine trouva alors un nouveau miroir à sa théâtralité séductrice et Emma un amant.

Cependant, pour l'heure, Marie-Caroline était tout à son anglophilie. Le 4 juin 1794, jour anniversaire du roi d'Angleterre, la reine écrivit à lady Hamilton :

> Faites-moi l'amitié de faire, ce soir, en mon nom, un compliment à toute la Compagnie qui se trouve chez vous réunie et lui dire que je voudrais, moi la première et de cœur, entonner la chanson God save great George our King, que je pense et désire tous les bonheurs au Roi auquel j'ai voué une amitié sans bornes, comme aussi la plus haute estime et confiance à la brave et loyale Nation anglaise, laquelle sauvera l'Europe de ce fléau général qui la menace.

Au printemps 1795, alors que la guerre entre la France et l'Espagne tournait au désavantage de cette

---

* Le commandant en chef de l'escadre anglaise de Méditerranée venue soutenir Toulon, soulevé contre la Convention, l'avait envoyé à Naples et en Sardaigne pour demander des renforts et des vivres.

dernière, des tractations de paix s'ouvrirent. Charles IV en avisa son frère Ferdinand IV, l'incitant à faire de même. Mais celui-ci ne voulait pas recommencer la mésaventure de l'an passé, surtout que Marie-Caroline était aux aguets.

En effet, le 28 avril 1795, pour en prévenir Londres et pour éviter que son mari ne succombât aux sirènes de son frère, la reine transmit à Emma Hamilton une lettre chiffrée que l'ambassadeur napolitain à Madrid avait envoyée à Ferdinand IV : « Il y a des choses très intéressantes pour le gouvernement anglais que j'aime à leur communiquer et montrer mon attachement pour eux. » Précautionneuse, elle lui demandait de la lui retourner sous vingt-quatre heures « pour que le roi la retrouve ». Elle se faisait ainsi espionne pour Londres et dérobait le courrier officiel du roi son époux.

Ce fut néanmoins en pure perte. Le 22 juillet, l'Espagne traita avec la France : le pays reconnaissait la République française qui s'engageait en contrepartie à libérer la fille de Louis XVI.

Pour la reine, ce ne fut qu'un prélude à une longue série d'amertumes. Début 1796, la campagne autrichienne contre la République s'avéra désastreuse. Bonaparte se couvrait de gloire. Le 28 avril, la cour de Sardaigne déposait les armes. Le 15 mai, le Corse entrait dans Milan. Les ducs de Parme et de Modène demandèrent alors la paix tandis que le pape négociait un armistice.

À la grande fureur de la reine, Ferdinand décida de négocier à son tour. Mais alors qu'il souhaitait que la négociation fût uniquement bilatérale, Paris s'en tint aux dispositions des traités avec l'Espagne qui imposaient la médiation de cette dernière dans le cas où Naples déciderait de quitter la coalition. Pour le roi, mais plus encore pour Marie-Caroline, l'humiliation était dure. La France, qui n'était pourtant plus celle des Bourbons, persistait à ne considérer le royaume de Naples que comme un satellite de Madrid.

Le 5 juin 1796, l'armistice fut signé avec la France : Naples devait renoncer à l'alliance avec l'Angleterre, verser une indemnité de soixante millions de francs et livrer des œuvres d'art, deux mille étalons ainsi que l'île d'Elbe.

La reine, ulcérée de ces conditions, écrivit à lady Hamilton que s'ils étaient de nouveau officiellement neutres, leurs sentiments ne l'étaient pas et qu'ils en donneraient la preuve à la moindre occasion. Rejetant l'idée même d'être en paix « avec les gens les plus scélérats qui existent sur le globe », elle refusait d'être jamais bien avec les Français qu'elle ne considérait que comme les assassins de sa sœur, des oppresseurs de toutes les monarchies et des corrupteurs des peuples auxquels ils donnaient le poignard et le poison pour combattre les autorités légitimes.

Piranèse et l'affaire suédoise

Si sa haine des régicides atteignait son paroxysme avec les Français, elle ne pardonnait pas non plus aux Suédois d'avoir assassiné, en mars 1792, leur roi Gustave III. Son fils, Gustave IV, âgé de treize ans, fut proclamé roi sous la régence de son oncle, le duc Charles de Sudermanie. Avant de mourir, le souverain avait demandé au comte

Armfeltd* de veiller sur son fils, mais les aristocrates suédois, hostiles à la famille gustavienne, obtinrent qu'il fût nommé en 1793 ambassadeur à Naples. Là, il entra en relation avec Catherine II et lui proposa un plan pour restaurer l'autorité royale à Stockholm. Or, à Naples, il était environné d'espions du régent Charles, à la tête desquels se trouvait Piranèse**. Grâce à la surveillance du réseau de ce dernier, le complot d'Armfeldt fut découvert. Condamné à mort et ses biens confisqués, le comte fut ordonné d'arrestation par le régent. La cour de Suède ayant écrit à Ferdinand IV pour l'aviser qu'elle avait envoyé le capitaine Palmqvist*** pour s'assurer de la personne du diplomate, Naples répondit aussitôt qu'une telle requête était attentatoire à la dignité de la couronne.

Marie-Caroline, horrifiée par la décision suédoise, facilita la fuite du diplomate en Russie. Elle s'en vanta auprès de Serracapriola, l'ambassadeur napolitain auprès de Catherine II : « La victime, échappée à leur vue, n'a

* Gustaf Mauritz Armfeldt (1757-1814). Persécuté dans son pays par la noblesse hostile aux gustaviens, il devint sujet russe en 1811.

** Francesco Piranesi (1758-1810), dessinateur, graveur et architecte, fils et élève de Giovanni Battista, fut, dès 1783, l'agent du roi Gustave III pour tout ce qui touchait aux beaux-arts à Rome. Après l'assassinat du roi, il fut missionné par le régent pour espionner Armfeldt.

*** Magnus Daniel Palmqvist (1761-1834) servit en France dans la guerre d'indépendance américaine, puis dans la guerre de la Suède contre la Russie. Suspendu pendant six mois pour avoir échoué à Naples, il reçut ensuite le commandement d'un escadron suédois en Baltique. Contre-amiral en 1797, vice-amiral en 1819, il devint amiral en 1818.

été que mon ouvrage, et de moi seule*. » Puis elle veilla à ce que les agents de Piranèse, dénoncés par un indicateur comme préparant l'assassinat d'Armfeldt, fussent arrêtés en février 1794**. Le 10 juin 1794, Stockholm rompit ses relations diplomatiques avec Naples.

Le 24 décembre 1794 parut un pamphlet de soixante et onze pages, *Lettera di Francesco Piranesi al Signor Generale D. Giovanni Acton*. C'était une violente charge contre la cour de Naples. Au début de 1795, elle fut suivie de la publication de l'ensemble des documents possédés par Stockholm et prouvant le *Tradimento ordito contro la patria da Gustavo Maurizio Armfeldt con l'effigie del traditore assai rassomigliante****.

Outrée, Marie-Caroline fit demander à Catherine II d'intervenir auprès de la cour de Suède pour que celle-ci fît ses excuses. Elle était prête à y mettre le prix : « Je ne crains nullement l'escadre suédoise et si la Russie voulait nous défendre, je m'en rirais. Elle a toujours désiré le port de Malte pour s'y cantonner. Il n'y a que nous qui y avons la juste autorité et prétention et, en nous obligeant, on la lui accorderait[8]. » Néanmoins, visiblement peu rassurée, elle tenta d'obtenir quelque temps

* Archivio di Stato Napoli, Archivio Borbonc, fasc. 320, f° 85. Marie-Caroline à Serracapriola, 5 août 1796.

** Il s'agissait des frères Benedetto et Vincenzo Mori et du Romain Pietro Pasquini. Benedetto Mori, architecte, fut l'un des principaux collaborateurs du père Piranèse, Giovanni Battista, avec qui il travailla à partir de 1766. Il réussit à s'enfuir mais son frère Vincenzo se suicida en prison.

*** « Trahison ourdie contre la patrie par Gustaf Moritz Armfeldt avec le portrait assez ressemblant du traître. »

plus tard de la tsarine l'envoi d'une escadre russe en Méditerranée[9].

L'affaire eut des répercussions diplomatiques inattendues lorsque le nouvel ambassadeur de Russie, le comte Fédor Golovkine*, s'en mêla. Il avait été envoyé à Naples à la fin de 1794. Âgé de trente ans, ambitieux et étourdi, il arriva dans son nouveau poste quand tout y bruissait de l'affaire suédoise. Peu passionné par son travail diplomatique, il trouva plus attrayant de tenter de jouer un rôle politique. Feignant de détenir des secrets, il fit savoir à Marie-Caroline qu'Azara, son vieil ennemi l'ambassadeur espagnol à Rome, travaillait à un libelle infâme : le testament politique du général Acton**, dans lequel ce dernier, mais aussi le roi et elle-même, étaient traités « comme c'est la mode actuellement envers les souverains[10] ». Il ignorait que la Cour était au courant de ce pamphlet, puisqu'il avait été annoncé dans la lettre de Piranèse, publiée en décembre précédent.

Golovkine aurait alors expliqué à la reine et à Acton que le seul moyen d'échapper à la publication du libelle était de se réconcilier avec Azara. Vertement éconduit, « sa passion de faire effet par ses mordantes et spirituelles plaisanteries, lui firent oublier ce qu'on doit à une tête couronnée auprès de laquelle on réside ». Il offrit alors sa plume à Azara. Il lui fournit « des couplets qu'il avait composés où la fille de Marie-Thérèse se trouvait gravement compromise[11] ». Il aurait même eu l'outrecuidance de les déclamer dans des réceptions à Naples.

* Fédor Golovkine (1766-1823).

** *Testamento politico del Signor Don Giovanni Acton ricavato della storia autentica del suo gloriosissimo ministero.*

Catherine II, gênée, rappela le godelureau en décembre 1795*. Le 11 mars 1796, elle s'en ouvrit à Grimm : « Golovkine a été rappelé parce qu'il s'est avisé de faire mille impertinences à la reine de Naples et, qu'après les avoir faites, il a eu l'impudence de m'en faire le détail lui-même dans une longue lettre[12]. » De la part de cet écervelé qui connaissait pourtant fort bien les mœurs impériales de Saint-Pétersbourg, cette impudence était aussi une imprudence, car il est hasardeux de parler de vertu dans une maison close !

Marie-Caroline, qui avait toujours souhaité que son époux fût considéré comme un roi respectable et que le royaume de Naples ne fût pas vu comme un royaume d'*opera buffa*, ne put accepter la désinvolture suédoise, les insolences de Piranèse et les impertinences de Golovkine. D'autant que l'affaire eut des répercussions internes qui la touchèrent beaucoup. En effet, dans sa lettre à Serracapriola, elle lui avouait qu'à cause de cette contrariété, Acton avait perdu la santé et qu'il avait donné sa démission. Le roi l'avait acceptée et il avait fait écrire au marquis de Gallo de venir auprès de lui. Elle ajoutait : « Acton restera notre conseiller ami, mais sans département », jusqu'à ce que la paix lui permette de partir en Angleterre pour y recueillir son héritage**.

En mai 1795, il délégua les Affaires étrangères et le Commerce au prince de Castelcicala et la Guerre

---

* Penaud, il mit cinq mois pour rentrer en Russie. Il fut immédiatement arrêté et enfermé dans la forteresse de Pernau, en Courlande.

** En 1791, à la mort d'un de ses cousins, Richard Acton, il hérita ses domaines du Shropshire et son titre de baronnet of Aldenham.

à Manuel y Arriola*. Un régent scandinave avait involontairement réussi où un roi d'Espagne avait échoué !

La guerre aux jacobins de Naples

Pour Marie-Caroline, la Révolution française était un pernicieux cancer qui s'attaquait à tout l'ordre social existant et elle s'étonnait de voir les beaux esprits qu'elle avait admirés prêts à recevoir les principes révolutionnaires.

C'est pourquoi elle décida d'agir pour éviter au royaume de Naples que les éléments les plus avancés pussent parvenir à un quelconque degré de puissance. Ne voulant absolument pas finir comme sa sœur, enfermée dans une nasse d'où l'on ne pouvait sortir que par la mort, elle mena donc, à l'égard de ceux qui semblaient favorables à la Révolution française, une politique d'éradication qui fut de plus en plus radicale au fil des événements.

L'Europe avait cru que la fièvre révolutionnaire de la France passerait rapidement, mais tout concourait au contraire à faire craindre une escalade et une contagion à l'échelle du continent. En effet, depuis septembre 1793, les révolutionnaires parisiens avaient décrété la terreur à l'ordre du jour et, en octobre suivant, le gouvernement s'était proclamé révolutionnaire jusqu'à la paix. À la tribune de la Convention, l'abbé Henri Grégoire

* Giovanni Battista Manuel y Ariola, nommé en 1798, fut destitué et arrêté en décembre 1798.

avait proclamé : « Les rois sont dans l'ordre moral ce que les monstres sont dans l'ordre physique. Les cours sont l'atelier du crime, le foyer de la corruption et la tanière des tyrans. L'histoire des rois est le martyrologe des nations. »

En Italie, le Comité de salut public avait des agents zélés : Eymar*, chargé de la surveillance de l'armée d'Italie ; Cacault, chargé de mission à Rome et à Florence ; et surtout Jean Tilly**, à Gênes, qui se voulut le chef d'orchestre des patriotes italiens.

À Naples, des universitaires enthousiastes de la Révolution, Carlo Giovanni Lauberg*** et son ami Annibale Giordano****, tous deux anticléricaux, disciples des Lumières et francs-maçons, avaient créé en 1790 une *Accademia di chimica e fisica* qui fut rapidement fréquentée par la jeunesse cultivée de Naples. Elle devint alors le centre de la fermentation politique, centrée sur la critique de la monarchie des Bourbons. Marie-Caroline la fit surveiller de près, puis fermer, beaucoup

---

* Ange-Marie d'Eymar du Bignosc (1747-1803).

** Jean Tilly fut chargé d'affaires à Gênes d'avril 1793 à septembre 1794. Ses mouvements étant grandement surveillés par les Anglais qui bloquaient le port, Tilly réunissait les patriotes italiens à bord de la frégate *La Modeste* qui y était ancrée. Le 5 octobre 1793, la marine britannique s'en empara et massacra une grande partie des personnes à bord. En 1796 et 1797, il travailla avec Latouche-Tréville à constituer une flotte corsaire depuis les ports espagnols. Il mourut au début de l'année 1800 (voir Archives nationales, Paris, T 1157).

*** Carlo Giovanni Lauberg (ou Laubert, Lambert), 1762-1834. D'une famille wallonne au service de Naples, son extrême curiosité scientifique le conduisit à s'intéresser à la théologie, la médecine, la physique et la chimie.

**** Annibale Giuseppe Nicoló Giordano (1769-1835).

de ses membres se retrouvant sur la paille humide des cachots du Castelcapuano.

En 1792, Latouche-Tréville avait conseillé à Lauberg de fonder, à l'instar de celle des Jacobins français, une société fédérant de petits clubs ne comprenant pas plus de onze membres chacun. Ainsi naquit en août 1793 la *Società Patriottica*. Alimentée principalement par la franc-maçonnerie, elle pâtit de n'avoir pas de programme bien défini parce qu'à côté d'intellectuels doctrinaires, focalisés sur la réflexion révolutionnaire, d'autres, croyant à un soutien français immédiat, étaient des activistes prêts à susciter un soulèvement républicain.

En décembre 1793, alors que Lauberg venait de traduire et de faire imprimer deux mille exemplaires de la nouvelle Constitution française* destinés à être répandus dans tout le royaume, la nouvelle de l'exécution de Marie-Antoinette parvint à Naples. Par crainte d'une violente réaction de la part de Marie-Caroline, il fit jeter tous les exemplaires à la mer.

En effet, à l'instigation de la reine, la police se fit alors inquisitoriale, trouvant dans une partie de la population, outrée par les nouvelles venues de France, des délateurs zélés. Ainsi, le jeune Emanuele De Deo[13] fut dénoncé pour avoir proféré des menaces contre le roi Ferdinand IV. Lauberg, dont il était un collaborateur, n'eut que le temps de fuir. Le 20 février 1794, la *Società Patriottica* se dissolvait.

Elle donna alors naissance à deux clubs qui reflétaient les divisions initiales des conjurés. Le premier, dont le

* La Constitution de l'an I (1793) du 24 juin 1793, fut ratifiée par référendum en juillet 1793 et promulguée le 10 août 1793.

leader était Rocco Lentini, était réformiste et prônait la mise en place d'une monarchie constitutionnelle. Il fut surnommé le *Limo*, de sa devise *Libertà o morte*. L'autre, mené par Andrea Vitaliani, regroupait des éléments plus radicaux, favorables à la proclamation d'une république démocratique. C'était le *Romo*, de sa devise *Repubblica o morte*.

Ce dernier décida d'organiser en mars 1794 une insurrection armée pour supprimer le roi, la reine et les ministres. Toutefois, ne voulant pas que ce soulèvement ne fût que celui d'une élite, il chercha à s'ouvrir aux classes populaires. Ce fut un menuisier qui alla tout dénoncer au régent de la Grande Cour de la Vicairie*, le magistrat Luigi De' Medici**.

Poussé par la reine, le roi alors créa une juridiction d'État chargée de juger des crimes de lèse-majesté. Composée d'un procureur et de sept juges (dont Luigi De' Medici), elle devait siéger dans l'urgence et juger comme un tribunal de guerre. La défense, quasi inexistante, était déléguée à des avocats commis d'office, la délation des comparses était récompensée par un adoucissement de la peine et la torture appliquée autant que de besoin.

Commença alors le grand procès des criminels d'État. Plus de soixante personnes furent arrêtées pour

* *La Gran Corte della Vicaria* pouvait connaître en première instance des causes civiles et criminelles, mais elle jugeait en appel pour ces dernières.

** Luigi De' Medici (1759-1830) était le fils cadet du prince d'Ottaviano, duc de Sarno. Il appartenait à une branche napolitaine des Médicis. Sa sœur était la marquise de San Marco, très proche amie de la reine.

crime de lèse-majesté et attentat contre la religion de l'État. Le tribunal se réunit les 17 août, 16 septembre et 3 octobre. Les interrogatoires, les témoignages et les dénonciations représentaient cent vingt-quatre volumes. Bien que le procureur fiscal eût demandé la peine de mort pour plus de trente conjurés, « immondes serpents de la pire espèce sortis du cloaque des Français* », seuls trois d'entre eux furent condamnés à la peine capitale. Tous trois étaient membres du *Romo* : Vincenzo Galiani avait vingt-quatre ans, Vincenzo Vitaliani et Emanuele De Deo, vingt-deux ans. En dépit de la protestation de son avocat, Francesco Maria Pagano**, De Deo fut soumis à la question avant son exécution, mais il ne livra aucun nom. Dans sa dernière lettre à son frère, il lui disait sa tranquillité d'âme et ajoutait : « La mort ne fait horreur qu'à celui qui n'a pas bien su vivre***. »

Au soir, du 18 octobre 1794, tous trois furent conduits au gibet sur la place du Château-Neuf et pendus. Pour l'occasion, toutes les troupes de ligne comme de cavalerie avaient été mises sur pied et sur les murs du château, les canons pointaient, les canonniers tenant une mèche allumée. Dans une lettre au marquis de Gallo, la reine, coutumière de cyclothymie morale, disait sa tristesse de voir périr trois jeunes vies et faisait retomber

* *Genus viperarum pessimus et nefarium ex foetida Gallorum.*

** « Les aveux, extorqués sous la torture, sont l'expression de la douleur et non l'indice de la vérité. » Francesco Maria Pagano (1748-1799) fut le plus important constitutionnaliste italien de l'époque des Lumières. Voir Tommaso Pedío, « Francesco Maria Pagano, difensore dei congiurati napoletani del 1794 », *Archivio storico pugliese*, XXVIII, 1975, p. 221-260.

*** *La morte reca orrore a chi non ha saputo ben vivere.*

toute la sévérité sur son mari qui n'avait voulu obéir qu'à la raison d'État.

Le vide autour du trône

Marie-Caroline, en l'honneur de qui les loges portaient jusqu'alors un toast, venait de s'aliéner irrémédiablement la franc-maçonnerie. Son autoritarisme l'avait précédemment fait dénoncer pour despotisme. Désormais, elle n'était plus qu'un tyran sanguinaire.

Or, elle ne s'arrêta pas en si bon chemin. Tout entière vouée à sa haine des révolutionnaires français qui, le 10 mai 1794, avaient guillotiné Madame Élisabeth, sœur de Louis XVI, dont pourtant la foule autour de l'échafaud réclamait la grâce, elle entendait exterminer tous ses sujets qui cherchaient à leur ressembler.

Elle savait qu'elle pouvait compter sur Acton. Certes, il n'était plus le ministre subordonné à ses ordres, mais il lui était trop proche dans l'opinion publique, nationale ou européenne, pour ne pas avoir partie liée avec elle. Elle était donc assurée de son soutien, tandis que lui savait qu'elle agirait auprès du roi dans le sens qu'il souhaitait.

Toutefois, Acton, trop souvent témoin de la versatilité du couple royal, prit conscience qu'il existait pour son pouvoir un autre danger, plus pernicieux, mais aussi plus redoutable : celui des serviteurs de l'État qui réussissaient dans leurs charges. Que le roi fût persuadé qu'ils étaient une alternative, et Acton perdait sa toute-puissance.

Le premier était le prince de Caramanico. Pourtant c'était ce chef de la franc-maçonnerie, ancien amant de la reine, qui avait conseillé à Ferdinand IV de débaucher Acton alors au service en Toscane. Vice-roi de Sicile depuis 1786, favorable aux idées d'égalité politique proclamées par la Révolution française, il était très apprécié de beaucoup de Siciliens et le roi lui faisait toute confiance. Or, le 8 janvier 1795, le prince mourut dans d'atroces souffrances. Immédiatement, tout le monde parla d'empoisonnement.

Pour certains, Caramanico se serait suicidé pour éviter d'être arrêté sur ordre d'Acton. Pour beaucoup, ce dernier se serait débarrassé d'un homme à qui il devait sa carrière mais qui pouvait aussi l'interrompre. Le peuple de Naples adhéra à la thèse du meurtre et, dans une chanson ordurière, « Caroline la vipère* », accusa la reine du meurtre : « Tu as chauffé Caramanico pendant sept ans, mais tu es une traînée et tout le monde le sait. Salut nana**, prends soin de toi***. Tu lui as insufflé de l'arsenic et Munzù Acton**** est content de toi, mais que je sache tout le monde le sait. Salut nana, prends soin de toi. »

Le second était le fameux Luigi De' Medici. Il avait été trop proche de Lauberg, de Giordano et de l'Académie de chimie et de physique pour ne pas être éclaboussé. Toutefois, sa plus grande faute était de s'être révélé brillant dans toutes les charges et fonctions qui

---

* *La Serpe a Carolina.* https://www.youtube.com/watch?v=L-AN0xdZDms

** Le terme utilisé est *oinè* qui est une réminiscence napolitaine de l'espagnol *o niña,* devenu *o nenna* puis *o nè, oinè.*

*** Le napolitain utilise ici le verbe *guvernare* qui est réservé aux soins donnés aux animaux.

**** *Munzù* (Monsieur).

lui avaient été confiées. Ce jeune homme de trente-cinq ans, trop libéral et trop indépendant pour jouer les soupirants de la reine, réussissait trop bien pour ne pas inquiéter Acton qui approchait de la soixantaine. Or, dans les interrogatoires des conjurés arrêtés au mois de mars 1794, Annibale Giordano, l'ami de Lauberg, avait témoigné avec l'espoir de pardon. Dans les noms que Giordano donna, il cita Luigi De' Medici, pourtant alors membre du tribunal.

Dénoncé comme franc-maçon, suspecté de liens avec les jacobins, stigmatisé pour avoir conseillé une politique de clémence au roi, il fut accusé d'entraîner par ses conseils les fils des principaux gentilshommes du royaume. La reine et Acton convainquirent alors Ferdinand IV qu'un grand exemple valait mieux que le châtiment de plusieurs obscurs personnages. Le 25 février 1795, Luigi De' Medici fut enfermé au fort de Gaète, tandis que les fils des plus hauts barons et des familles les plus illustres étaient jetés en prison.

En frappant au haut de l'échelle sociale et politique, la reine avait voulu signifier la reprise de la lutte anti-jacobine, suspendue après les exécutions d'octobre 1794. Et pour que tous en fussent bien persuadés, elle prit la peine de colporter sa propre version : « Luigi de' Medici, chef de la police, régent de la Vicairie, homme en qui nous avions toute confiance, est le chef des jacobins, en relations avec les Français[14]. »

Si peu furent condamnés, tous les prévenus restèrent en prison. Marie-Caroline avait voulu inspirer la terreur aux aristocrates patriotes tentés de comploter, mais après s'être coupée de la franc-maçonnerie qui l'avait pourtant aidée à s'emparer du pouvoir, elle s'aliénait ainsi toute une partie de la noblesse de son royaume. En réalité, si cette répression détourna les nobles de toute velléité de soulèvement, elle leur enleva aussi toute envie de soutenir le trône.

Naguère courtisée par l'élite éclairée qu'elle poursuivait maintenant, la reine devint alors l'icône du peuple de Naples. Ces coupes claires contre les puissants accusés d'être les complices idéologiques des jacobins français, de leurs crimes, de leur impiété et de leur athéisme, réjouirent les *lazzaroni* qui parcoururent les rues aux cris de « À mort les jacobins ! Vive le roi* ! » et traitaient de sales porcs** les malheureux qu'on conduisait en prison ou au supplice.

Marie-Caroline était devenue l'égérie d'un populisme ultra.

Dans ses lettres à lady Hamilton, telle une véritable Érinye, elle n'avait pas de mots ni de désirs de vengeance assez violents et dans celles qu'elle écrivait au marquis de Gallo, elle regrettait cyniquement qu'une douzaine de têtes coupées et quelques familles rendues malheureuses la fissent « déchirer, lapider, huer, détester ».

La reine connut alors ce revirement spectaculaire dont sont coutumiers les esprits les plus avancés lorsqu'ils sont dépassés par plus avancés qu'eux : n'étant plus l'origine des changements, ils deviennent des sectateurs de l'ordre. La protectrice de la franc-maçonnerie libérale se fit désormais l'icône de l'ultracisme réactionnaire.

---

* En napolitain, *Morte a li Giacobbe ! Viva o' Re !*

** *Zuzzuso.*

Quatrième partie

MENACES ET OPPOSITIONS

(1795-1799)

1
L'Italie dans la tourmente

Pendant que Marie-Caroline se durcissait, les répercussions des événements de France n'en finissaient pas. Robespierre avait été guillotiné le 28 juillet 1794, soit deux mois et demi après la sœur de Louis XVI. Alors, la Convention thermidorienne démantela le gouvernement révolutionnaire, mais le sursaut royaliste – bien que limité par la mort officielle de Louis XVII le 8 juin 1795 et l'intransigeance de son oncle qui se proclama Louis XVIII – fit craindre pour l'avenir de la République. Aussi, en septembre 1795, un plébiscite approuva la nouvelle constitution de l'an III et la création du Directoire.

Le traité avec la France (10 octobre 1796)

Les armées françaises devinrent le fer de lance de la politique du nouveau régime en place dans le pays des Lumières. Mais alors qu'on espérait tout de l'armée d'Allemagne, ce fut l'armée d'Italie aux ordres de Bonaparte qui rebattit les cartes. Il força le roi de Piémont-Sardaigne Victor-Amédée III à traiter le 5 mai 1796, lui enlevant plusieurs places fortes, la Savoie et le comté de Nice, puis battit les Autrichiens au pont de Lodi et entra triomphalement à Milan (16 mai 1796).

Ferdinand IV décida d'entamer des pourparlers avant qu'il ne fût trop tard. Le 5 juin 1796, le prince Belmonte Pignatelli obtint de Bonaparte une suspension d'armes. Le royaume de Naples était contraint à quitter la Coalition et à retourner à sa politique de neutralité. Toutefois, il était le seul cobelligérant à ne pas être taxé d'une lourde indemnité, Bonaparte craignant qu'à traiter durement le roi de Naples, il n'eût des velléités à s'allier au pape.

Pour Marie-Caroline, ce ne pouvait être qu'une trêve. Elle croyait au sursaut de l'armée autrichienne. Elle aurait volontiers résisté. Son âme épique – que l'on retrouvera plus tard chez sa petite-fille, la duchesse de Berry et la belle-fille de Charles X – la fit s'imaginer à la tête de troupes reprenant aux Français les principales villes pontificales dont ils s'étaient emparés, insuffler une mâle vigueur au grand-duc de Toscane et se réunir aux troupes autrichiennes pour vaincre. Hélas, il ne se trouvait pas de Napolitains prêts à s'enrôler et la reine fustigea alors cette « nation poltronne, paresseuse et molle ».

Pour la France, au contraire, il s'agissait de transformer la suspension d'armes en traité. La reine aurait souhaité que le marquis de Gallo fût le plénipotentiaire napolitain, mais le Directoire ne voulut pas de lui, car il le savait trop lié à Marie-Caroline – dont nul n'ignorait sa haine de la France.

Marie-Caroline suivit les négociations point par point et, comme toujours, elle exhalait son mécontentement dans ses lettres à Gallo. Elle ne voulait pas d'un traité de commerce conjoint qui aurait signifié la domination économique de la France, ni d'une rupture avec l'Angleterre, et encore moins de la libération des détenus politiques qui seraient immédiatement redevenus des ferments de rébellion. Tout au plus aurait-elle accepté d'expulser les émigrés qui l'agaçaient*.

Toutefois, sa plume laissa échapper une phrase qui montrait que Ferdinand IV et son ministre, enclins, assurément par nécessité, à la realpolitik, ne lui laissaient qu'une très faible marge d'influence : « Je verrai ce que le roi et Acton décideront. »

Le 10 octobre 1796, la paix fut signée à Paris**. Naples redevenait neutre et s'engageait à verser une indemnité de huit millions de livres, en espèces ou en nature, le commerce français bénéficiait de la clause de la nation la plus favorisée et seuls les coupables d'insultes contre Mackau devaient être punis. Si le roi était satisfait de ce moindre mal, Marie-Caroline enrageait de ce traité qu'elle jugeait honteux. Elle ne parut pas au *Te Deum*, chanté à la cathédrale de Naples le 11 décembre 1796, pour fêter le retour de la paix. En revanche, elle fit bonne figure au nouveau diplomate chargé par le Directoire de représenter la France, Jean-Baptiste de Canclaux***.

---

* Lettre du 28 août 1796.

** Voir Benedetto Maresca, *La Pace del 1796 tra le Due Sicilie e la Francia studiata sui documenti dell'Archivio di Stato di Napoli*, Napoli, Nicola Jovene & C., 1887.

*** Jean-Baptiste Camille de Canclaux (1740-1817). Officier sous Louis XV et Louis XVI, il fut chargé par la Révolution de maîtriser les soulèvements vendéens. Sa modération et son appartenance à la

Or, si, à l'automne 1796, elle avait pu croire ses désirs exaucés avec les victoires de son neveu l'archiduc Charles* qui avait contraint Jourdan et Moreau à repasser le Rhin, Bonaparte avait battu les Autrichiens à Castiglione, Arcole et Rivoli avant de s'emparer de Mantoue le 2 février 1797.

La route de Vienne lui était désormais ouverte, ainsi que celle de l'Italie du Sud. Le 19 février, le pape signait le traité de Tolentino**. En avril suivant, au traité préliminaire de Leoben, l'Autriche abandonnait les Pays-Bas autrichiens et la Lombardie à la France. En octobre 1797, le traité de Campo Formio mettait fin à la guerre avec l'Autriche, déclarée par Louis XVI en 1792***.

En contrepartie, Vienne reconnaissait les républiques sœurs. Il s'agissait soit de territoires conquis qui avaient été républicanisés, soit de républiques créées à la suite de mouvements de patriotes locaux, soigneusement organisés par les agents français, et qui s'étaient placés « spontanément » dans l'orbite de la République française.

---

noblesse le firent destituer sous la Terreur. Fait comte sous l'Empire, il fut nommé pair de France à vie par Louis XVIII.

* Charles-Louis de Habsbourg-Lorraine (1771-1847) était fils de Léopold II et frère de François II. Adopté par sa tante l'archiduchesse Marie-Christine, il hérita le titre du mari de celle-ci et devint duc de Teschen.

** Il perdait la Romagne, le Comtat Venaissin, payait une énorme indemnité tandis que ses églises et ses musées étaient pillés.

*** Contre l'avis du Directoire, Bonaparte, qui avait aboli la République de Venise, la céda en quasi-totalité à l'Autriche, permettant à celle-ci d'accéder à l'Adriatique. Il ne réserva à la France que les îles Ioniennes.

Ainsi, Bonaparte avait établi en 1796 les républiques cispadane et transpadane. En juin 1797, il les fusionna en une République cisalpine, avec Bologne pour capitale et comprenant la Lombardie, le Mantovan, le duché de Modène et les Légations pontificales. En même temps, il força la République de Gênes à se doter d'une constitution démocratique, à prendre le nom de République ligurienne et à s'allier étroitement à la France.

En ce qui concernait Naples, le général tint un double discours. En effet, en février 1797, lors de la signature du traité de Tolentino avec le pape, il assura le plénipotentiaire napolitain que la République française pourrait prouver son amitié au roi de Naples et de Sicile avec des dépouilles pontificales.

En mai 1797, après Leoben, il se retira dans la villa Pusterla-Crivelli, à Mombello, sur le lac Majeur. Là, il rencontra le Habsbourg Ferdinand III de Toscane et le Bourbon Ferdinand Ier de Parme. Les ayant jugés « absolument nuls sous tous les rapports », Bonaparte prit pleinement conscience de son importance mais aussi de l'usure qui frappait les races régnantes en Europe. Il tint donc à Mombello ce qui ressemblait désormais à une Cour.

Ferdinand IV, qui était resté à l'idée première d'obtenir un agrandissement au détriment de l'État ecclésiastique, envoya à Mombello le marquis de Gallo, avec les pleins pouvoirs de négociation. Quand il proposa d'échanger l'île d'Elbe contre la marche d'Ancône, le refus de Bonaparte fut catégorique. Il savait que Naples, bien que sans argent, armait en sous-main. Il ne voulut donc pas, en lui cédant Ancône, fortifier la position maritime de cette Cour « furibonde qui était autant l'ennemie de la République que du commerce français ».

Heurs et malheurs familiaux

En décembre 1793, un mois et demi après l'exécution de sa sœur Marie-Antoinette, Marie-Caroline avait mis au monde une petite princesse, Marie-Isabelle. Ses dernières grossesses avaient déjà été pénibles, mais celle-ci l'épuisa véritablement. Elle avait quarante et un ans et, soit œuvre de la nature, soit d'un commun accord avec le roi, ce fut la dernière.

En décembre 1795, elle eut la joie d'apprendre la libération de sa nièce Marie-Thérèse de France, fille de Louis XVI, accueillie par François II et les siens. Elle chargea le marquis de Gallo de lui donner de régulières informations de celle qui devenait pour les opinions publiques « l'orpheline du Temple ».

Ses deux filles aînées étaient mariées et toutes les deux avaient donné un héritier à leur époux. Marie-Louise, grande-duchesse de Toscane, avait eu trois enfants. Marie-Thérèse, l'impératrice, épouse de François II, en avait eu cinq dont quatre viables. Toutefois, cette dernière avait à l'égard de Marie-Caroline les sentiments que cette dernière avait eus pour sa mère Marie-Thérèse : si elle regrettait de ne plus la voir aussi souvent qu'elle l'aurait souhaité, elle ne voulait pas la voir interférer dans les affaires de l'Autriche.

Il lui fallait désormais songer au mariage du prince héritier François. Le 26 juin 1797, celui-ci épousa sa cousine germaine Marie-Clémentine, fille de Léopold II et sœur de l'empereur François II. Compte tenu des circonstances politiques et des difficultés financières, les cérémonies furent empreintes d'une relative simplicité.

Deux navires napolitains, l'*Archimède* et le *Tancrède,* allèrent prendre la jeune femme à Trieste. Après un long retard dû à une indisposition de l'archiduchesse et à la situation troublée de la République de Venise qui était en pleine turbulence, Marie-Clémentine embarqua à Trieste le 6 juin. Le 18 juin, elle accostait dans son futur royaume à Manfredonia. Accompagnée du roi et de sa suite, elle fut conduite en carrosse à Foggia, à une quarantaine de kilomètres de là.

Ferdinand IV et la Cour étaient arrivés le 14 avril. Le roi et sa suite s'étaient installés dans le palais de la *Regia dogana della mena delle pecore** des Pouilles. Durant soixante-treize jours, la petite cité accueillit la Cour mais aussi les musiciens et les cuisiniers. Les plus riches familles de la ville contribuèrent généreusement à l'emprunt lancé pour le paiement des festivités. Le roi les en récompensa en les élevant au marquisat.

Ferdinand et Acton avaient décidé de mettre à profit ce déplacement pour sillonner les Pouilles pendant près d'un mois[1]. Il s'agissait d'un voyage à but politique, afin de vérifier l'attachement des populations à la couronne dans une région qui avait été en 1794 un des centres de l'agitation jacobine[2].

---

* Douane royale pour la transhumance des moutons. Instituée en 1447 et installée à Foggia en 1590, elle levait les taxes sur les propriétaires de troupeaux de moutons qui désiraient pratiquer la transhumance. Elle fut supprimée par Joseph Bonaparte, roi de Naples, en 1806.

Le roi décida de commencer seul ses visites. Sa première étape fut le gros bourg agricole de San Severo, le 16 avril. Son entrée fut un triomphe. Après Gravina et Tarente, il arriva à Lecce, où il fut rejoint, le 3 mai, par la reine. Le couple se sépara de nouveau le 8 mai. Tandis que la reine et le prince héritier rejoignaient Foggia par la route littorale, le roi visita Otrante, Brindisi, Bari où, à chaque fois, il reçut un accueil chaleureux.

Ce voyage fut important pour Ferdinand et Marie-Caroline[3]. Parce que les régions traversées souffraient de leur relégation périphérique, la venue du couple royal leur apparut en quelque sorte un désenclavement. Les monarques se rendirent alors compte que si une minorité composée d'intellectuels et de têtes brûlées leur était hostile, le peuple leur restait profondément attaché. Quant aux notables, aux propriétaires et au clergé, si certains étaient favorables à des réformes politiques, aucun ne voulait prendre le risque d'un aventurisme social.

Le 25 juin 1797, dans la cathédrale de l'Assomption de Foggia, l'archevêque de Lecce, assisté de ceux de Bari et de Tarente, donnait la bénédiction nuptiale au jeune couple. Le lendemain 26, les noces furent célébrées dans le grand salon du palais de la douane. À cette occasion fut exécuté une « fête théâtrale en un acte », *La Daunia felice,* composée tout exprès par Giovanni Paisiello, livret de Francesco Saverio Massari[4].

Le 26 juin au soir, Ferdinand IV rentra à Caserte où il fut rejoint le lendemain par Acton. Marie-Caroline et les nouveaux époux ne s'en retournèrent que le 3 juillet. Tous se retrouvèrent à Naples le 6 juillet pour trois jours de gala et d'illuminations. Après une interminable cérémonie du baisemain, une réception à la Cour, l'inauguration du théâtre San Carlo récemment rénové et le traditionnel cortège de dévotion aux reliques de saint Janvier, les festivités nuptiales prirent fin.

Marie-Caroline se découvrit alors sous un jour étonnant. Cette femme, qui recherchait chez les autres son propre faire-valoir esthétique, était déçue par ce fils qui était l'héritier du trône. Si on l'en croit, il avait hérité l'aspect lourdaud et fruste de son oncle Charles IV ainsi que la mauvaise éducation désinvolte de son père. Il aimait les sciences techniques et l'agriculture, comme Louis XVI, mais se montrait d'une avarice maladive. Écrivant à Vienne un an avant les noces, elle ne fit pas l'article du jeune prince : « Si la jeune épouse néglige les apparences, elle pourra l'aimer et bien le respecter. »

En revanche, à la première rencontre avec sa nouvelle belle-fille, elle fut enchantée. Elle n'était pas très jolie, la variole ayant marqué son visage, mais elle lui sembla douce, sensée et accommodante. La reine n'aurait donc pas de concurrence féminine avec la nouvelle venue.

Mais très rapidement, le ton changea. Marie-Caroline avait prévenu sa belle-fille que son fils n'avait été déniaisé que pour l'occasion et qu'il avait un tempérament fort vigoureux. Or, visiblement, ce ne fut pas pour déplaire à la jeune épouse qui veilla à permettre à François de rattraper le temps perdu. La reine, pourtant pas un parangon de vertu, s'en offusqua :

> Son mari est son mari deux ou trois fois par vingt-quatre heures [...]. Les caresses familières sont sans cesser et des plus signifiantes [...]. Elle n'est occupée que

d'une physique jouissance qu'elle anime, qu'elle provoque et qui tient lieu de tout.

Comme l'avait écrit La Rochefoucauld, elle donnait désormais de bons conseils pour se consoler de n'être plus en âge de donner de mauvais exemples.

Tel un triste retour de manivelle pour celle qui avait tout fait pour éloigner Ferdinand IV de son père Charles III, elle dénonçait cette « petite fille » qui avait complètement changé son fils et qu'elle menait comme un bambin. Heureusement, elle connaissait par expérience le moyen de calmer les fureurs utérines et elle souhaitait à sa belle-fille au moins un enfant par an pendant douze années.

Mais bien vite, ses soucis maternels se trouvèrent obscurcis par les événements extérieurs traversés par la comète Bonaparte.

L'explosive année 1798

Bonaparte, se considérant comme le régulateur de l'Italie, estima qu'il fallait à Naples un ambassadeur à poigne. Or, Canclaux était pour lui un brave homme mais dépourvu de l'énergie et de l'autorité nécessaires à cette place. Des noms circulèrent alors et Marie-Caroline frémit à l'idée de voir arriver un régicide. Finalement, le choix du Directoire se porta sur Claude-Joseph Trouvé*,

* Claude-Joseph Trouvé (1768-1860) fut rédacteur en chef du *Moniteur universel* de 1794 à 1797. Nommé premier secrétaire à Naples en octobre 1797, il devint chargé d'affaires six mois plus tard.

premier secrétaire de l'ambassade, qui devint le nouveau chargé d'affaires au début de l'année 1798.

La reine avait apprécié la courtoisie d'Ancien Régime de Canclaux et lui avait prodigué des égards qui ne furent pas pour peu dans le jugement négatif que le Directoire porta sur ce diplomate. En revanche, elle détesta les manières abruptes qu'affecta Trouvé qui refusait toutes les marques de déférence que l'étiquette imposait à l'égard des souverains. Sans éducation véritable, il avait l'aigreur plébéienne et s'en vengeait en s'en prenant aux bienséances, pensant que sa grossièreté passerait pour de l'autorité.

Naples dans l'expectative

Au même moment, l'atmosphère était devenue plus pesante en Italie. Depuis le 15 novembre 1797, Bonaparte avait quitté la péninsule. Le Directoire l'avait nommé plénipotentiaire au congrès de Rastadt, ce qui enclenchait pour lui un début de disgrâce qui ne disait pas son nom. Se sentant comme une oie sauvage enfermée dans une cage à serins, le général bâcla la besogne et se retrouva à Paris le 5 décembre.

L'accueil triomphal que lui firent le peuple et l'armée alarma les Directeurs. Reçu officiellement par eux le 10 décembre, il fut harangué par Talleyrand, ministre des Relations extérieures. Si sa conduite était glorifiée, elle était républicainement partagée avec tous : « Ainsi tous les Français ont vaincu en Bonaparte ; ainsi sa gloire est la propriété de tous ; ainsi il n'est pas un républicain qui ne puisse en revendiquer sa part. » S'il avait été le glaive de la République, il n'était pas la République.

À Naples, quelque temps auparavant, Marie-Caroline avait été moins parcimonieuse de louanges. Écrivant à Gallo, elle déclarait :

> J'abhorre le parti que Buonaparte sert et a pris. Il est l'Attila, le fléau de l'Italie, mais j'ai pour lui un sentiment de véritable estime et de profonde admiration. [...] Je l'admire et regrette seulement qu'il serve une si détestable cause. Je voudrais la chute de la République mais la conservation de Buonaparte. Car c'est réellement un grand homme, et quand on ne voit autour de soi que des ministres et des souverains aux vues mesquines et étroites, on n'en éprouve que plus d'étonnement et de plaisir à voir s'élever et grandir un pareil homme, tout en déplorant de voir sa grandeur attachée à une si infernale cause. [...] S'il mourait, on devrait le réduire en poudre et en donner une dose à chaque souverain, deux à chacun de leurs ministres et alors les choses iraient mieux.

Sans doute l'intéressé avait-il une idée identique, et de la situation et de lui-même. Mais cette lettre est intéressante par ce qu'elle sous-entend en négatif. Marie-Caroline s'était d'autant plus entichée du génie de Bonaparte qu'elle était profondément déçue par celui sur lequel elle avait tout misé une décennie auparavant. En effet, à la fin de l'année 1797, Acton était usé. Pour Ferdinand, mais peut-être aussi, secrètement, pour Marie-Caroline, il était uniquement l'homme de l'Angleterre.

Désormais, le roi voulait tenter l'expérience d'une politique apaisée avec la France. La reine, comme le tsar Paul Ier, sans cesser de haïr la France républicaine, se prenait à rêver d'une cohabitation avec Bonaparte dont l'intelligence et la vigueur écrasaient la médiocrité des trônes, des émigrés et des ministres courtisans.

Le marquis de Gallo s'était alors hissé au sommet de la diplomatie européenne en étant, bien qu'ambassadeur napolitain, celui qui avait traité avec Bonaparte pour le compte de l'empereur François II. Les deux hommes s'étaient jaugés et s'étaient appréciés.

En janvier 1798, Acton, prétextant sa santé, s'éloigna du pouvoir. Gallo fut alors nommé, « à son corps défendant », secrétaire d'État aux Affaires étrangères, à la Marine et au Commerce. De surcroît surintendant des postes, il fut gratifié du titre de « secrétaire de la reine ». Le nouvel homme fort du royaume était celui dont Marie-Caroline avait fait son correspondant, voire son confident, depuis le début des années 1790. Elle était ainsi revenue au centre du pouvoir.

La République romaine

Bonaparte, de son côté, n'était pas dans une position aussi favorable que la reine de Naples. Il avait cru devenir Directeur, mais son aura dans l'opinion, son poids au sein des armées en faisaient un danger pour le Directoire. Barras calma ses velléités. Il dut se contenter d'être reçu à l'Institut le 4 janvier 1798 et de recevoir une nouvelle mission : étudier la faisabilité d'une invasion de l'Angleterre.

En réalité, alors qu'il était chargé d'inspecter les côtes de Calais à Ostende, le Directoire s'activait pour l'envoyer bien plus loin. Le 14 février, Talleyrand avait ressorti un vieux projet, datant de Choiseul, qui prévoyait une descente en Égypte pour permettre une attaque de l'Inde anglaise. Le 5 mars 1798, le Directoire l'approuvait et en confiait la direction à Bonaparte. La veille, les troupes françaises étaient entrées sans combat dans la ville de Berne, s'emparant d'un trésor de cinq millions de livres dont trois furent immédiatement destinés au financement de la campagne d'Égypte. Le 12 avril, le Directoire nommait Bonaparte général en chef de la nouvelle armée d'Égypte.

Entre-temps, la situation à Rome était devenue explosive. Au printemps 1797, après la signature du traité de Tolentino avec le pape, Joseph Bonaparte avait été nommé ambassadeur auprès de Pie VI. Cette nomination fut perçue, notamment par les jacobins locaux, comme un soutien à leur cause. Quand partisans et adversaires des idées démocratiques s'affrontaient, les troupes françaises intervenaient très souvent en faveur des premiers. Le 28 décembre 1797, des troubles ayant eu lieu près du palais Corsini, siège de l'ambassade de France, le général Duphot* voulut s'interposer, mais il fut tué par un soldat pontifical. Le lendemain, Joseph Bonaparte rentrait en France.

Le Directoire fit alors arrêter le marquis Massimo, représentant du pape à Paris, et ordonna au général

---

* Léonard Mathurin Duphot (1769-1798) devait épouser le lendemain Désirée Clary, belle-sœur de Joseph. Elle avait été courtisée par Joseph, puis par Napoléon. À la suite du décès de Duphot, Junot et Marmont tentèrent leur chance mais elle finit par épouser Bernadotte en août 1798. En 1818, elle devint reine consort de Suède et Norvège, non sans avoir éprouvé une violente passion pour le duc de Richelieu, premier ministre de Louis XVIII.

Berthier* de marcher sur Rome. La ville fut prise le 11 février 1798, le pape déposé et déporté en Toscane. Le 15 février, Berthier proclamait solennellement le remplacement des États pontificaux par une République romaine**, dirigée par sept consuls.

Le nouveau régime, mal accepté par la population, fut rapidement miné par une fronde au sein de l'armée française[5]. Cette fragilité, jointe à la mésentente entre pouvoir civil et militaire, fut mise à profit par les adversaires de la révolution qui trouvèrent un écho favorable dans une population excédée par le pillage, les taxes et les réquisitions.

Pour y faire face, l'armée française mena alors une « guerre de police[6] », villes et zones rebelles étant durement châtiées. Dans ces régions, les soulèvements contre les Français et les patriotes locaux n'étaient pas exempts d'arrière-pensées sociales, ce qui poussait les notables à préférer n'importe quel ordre à l'anarchie d'une guerre sociale.

Une des zones les plus sensibles était le nouveau département du Circeo***. Il faisait la transition entre les Marais pontins et la Terre de Labour napolitaine. Sa frontière avec le royaume napolitain suivait le cours du Garigliano. Le danger était donc aux portes de Naples.

---

* Louis-Alexandre Berthier (1753-1815), fils d'une femme de chambre de Monsieur, aida à l'émigration du comte d'Artois, des Polignac et de Mesdames Tantes. Il succéda à Bonaparte à la tête de l'armée d'Italie à la fin de 1797.

** Voir Albert Dufourcq, *Le Régime jacobin en Italie. Étude sur la République romaine (1798-1800)*, Paris, Perrin, 1900.

*** Dénommé d'après le mont Circé, il avait Anagni pour chef-lieu.

Pour l'heure, le roi comme Gallo étaient persuadés qu'il fallait continuer à jouer le jeu de la neutralité et remettre à plus tard le renouveau de la ligne dure prônée par la reine. Mais cet attentisme eut rapidement ses limites.

Le revirement napolitain

En janvier 1798, le Directoire avait décidé l'envoi d'un nouvel ambassadeur à Naples. Son choix s'était porté sur Joseph-Dominique Garat. Paris n'aurait pas pu trouver plus insultant pour le roi et la reine puisque Garat, ministre de la Justice en 1793, était celui qui avait notifié à Louis XVI sa condamnation à mort*.

L'intéressé se considéra comme chargé de deux missions essentielles. La première était d'obtenir la libération des prisonniers politiques. Son exalté prédécesseur s'y était échiné et n'avait pas trouvé mieux que de proposer au Directoire que « la tête des individus, même de la famille royale, répondît de celle du premier prisonnier qu'on osera massacrer[7] ». La seconde était de rendre effectif le traité de commerce prévu lors de la signature de la paix d'octobre 1796, voire de signer un traité d'alliance.

---

* Joseph-Dominique Garat (1749-1833). Il semble ne s'être jamais remis de cette charge. On raconte qu'il ne se servit plus des lunettes qu'il avait utilisées pour lire le décret au roi. En décembre 1833, un prêtre de ses amis les ayant chaussées, il s'en aperçut et, s'écriant : « Les lunettes de la sentence », il tomba foudroyé.

Pour Marie-Caroline, le texte commercial était un mal imposé par le traité de paix, mais il ne s'agissait aucunement d'aller au-delà. En effet, une alliance avec la France aurait impliqué une adhésion à la politique offensive du Directoire.

Elle s'en ouvrit à Gallo : tant qu'il y aurait des républiques en Italie, il fallait rester prudent et poli avec les Français, mais aussi être toujours sur ses gardes et ne jamais être leur allié. Alors qu'en 1796, sans marge de manœuvre, elle avait déclaré se soumettre aux décisions du roi et d'Acton, en 1798, elle nuança sa « soumission » : « Comme je me connais, je veillerai à ce que nous ne soyons pas littéralement liés en paroles et en faits. » La reine de combat refaisait surface tandis que les événements s'emballaient.

Le royaume de Naples n'avait aucun moyen suffisant pour se défendre. La Royal Navy aurait pu lui venir en aide par mer, mais s'allier de près ou de loin avec Londres eût été rouvrir les hostilités avec Paris.

Marie-Caroline mit alors en avant tout l'intérêt d'une alliance avec l'Autriche. Le 19 mai 1798, Ferdinand IV et François II signaient une alliance offensive et défensive secrète. L'empereur s'engageait à conserver soixante mille hommes en Italie du Nord et dans le Tyrol, et le roi de Naples trente mille à sa frontière septentrionale. En cas de danger, les effectifs seraient portés respectivement à quatre-vingt mille et quarante mille.

Le même jour, Bonaparte, à la tête d'une flotte, quittait Toulon. Le convoi se grossit d'armements venus de Marseille, Gênes et Civitavecchia. Grâce au trésor de Berne, « le général en chef, membre de l'Institut national », emmenait avec lui trente mille hommes et une cohorte de savants appelés à transformer l'Égypte en un pays moderne et prospère et à faire connaître son riche passé historique.

Toutefois, le bât blessait parce que le Directoire, toujours à court d'argent, avait besoin transitoirement de liquidités, notamment pour le paiement des soldes, en attendant que le pays conquis fût en mesure d'y subvenir. En janvier 1798, un agent de Bonaparte, Jean-Baptiste Poussielgue, parent des plus importants banquiers de Malte, avait été envoyé dans l'île notamment pour évaluer les ressources financières que l'on en pourrait tirer. Il estima le capital conjoint de l'Ordre et de l'évêché à quinze millions de francs auxquels il fallait ajouter un demi-million de francs de métal précieux provenant des églises[8]. L'affaire fut entendue et, sur son passage, Bonaparte fut chargé de s'emparer de Malte, d'en chasser l'Ordre et de déclarer l'île territoire français. Ses troupes s'emparèrent de l'archipel maltais le 12 juin 1798. N'y laissant qu'une garnison de quatre mille hommes aux ordres du général Vaubois, Bonaparte remettait à la voile le 19, emportant avec lui l'équivalent de trois millions de francs.

Si, en France, cette victoire sur un ordre militaire qui conservait encore une aura glorieuse apparut prestigieuse, à Naples, cette conquête fut perçue différemment. Une note officielle fut transmise aux autorités françaises : « Le roi regarde comme un acte illégitime et opéré par la force le changement qui a eu lieu dans cette île sans son consentement. » En effet, l'archipel maltais appartenait à la couronne de Sicile et, en 1530, Charles Quint ne l'avait confié à l'Ordre qu'à titre de fief viager. Il avait été alors prévu que s'il advenait que l'Ordre le quittât, il ferait retour *ipso facto* à la Sicile. Le 19 juin,

Marie-Caroline écrivait à Emma Hamilton : « La perte de Malthe pour notre tranquillité est un malheur incalculable. Nous protestons à Paris, Vienne, Londres, Russie, contre cette violation de territoire. On en chasse tous les Chevaliers, desquels je n'ai ni estime ni compassion pour ne s'être pas défendus. »

Déjà, la disparition de la puissance pontificale et la création de la République romaine mettaient les Français aux portes du royaume de Naples. Mais désormais, la prise de Malte les mettait à portée du royaume de Sicile.

Or, Garat, sans doute conforté par l'événement, cessa de s'encombrer du peu de prudence diplomatique dont il était capable et, le 18 juin 1798, il transmit à Gallo une note qui n'était rien d'autre qu'un ultimatum en quatre points. Il demandait la cessation et l'annulation de toutes les poursuites contre les jacobins napolitains ; la remise en liberté de tous les détenus pour opinion ; une réponse officielle du gouvernement napolitain à ces demandes dans les soixante-douze heures ; les remerciements dudit gouvernement au Directoire pour avoir éloigné de Naples tout mouvement insurrectionnel[9].

Les événements prouvaient à Marie-Caroline qu'elle avait eu raison de toujours se défier des Français. Mais, pour l'heure, Ferdinand et Gallo ne voulaient pas ouvrir un affrontement direct avec le Directoire. Ils attendaient de voir quelle serait la réaction britannique.

Or, la flotte anglaise de Méditerranée, aux ordres du vice-amiral John Jervis, lord Saint Vincent*, était toujours

* John Jervis (1735-1823) fut le mentor d'Horatio Nelson. Sa victoire au cap Saint-Vincent en février 1797 lui valut d'être anobli : il fut fait baron Jervis de Meaford et comte St Vincent.

cantonnée dans l'Atlantique, à Lisbonne. Alarmé par les rapports sur les préparatifs français à Toulon, le premier lord de l'Amirauté, lord Spencer, avait ordonné à la Royal Navy de retourner en Méditerranée et d'enquêter sur les mouvements français. Spencer était persuadé, dès le mois d'avril 1798, que « le sort de l'Europe était lié à l'apparition d'une escadre britannique en Méditerranée », mais il ne réussit pas à en persuader le Premier ministre, William Pitt, jusqu'au départ des Français de Toulon.

L'escadre anglaise, aux ordres du contre-amiral Nelson, d'abord victime d'une violente tempête au large de la Corse (21 mai), fut grossie de celle du capitaine Troubridge (7 juin). Parvenu à Naples, Nelson accompagné de lord Hamilton demanda à Ferdinand IV de prêter ses frégates à la flotte anglaise, mais le roi refusa par peur de représailles des Français.

Le 22 juin, apprenant que ces derniers venaient de quitter Malte, Nelson se lança à leur poursuite sans réellement connaître leur destination. Dans sa hâte, il dépassa le convoi français sans le voir. Ne l'ayant pas trouvé à Alexandrie, il remonta vers l'Archipel et se décida à revenir en Sicile, où il arriva le 19 juillet. Marie-Caroline sut alors persuader le roi que s'il avait eu raison de ne pas mettre ses navires à la disposition des Anglais, l'humanité l'engageait à subvenir aux besoins des marins. Ordre fut donc donné au gouverneur de Syracuse de leur fournir les subsistances qui leur étaient nécessaires. La reine, conseillée par sa précieuse amie, joua ainsi un rôle décisif comme le reconnut Nelson :

> La flotte anglaise, commandée par moi, n'aurait jamais pu retourner en Égypte la seconde fois, si l'influence de lady Hamilton sur la reine de Naples n'avait obtenu qu'on écrivît des lettres au gouverneur de Syracuse pour qu'il se mît en devoir de ravitailler la flotte de toutes choses. Arrivés à Syracuse, nous reçûmes toutes les provisions.

Ce ne fut que le 1er août qu'il découvrit la présence des Français à Alexandrie et leur flotte au mouillage dans la baie d'Aboukir. Le 2 août, il ne restait rien de la flotte française. Nelson s'exclama : « Victoire n'est pas un mot assez fort pour cette scène. » Le pays de George III était maître de la Méditerranée et l'armée de Bonaparte était désormais prisonnière en Égypte.

Dès lors, rassurée sur les dispositions de ses deux alliées, l'Autriche et l'Angleterre, la cour de Naples cacha à peine sa volte-face. Si, officiellement la paix de 1796 avec la France était toujours la règle, les Napolitains l'érodaient un peu tous les jours.

La cour dirigea alors sa colère contre Garat. Une note dénonçant son attitude fut envoyée à Paris. Le Directoire le rappela, mais nomma pour le remplacer le général de division Jean-Pierre Lacombe-Saint-Michel*. Or, précédemment député à la Convention, il y avait voté la mort du roi. Ainsi, à Naples, un régicide en remplaçait un autre. Pourtant, Garat avait prévenu le gouvernement français : « Cette cour [...] est notre ennemie parce que le beau-frère et la sœur de la reine ont péri sur les échafauds de la République. »

---

* Jean-Pierre Lacombe-Saint-Michel (1753-1812).

L'ambassadeur limogé quitta Naples le 1er juillet 1798. En attendant l'arrivée du nouveau diplomate, le consul Lachèze* fut chargé d'affaires. Ce fut pendant son intérim que la cour de Naples manifesta sa plus grande activité antifrançaise qui devait aboutir à la rupture.

Pendant ce temps, à partir d'Aboukir, les ports napolitains accueillirent les navires de guerre anglais mais aussi ceux du Portugal, allié de la Grande-Bretagne. Lachèze ne manqua pas de rappeler à la cour de Naples que l'article 3 du traité de paix de 1796 stipulait que le royaume ne pouvait accueillir dans ses ports plus de quatre navires anglais ou alliés de Londres. Naples eut alors beau jeu d'opposer la subtilité diplomatique à l'amateurisme révolutionnaire : le roi de Naples respectait bien le traité puisqu'il n'admettait pas plus de quatre vaisseaux de guerre dans chacun de ses ports.

Au même moment, Rome était devenu le centre de l'agitation jacobine en Italie centrale et méridionale. La propagande de la République romaine, que Naples refusait de reconnaître, était tous les jours plus injurieuse à l'encontre de Marie-Caroline. En effet, alors que le Directoire avait ordonné la déportation du vieux Pie VI (il escomptait une mort rapide) et avait donné des ordres pour que le conclave ne pût se tenir pour pourvoir au Siège de Pierre, la reine faisait accueillir les cardinaux à Naples. S'illusionnant autant que le Directoire

* Pierre-Joseph de Lachèze (1744-1835), député du tiers aux états généraux, emprisonné pour royalisme, avait été nommé à la légation de Naples en février 1798. Anobli par Louis XVIII en 1815, il fut autorisé à joindre à son nom celui de sa seigneurie, devenant Lachèze-Murel.

sur la fragilité du souverain pontife, elle avait espéré pouvoir contrecarrer les visées françaises et donner, à Naples, un nouveau chef de l'Église. Mais déjouant l'un comme l'autre, le valétudinaire Giannangelo Braschi vécut jusqu'en août 1799, mourant épuisé à Valence, dans la Drôme.

Cette effervescence permanente de la République romaine, l'agitation près des frontières du royaume de Naples, avaient fait éprouver le besoin d'activer l'alliance secrète signée en mai précédent. Ainsi, les contacts entre officiels napolitains et officiers autrichiens devinrent fréquents. Il fut alors décidé d'empêcher toute contagion républicaine dans le royaume de Naples. Pour cela, un édit royal proclama l'interdiction de délivrer des passeports aux étrangers.

Bien sûr, les Français étaient principalement concernés, car on craignait que le corps expéditionnaire français à Rome n'eût des visées sur Naples. Lorsque le général Macdonald* sollicita l'autorisation d'entrer dans le royaume, cela lui fut donc refusé. Lachèze demanda alors à Gallo la révocation de l'édit sur les passeports. Cette démarche maladroite conforta la cour de Naples dans l'idée que la France ne la traitait pas en alliée, mais comme un État-satellite. Désormais, elle ne masqua presque plus son hostilité.

Le 4 septembre 1798, Lacombe-Saint-Michel demanda, depuis Gênes, ses passeports pour rejoindre son poste. Il ne reçut aucune réponse. Parvenu à Rome le 20 septembre,

---

* Étienne Jacques Macdonald (1765-1840) était alors le lieutenant du général Championnet (1762-1800), commandant en chef de l'armée de Rome, chargée de protéger la jeune République romaine.

il écrivit à Gallo, accusant Naples à demi-mot d'avoir égaré volontairement son courrier. Il le prévenait de son arrivée, sollicitait de nouveau ses passeports et le prévenait que, « pressé d'obéir aux ordres du Directoire exécutif », il se rendrait à Naples sauf à en être empêché par « une force majeure ».

Quand il arriva, la ville vivait dans la joie frénétique du retour de Nelson.

La Nelsonmania

Le résultat de la bataille d'Aboukir fut connu à Naples le 3 septembre 1798. Marie-Caroline en fit immédiatement avertir lady Hamilton. Son époux et elle se précipitèrent au palais. La reine, folle d'enthousiasme, se livra aux extravagantes démonstrations dont elle avait le secret. Versant des larmes de joie, embrassant ses proches, elle n'avait pas assez de mots louangeurs pour vanter les mérites du héros britannique (sauveur de l'Italie, libérateur de l'hydre révolutionnaire, etc.). Elle voulut que son portrait trônât dans sa chambre, aux côtés des tableaux représentants les exécutions de Louis XVI et de Marie-Antoinette. Le contre-amiral finissait, de son vivant, sur l'iconostase de la reine de Naples.

De son côté, Emma Hamilton, toujours éprise de celui qui l'avait séduite au premier regard et arborant un châle bleu marine parsemé d'ancres dorées, lui écrivit pour lui peindre la joie des Napolitains : « Ce ne sont que poèmes, illuminations, réjouissances ; pas un chien de Français n'ose se montrer. » En peu de mots, elle résumait la situation : « En bref, nous sommes entièrement nelsonisés. »

Si ce n'était l'Angleterre, aucun pays ne fêta plus la bataille du Nil que le royaume de Naples. La nouvelle connue, ce furent trois jours de fête. Tout ce qui était anglais était acclamé. Les maisons habitées par des sujets britanniques furent illuminées et l'ambassadeur Hamilton avait fait apposer sur la façade de son palais une grande croix de Malte encadrée des initiales H et N du héros du moment. Car c'était bien l'objet essentiel du soulagement de la Cour. Après la prise de Malte en juin précédent, la crainte était que la France ne décidât d'envahir la Sicile.

Nelson arriva à Naples le 22 septembre. Son navire fut accueilli par une impressionnante flottille de bateaux et de barques pavoisés et décorés. À terre, l'exubérance de l'accueil ne fut pas moins délirante. Le couple Hamilton monta à bord du *Vanguard* et lorsque Emma vit le héros du jour, elle s'exclama : « Mon Dieu, est-ce possible ? » et elle tomba évanouie dans ses bras. Dans ses *Mémoires*, Emma, reine de l'attitude et princesse du geste, reconnut avoir répété, dans la chaloupe qui l'emmenait au vaisseau, « quelques postures dramatiques pour se donner les apparences d'une reine de tragédie ». Toutefois, d'autres témoignages disent qu'elle était malade dans la barque et qu'une fois sur le pont du vaisseau, le roulis l'acheva.

Puis, insigne honneur, le roi Ferdinand monta alors à bord, salué par vingt et un coups de canon. Il était seul car la reine était indisposée. Devant tous, il appela Nelson « *Nostro liberatore* ».

Logé à la résidence britannique, le contre-amiral écrivit à son épouse Fanny* pour lui raconter son arrivée à Naples. Son esprit déjà très occupé par Emma Hamilton, il ne put s'empêcher d'en faire l'éloge à son épouse : « Elle est l'une des meilleures femmes du monde [...], un honneur pour son sexe. » Se rattrapant, il ajouta : « Que puis-je dire d'elle et de la bonté de Sir William ? Ils sont en effet à l'exception de vous et de mon cher père, les plus chers amis que j'ai au monde. »

Le soir même, Acton offrit un somptueux banquet. Le jeune prince Léopold, âgé de huit ans, remit alors à Nelson une lettre de Marie-Caroline, affligée de ne pouvoir lui donner audience en raison de sa santé.

Le 29 septembre, tout Naples fêta son anniversaire. Sir William Hamilton offrit un dîner de quarante couverts en son honneur, suivi d'un bal où accoururent plus de mille sept cents personnes tandis que huit cents d'entre elles furent retenues à souper[10]. Nelson n'eut d'yeux que pour Emma, avec si peu de discrétion que son beau-fils, le capitaine Josiah Nisbet, sans doute pris de vin, s'écria devant tous en les désignant : « Cette femme est en train de ruiner cet homme. » Il fut opportunément conduit hors de la salle.

Nelson n'avait jamais été un mari fidèle et son beau-fils, le jeune Nisbet, en avait été le témoin. Mais il sentit que, cette fois, c'était bien plus qu'une aventure. Il

* Il rencontra Frances Woolward (1758-1831), dite Fanny, dans l'île caribéenne de Niévès où elle vivait auprès de son oncle, Joseph Richardson Herbert, gouverneur (*President*) de l'île (1771-1793). Il l'y épousa en mars 1787, alors qu'elle était veuve du Dr Josiah Nisbet (1747-1841) et mère d'un garçon alors âgé de cinq ans, prénommé aussi Josiah (1780-1830).

voulut se battre en duel avec Nelson, déclara qu'il ne voulait plus se trouver sur le même navire que lui et souhaita même qu'il pût se rompre le cou. Le scandale tombait mal, d'autant que le jeune homme était répertorié comme un ivrogne indiscipliné et un pilier de tavernes et de bordels. Cela agaça lord St Vincent, le commandant de la flotte de Méditerranée, d'autant que Nelson ne lui avait pas caché l'émoi que lui causait la jeune femme :

> Je vous écris assis en face de Lady Hamilton. Vous ne serez donc pas étonné du glorieux décousu de cette lettre. Si Votre Seigneurie était à ma place, je doute beaucoup que vous puissiez écrire aussi bien ; nos cœurs et nos mains doivent être en ébullition : Naples est un endroit dangereux et nous devons nous en éloigner[11].

En effet, il se lassa très vite de ce « pays de violoneux et de poètes, de putes et de crapules[12] ». L'amiral écrivit à lord St Vincent :

> Je déteste Naples et je n'y retournerai jamais qu'entraîné par la nécessité la plus absolue. Syracuse sera à l'avenir le centre de mes opérations. C'est là qu'une grande flotte peut se ravitailler avec facilité, et cet avantage est inappréciable.

Peut-être ne se mentait-il qu'à lui-même, craignant, selon ses propres mots, d'être « abruti d'affection et de tendresse ».

Toutefois, avant d'en partir, il eut une audience privée de la reine. À peine remise, Marie-Caroline voulut rencontrer le Brave, le Héros, le Défenseur dont elle parlait à longueur de lettres. Il n'était ni Mars ni Apollon et la reine, habituée à jouer de sa féminité pour capter ses interlocuteurs, n'eut aucune envie de tenter l'expérience. Pourtant, entre elle et le marin, s'installa une connivence, un respect, cimentés par une mutuelle communion antifrançaise. Dans sa correspondance, Nelson faisait de cette gallophobie un héritage de sa mère, Catherine Suckling, petite-nièce de Robert Walpole, le véritable premier Premier ministre britannique. Parce qu'elle « haïssait les Français », il estimait qu'ils étaient tous les mêmes, qu'ils fussent royalistes ou républicains. S'il méprisait les émigrés, il estimait que tout jacobin était « un animal malfaisant qu'il fallait détruire par tous les moyens ».

Une telle exagération ne pouvait qu'enthousiasmer la reine, d'autant plus que Nelson se trouva d'accord avec elle pour estimer que les Français ne se limiteraient pas à Rome et Malte, mais qu'ils prendraient en tenaille Naples et la Sicile. Tous deux convinrent donc qu'il fallait les attaquer au plus tôt. Mais le roi et son gouvernement ne voulaient rien brusquer. Nelson s'exaspérait et confortait la reine : « Quels précieux moments sont perdus. Trois mois suffiraient à libérer l'Italie. Cette cour de Naples est tellement indolente que le moment propice ne va pas être saisi. Même Malte, offerte par une députation au monarque, ne suffit pas à faire bouger le gouvernement. »

L'ardeur de Marie-Caroline pour l'intrigue se trouva ainsi ravivée. Jusqu'à présent, le roi étant totalement sous la coupe de Gallo, elle manœuvrait grâce à Emma Hamilton qui pouvait influencer son mari et, par lui, le gouvernement britannique. Lorsque Nelson critiqua l'attentisme du ministère napolitain, la reine comprit quel poids cet homme pourrait peser auprès de Ferdinand IV. Durant tout un mois, la reine ne lui ménagea pas ses entrevues. En femme experte à prendre les hommes dans ses filets, elle avait compris la passion qui embrasait le contre-amiral, aussi, veilla-t-elle à ce que lady Hamilton fût le plus souvent présente. Toutes deux finirent par le persuader que tout prendrait à Naples un tour plus mâle si, de nouveau, Acton dirigeait les affaires. Il s'en ouvrit au roi, mais celui-ci n'était pas de nature à brusquer les choses. L'idée avait été semée, mais il fallait attendre que Ferdinand IV en vît l'utilité.

Si les Napolitains procrastinaient, le Directoire faisait le gros dos. Il savait que l'Autriche tentait de débaucher Naples et que les Anglais étaient en embuscade. Le consul Lachèze avait prévenu Talleyrand :

> Dans le cas d'une rupture avec Naples, ce seraient les Anglais qui profiteraient seuls de toutes les richesses effectives des Deux-Siciles et il n'est pas douteux que la cour de Naples ne fît embarquer l'or, l'argent et tous les objets précieux qui sont dans ses États.

Pour Paris, qui avait alors plus besoin de butin que de gloire, l'aventure paraissait hasardeuse, d'autant qu'une grande partie de l'armée était en Égypte.

Le grain de sable maltais

En partant de Malte, Bonaparte avait laissé comme commissaire du Directoire, Michel Régnaud de Saint-Jean d'Angély dont il avait apprécié les talents d'organisateur en République cisalpine. Ces derniers étant plus grands que sa psychologie, il réussit à mettre à dos des Français la majorité des Maltais, y compris les mieux intentionnés.

Alors que les producteurs de coton, ruinés par la guerre de la Première Coalition, avaient beaucoup espéré du renouveau des liens avec la France, Régnaud et son frère Bénigne entendirent en dériver tout le commerce entre leurs mains. Parce que la France héritait à Malte les propriétés de l'Ordre, affermées par des baux pérennes dont les taux étaient inchangés depuis le XVIe siècle, Régnaud en prononça la caducité et leur remplacement par des baux emphytéotiques très fortement réévalués. Enfin, pour se conformer à la Constitution de l'an III, les monastères avaient été déclarés biens nationaux et vendus aux enchères. Ces deux dernières mesures devaient être effectives le 2 septembre 1798. Ce jour-là, les paysans, encadrés par leurs prêtres et menés par les principaux notables, se soulevèrent. La petite garnison du centre de l'île fut massacrée et les troupes durent se replier derrière les murailles de La Valette et des Trois Cités*.

Le lendemain, le 3 septembre, la nouvelle de la défaite française d'Aboukir parvint à Malte comme à Naples.

* Voir Alain Blondy, *L'Ordre de Malte au XVIIIe siècle. Des dernières splendeurs à la ruine*, Paris, Bouchène, 2002.

Les Maltais en appelèrent alors à leur suzerain, le roi des Deux-Siciles. Mais la chute de l'île avait été aussi celle de l'Ordre. Sa défaite en quelques heures, sans combattre, était un choc traumatique d'importance. Dès lors, soit il devait admettre sa lâcheté, soit il devait crier à la trahison. Il choisit cette dernière solution et se rangea derrière le tsar Paul Ier qui avait été proclamé protecteur de l'Ordre et que quelques ambitieux entreprirent de faire désigner grand maître. Le tsar, qui avait une tête épique plus fébrile encore que celle de Marie-Caroline, décida alors de mener la lutte contre le jacobinisme français et d'intervenir militairement[13].

En Angleterre, les nouvelles de Méditerranée arrivèrent tardivement. À la mi-septembre, Londres reçut l'avis « de très extravagantes informations, propagées dans presque toute l'Europe, de la victoire décisive qu'aurait obtenue Horatio Nelson sur Bonaparte ». Lorsque le premier lord de l'Amirauté, Spencer, en eut la confirmation, il se trouva mal. Il donna alors l'ordre à lord Saint Vincent de baser l'escadre de Nelson près de Naples, en raison des liens entre cette Cour et l'Autriche, et surtout pour empêcher que Malte ne devînt un tremplin français pour une domination du Levant[14].

Le 15 octobre 1798, Nelson cingla pour Malte afin de porter assistance aux Maltais qui bloquaient les Français dans le réduit du Grand Port. En même temps, le gouvernement napolitain signifiait à Lacombe-Saint-Michel qu'il s'attacherait, par tous les moyens, à reprendre possession de Malte.

On s'acheminait donc vers la rupture.

La campagne contre la République romaine

En septembre 1798, le général Mack* – que les Autrichiens mettaient à la disposition de Ferdinand IV pour diriger son armée – était arrivé à Naples, presque en même temps que Nelson. Le 3 octobre, ce dernier écrivait à Emma Hamilton qu'il espérait que cette venue inciterait le gouvernement à ne plus perdre de temps car, s'il persistait à attendre d'être attaqué, non seulement il ne pourrait pas repousser l'ennemi, mais le royaume serait ruiné et la monarchie abolie.

La reine, forte des avis de Mack, d'Acton et du prince de Castelcicala, ministre de la Police, emporta la décision. Le roi fut convaincu qu'il fallait prévenir l'attaque probable des Français en portant un coup fatal à la République romaine. Il convoqua alors un Conseil des ministres qui décida de déclarer la guerre, une fois les troupes prêtes.

Mais si Marie-Caroline avait réussi auprès de son mari, ce ne fut pas le cas avec son neveu François II. Celui-ci ne voulait aucunement se lancer dans une nouvelle aventure militaire, tout au plus acceptait-il d'aider les belligérants antifrançais.

Le *feldmarschall-leutnant*** Mack était accompagné d'Antonio Micheroux*** et de Roger de Damas d'Antigny****,

* Karl Mack, baron von Leiberich (1752-1828), s'était illustré aux Pays-Bas en 1793 et 1794.

** L'équivalent dans l'armée autrichienne de général de corps d'armée.

*** Antonio Micheroux (1755-1805), Napolitain de parents wallons, devint un des favoris de Marie-Caroline. Chargé de négociations à Venise en 1794 et 1795, il représenta Naples en République cisalpine (1798).

**** Roger de Damas d'Antigny (1765-1823) se distingua dans la guerre contre l'Empire ottoman, d'abord au service de l'Autriche colonel au service de la Russie que Paul Ier avait accepté de mettre à la disposition de Naples.

Marie-Caroline accueillit le général autrichien comme un second sauveur, le priant d'être sur terre ce que le héros Nelson avait été sur mer. Ce dernier, assistant aux manœuvres que dirigeait inlassablement l'Autrichien, ne fut nullement impressionné par ses talents militaires et il en fit part, *sotto voce*, à Emma Hamilton.

La reine était pressée d'ouvrir les hostilités le plus rapidement possible. Elle ne faisait pas confiance à son neveu l'empereur et elle craignait que les négociations du congrès de Rastadt n'aboutissent à une paix qui aurait signifié la fin de ses espoirs. Elle fut réconfortée par le baron d'Auerweck, qui se trouvait alors à Naples. Cet ancien officier hongrois avait notamment appartenu au réseau que lady Atkins* avait constitué pour faire évader le roi Louis XVI, puis la reine Marie-Antoinette. Passé, depuis 1797, au service de ceux qui œuvraient à reconstituer une coalition contre la France, il faisait tout pour faire échouer les tractations de Rastadt.

Le plan napolitain était de prendre en tenaille les troupes de Championnet sur le territoire romain. Officiellement, les troupes napolitaines s'élevaient à

---

puis de la Russie. Il rejoignit l'émigration. Par sa mère, il était le cousin germain de Talleyrand.

* Charlotte Walpole (1757-1836), petite-fille du Premier ministre Robert Walpole, épousa sir Edward Atkins en 1779. Le couple vivant à Versailles, elle fut admise dans l'intimité de la reine. Elle devint la maîtresse du chef chouan Louis de Frotté et engagea sa fortune personnelle dans des projets pour sauver les souverains français où elle fut le plus souvent bernée et grugée.

soixante-quinze mille hommes : les anciens, connus pour être aguerris dans la paresse et l'indiscipline ; et les conscrits, levés depuis le 2 septembre à raison de huit hommes pour mille habitants, aux motivations guerrières inexistantes.

En réalité, les effectifs ne dépassèrent pas cinquante mille hommes répartis en quatre corps : vingt-deux mille hommes à San Germano, aux pieds du mont Cassin, sous les ordres de Mack ; seize mille dans les Abruzzes commandés par Micheroux et huit mille dans la plaine de Sessa Aurunca au nord de Caserte menés par Damas. Six mille hommes étaient cantonnés à Gaète, sous les ordres du général Naselli* et prêts à être embarqués.

Le roi établit ses quartiers au camp de San Germano. La reine parcourait les lignes en voiture, accompagnée des ambassadeurs des pays amis et flanquée de l'éternelle Emma Hamilton. Si cette dernière jouait à la Vénus, Marie-Caroline se voulait la Minerve des Bourbons : casquée de bleu azur, le col fleurdelysé, elle arborait le panache blanc d'Henri IV, le premier roi Bourbon.

Si elle était tendue, elle n'était pas moins fière de la naissance, le 5 novembre, d'une autre petite-fille, première fille du prince héritier François. Ce poupon, baptisé Marie-Caroline, tentera, à l'instar de sa grand-mère, trente-quatre ans plus tard, de se faire chef de guerre et de reconquérir le trône de France pour son fils « Henri V », le dernier Bourbon de France.

---

* Diego Naselli (1727-1809), prince d'Aragona. Victorien Sardou en fit un personnage de second plan dans son drame *La Tosca* (1887).

Le plan de Mack était d'entrer en force sur le territoire de la République romaine. Pour éviter le repli de Championnet en Toscane, Nelson avait été chargé de transporter les troupes de Naselli jusqu'à Livourne. Sur le papier, Championnet ne pouvait donc ni avancer, ni reculer.

Dans le royaume de Naples, le climat avait été préparé notamment par les prêches dans les églises. La lutte contre les Français et contre tous les républicains, ces ennemis du pape et de l'Église, était assimilée à une guerre sainte. Dans les ports, des rixes se produisaient avec les marins français. À Naples, la surexcitation des *lazzaroni* était à son comble.

Le 22 novembre, Ferdinand IV publia un manifeste. Il n'y citait pas la France, mais se déclarait le défenseur de la religion et de la liberté en Italie, la mort glorieuse pour Dieu et pour la patrie étant préférable à une oppression honteuse.

Les Napolitains œuvraient avec finesse : si aucun ultimatum ne fut envoyé à la France, Mack avait sommé Championnet d'évacuer l'État pontifical. Preuve que le roi Ferdinand ne s'en prenait pas à son allié français, l'ambassadeur Lacombe-Saint-Michel était toujours à son poste, spectateur impuissant de la mobilisation générale*. Néanmoins, Ferdinand IV, tout en déclarant n'en vouloir qu'aux sujets du pape insurgés contre leur souverain, ajoutait que la résistance des Français serait considérée comme une déclaration de guerre.

* Dès l'entrée des Napolitains à Rome, il fut mis dans un bateau génois. Malheureusement, il fut capturé par les Barbaresques. Le bey de Tunis ordonna sa libération.

Pourtant, le souverain napolitain se retrouvait bien seul. Ni les Toscans, ni les Piémontais n'entamèrent un quelconque soulèvement et aucune troupe autrichienne ne fit mouvement. Marie-Caroline enrageait. Elle s'en prit directement à son neveu l'empereur. Déjà, elle le tenait responsable de la mort de Marie-Antoinette par son incurie et son inaction. Cette fois-ci, elle le mettait en demeure : qu'il atermoie plus longtemps, qu'il n'intervienne pas en Italie et il portera la responsabilité de ce qu'il adviendra à toute la famille royale de Naples, au royaume des Deux-Siciles et à ses sept millions d'habitants. Or, comme le lui reprochait Paul Ier, François II n'intervenait que si l'Autriche pouvait en tirer profit.

Le 24 novembre, par un temps exécrable, les troupes napolitaines franchirent la frontière. Le roi publia alors une seconde proclamation :

> Depuis le commencement des révolutions politiques qui ont détruit toute espérance de tranquillité dans diverses parties du monde, Nous nous sommes appliqué à pourvoir avec soin à la sûreté de nos domaines royaux ; Nous en avons éloigné les séducteurs et leurs maximes pernicieuses ; Nous avons réorganisé et accru nos armées, resserré le nœud de nos alliances avec les puissances amies, signé un traité de paix avec la République française, épuisé tous les autres procédés pacifiques ; et cependant Nous nous trouvons dans la dure perspective d'un danger qui menace la paix et l'intégrité de notre territoire, résultat du bouleversement opéré dans le pays romain qui touche nos limites, et des outrages qu'a essuyés la Sainte Religion Catholique, outrages qui ont entraîné des discordes civiles, des déprédations et des

> scènes de massacre. Ces événements, réunis à l'invasion de Malte qui est de notre mouvance royale, aux continuelles menaces d'une invasion prochaine de nos propres domaines, enfin aux mouvements de troupes destinées à révolutionner notre royaume de Naples, Nous ont contraint à prendre des mesures plus efficaces encore pour éloigner de nos États les dangers qui le menacent. C'est pourquoi Nous nous sommes déterminé à faire avancer notre armée royale dans l'État de Rome, partout où besoin sera, avec la volonté stable d'y rétablir la Religion Catholique, d'y comprimer l'anarchie, d'y terminer les désastres et les déprédations, d'y ramener la paix et de la replacer sous le gouvernement régulier de son légitime souverain.

Ce texte signait le triomphe de la ligne que Marie-Caroline avait toujours défendue. La guerre devait être idéologique, contre les principes républicains de la France, contre les idées jacobines des Italiens et pour la restauration du christianisme et l'affirmation de la souveraineté monarchique. Il y avait là tout le programme qui sera, en 1815, celui de la Sainte-Alliance.

Face à l'attaque subite des Napolitains, Championnet n'obéit pas aux ordres du Directoire qui lui avait enjoint de rejoindre la République cisalpine. Il se contenta de se retirer, avec ses troupes et tous les agents de la République romaine, à Terni, à cent kilomètres au nord de Rome. Seule une petite garnison fut chargée de garder le château Saint-Ange.

À peine son cortège avait-il franchi la Porta del Popolo, que le petit peuple du Trastevere investit Rome, détruisant les symboles républicains, restaurant les armoiries pontificales et se livrant à la chasse de tout ce qui était français ou profrançais.

Le 29 novembre, Ferdinand IV entrait dans la Ville éternelle. Acclamé en sauveur, il s'empressa d'écrire à Pie VI, assigné à résidence dans la chartreuse Saint-Laurent de Galluzzo, en Toscane, que grâce à Dieu et à l'intercession de saint Janvier, il était prêt à l'y recevoir pour qu'il pût y célébrer Noël.

C'était aller vite en besogne. Entre le 27 novembre et le 1er décembre, les Français avaient contre-attaqué. Le 7 décembre, Ferdinand IV dut quitter Rome et rentrer à Naples tandis que Mack et Damas ordonnaient la retraite le 12. Une caricature opposait le Bourbon à César, avec pour légende : *Veni, vidi, fugi* (je suis venu, j'ai vu, j'ai fui). Le 15 décembre, Rome était de nouveau aux mains des Français et la République romaine restaurée.

Ferdinand avait été présomptueux en annonçant à l'Europe que le réveil des rois était arrivé. C'était vraiment grossir une victoire qui avait été remportée par forfait.

Néanmoins, comme Marie-Caroline l'avait pressenti, l'entrée du roi de Naples dans Rome eut un énorme effet dans l'Europe contre-révolutionnaire.

Déjà, le 9 septembre, sous la pression de l'Angleterre, le sultan avait déclaré la guerre à la France, mettant fin à une alliance qui remontait au XVIe siècle. Londres organisa alors une nouvelle coalition, croisade européenne contre la Révolution dont Paul Ier, le tsar à la tête épique, se voulut le chef.

Le 29 novembre, Ferdinand IV signa un accord avec le tsar, et le 1er décembre avec la Grande-Bretagne. Le 23 décembre, la Russie s'alliait à l'Empire ottoman et le 29 décembre, elle signait une « convention provisionnelle » avec l'Angleterre et un traité avec les Deux-Siciles. Paul Ier mettait à la disposition de Ferdinand IV un contingent de dix mille hommes que la marine napolitaine pouvait embarquer à Zara, en Dalmatie.

Marie-Caroline triomphait. Son mari, longtemps la risée des Cours européennes, était considéré à la fois par Londres et Saint-Pétersbourg. En revanche, l'empereur François II brillait par son silence. Le 31 décembre 1798, le tsar fit savoir sans ambages à Vienne qu'une plus longue hésitation de la part de l'Autriche ferait naître dans l'esprit de ses alliés le soupçon d'une trahison. En janvier 1799, pour calmer le jeu, l'Autriche proposa de constituer une imposante armée austro-russe qui descendrait en Italie sous le commandement de l'archiduc Joseph assisté par le feld-maréchal Souvorov.

L'intervention de Ferdinand IV à Rome avait donc précipité la Deuxième Coalition. Au moins en apparence, le front antifrançais s'était ressoudé.

Les puissances européennes espéraient pouvoir jouer avec les lézardes de la République que la chute de la Montagne avait provoquées, tandis que le Directoire, exsangue financièrement, se reprenait à rêver d'une guerre de conquête idéologique qui ne pouvait être qu'un baroud d'honneur.

2
La République parthénopéenne

La *Grande Nation*, comme s'intitulait pompeusement la France directoriale, intensifia ses liens avec les patriotes des pays de la Coalition pour engluer le plus possible leur action. Paris, toutefois, savait qu'il ne pouvait guère s'adonner à des conquêtes qu'il n'aurait pas les moyens de consolider. Pour le Directoire, les révolutions « spontanées » des patriotes européens devaient surtout retarder le plus possible les efforts des Coalisés contre la France et permettre d'abonder le Trésor public. Or, ce machiavélisme était ignoré de tous ceux qui espéraient en des lendemains qui chantent au son de la *Carmagnole*. Livrés, sans remords, à la vindicte de la réaction, eux et leurs descendants garderont à l'esprit, leur abandon en rase campagne par la France.

La prise de Naples

Pendant que l'Europe refourbissait ses armes, Naples était submergée par le reflux de son aventure militaire. Le 6 décembre 1798, le Directoire avait déclaré la guerre à Ferdinand IV pour son insolence, et au roi de Sardaigne pour sa perfidie. Le 8 décembre, le roi

Charles-Emmanuel IV* renonçait à ses droits sur le Piémont qui était rattaché à la France et, avec toute sa famille, après un court séjour à Florence, il s'installa en Sardaigne. Dans le royaume de Naples, Championnet remportait victoire sur victoire : les troupes royales reculaient en désordre et les places capitulaient.

Le 19 décembre, Ferdinand IV, peu confiant dans la noblesse ou dans la bourgeoisie, trop travaillées par les idées des Lumières, proclama un soulèvement populaire :

> Le salut commun dépend maintenant de vous. L'ennemi n'est qu'en très petit nombre ; si vous le voulez, vous serez sauvés. Que tous ceux qui ont du courage, qui aiment Dieu et notre Sainte Religion et ce qu'ils possèdent, prennent donc les armes pour se défendre. Rappelez-vous que des milices provinciales peu nombreuses, mais braves, levées à la hâte et tirées de la charrue ont maintenu la couronne sur la tête de mon auguste père [...]. Non, mes amis, mes frères, non, ne vous faites pas d'illusion : si vous n'accourez pas pour vous défendre, vous perdrez tout, la religion, la vie ; vous verrez déshonorer vos épouses, vos filles et vos sœurs. Levez-vous donc mes fidèles sujets, armez-vous, défendez-vous, marchez bravement contre l'ennemi, empêchez-le d'entrer dans le royaume ou faites qu'il y trouve la mort. Marchez, appelez à votre aide notre grand protecteur saint Janvier, ayez confiance en Dieu

---

* Charles-Emmanuel IV (1751-1819), beau-frère de Louis XVI, succéda à son père Victor-Amédée III en 1796. En 1802, à la mort de son épouse Clotilde de France, il abdiqua en faveur de son frère Victor-Emmanuel Ier et mena une vie de religieux. En 1814, il entra dans la Compagnie de Jésus, restaurée par Pie VII.

qui protège toujours la cause pour laquelle chacun de vous doit combattre, à moins qu'il ne veuille renier sa foi.

L'invasion française, et plus encore les événements qui s'ensuivirent, marquèrent un tournant à la fois pour les populations italiennes et à la cour de Naples. Presque toutes les régions italiennes républicanisées par la France connurent durant la décennie 1790 des mouvements populaires antijacobins et antifrançais. Sans qu'il soit possible de les rattacher à une typologie unique, parce qu'ils ne furent pas tous contemporains et que leurs causes, multiples, furent souvent différentes, ils avaient des caractères communs qui n'étaient pas sans quelques ressemblances avec les mouvements vendéen ou chouan.

Des petites communautés paysannes, attachées à leur paroisse, à leurs prêtres, souvent par une dévotion d'essence féodale, s'érigèrent alors en défenseurs de ce qui était leurs valeurs. L'analyse marxisante n'a voulu y voir que l'expression d'un archaïsme socio-politique manipulé par des élites contre-révolutionnaires. Mais le mouvement de Malte ou de Naples, celui des *Viva Maria* en Toscane, dans le pays génois ou en Piémont, aussi bien que les guerres de Vendée, ne sont pas que des arrêts sur l'image d'Épinal de la féodalité.

Ces milieux ruraux, habitués au temps long des campagnes, comprirent mal l'urgence des changements permanents décrétés par les villes. Formés depuis des siècles à un universalisme chrétien où chaque communauté avait réussi à aménager sa niche, ils furent réfractaires à cet universalisme nouveau des droits de l'homme qui voulait tout uniformiser et qui faisait éclater les cadres traditionnels dans lesquels ils avaient leurs habitudes.

Loin d'être hostiles à une évolution mûrie, ils étaient en revanche opposés à une révolution hâtive qui confondait tout dans une destruction globale et qui précipitait les sociétés dans une égalité de tous, où néanmoins, seuls les plus rusés, les plus riches ou les plus intelligents pouvaient profiter de la liberté nouvelle. Bien plus que des guerres réactionnaires, ce furent davantage des jacqueries idéologiques qui refusaient la contrainte tyrannique de la pensée rousseauiste, celle qui prétendait obliger chacun à obéir à la volonté générale, « ce qui ne signifiait rien d'autre qu'on le forçait à être libre[1] ».

Ce sursaut populaire changea radicalement la façon de penser de la cour de Naples, et principalement celle de Marie-Caroline. Elle qui, nimbée de l'aura maçonnique de son père et du réformisme de ses frères Joseph et Léopold, s'était faite l'égérie de la franc-maçonnerie pour mieux lutter contre l'influence espagnole, avait découvert que ceux qu'elle croyait lui être favorables avaient au contraire embouché les trompettes antimonarchiques des Français. La *Padrona* de la maçonnerie se fit alors la *Padrona* du peuple napolitain ou sicilien. Parce que le mouvement populaire lui apparut fidèle alors que les élites l'avaient trahie, elle laissa alors libre cours aux pulsions haineuses qui la taraudaient depuis les exécutions de Louis XVI et de Marie-Antoinette.

De son côté, Championnet ne voulut pas se contenter de chasser les Napolitains du territoire romain ; il entendait également s'emparer du royaume de Naples. Il agit sans l'aval du Directoire, souhaitant faire dans le sud de l'Italie ce que Bonaparte avait fait dans le nord deux ans plus tôt. Il fit alors reculer Mack jusqu'à Capoue.

Le 16 décembre 1798, le miracle de la liquéfaction du sang de saint Janvier ne se produisit pas. Les moines se répandirent alors pour annoncer une catastrophe. Le 20 décembre, tandis que des étrangers étaient massacrés, la foule se massa devant le palais royal pour exiger des armes et la liste des jacobins, et comme le bruit du départ du roi circulait, elle demanda qu'il parût au balcon, mais Ferdinand refusa de se montrer. Le 21, alors qu'un courrier royal, Antonio Ferreri, avait été envoyé au port pour remettre une lettre à Nelson, la foule le prit pour un espion, le lyncha, le traîna agonisant dans les rues, l'achevant et le démembrant sous les fenêtres du roi pour montrer à ce dernier quel sort son peuple réservait aux traîtres. Cette fois, obligé par la clameur de sortir sur le balcon, Ferdinand dut contempler les pauvres restes de son malheureux serviteur et promettre de rester parmi son peuple*.

Dès lors, le roi, la reine, leur famille, Acton et la Cour ne se sentirent plus en sécurité. Un projet avait été étudié quelque temps auparavant avec les Hamilton et Nelson, car Marie-Caroline ne voulait pas se retrouver dans la situation de Marie-Antoinette. Les malheurs de sa sœur lui avaient appris qu'il fallait partir quand il en était temps car, une fois dans la nasse, il était périlleux voire impossible de fuir. À partir du 18 décembre, elle fit empaqueter les bijoux de la famille royale et mettre

* Deux mois après ces événements, le *Moniteur napolitain*, organe républicain, accusa Marie-Caroline et Acton d'avoir volontairement livré Ferrari en pâture pour terroriser les jacobins.

en caisses ce qu'elle souhaitait emporter. Le tout fut envoyé à Emma Hamilton pour être embarqué sur le navire de Nelson.

Tous ceux qui lui avaient été fidèles, n'ignorant pas que leur sort était scellé, cherchaient à fuir et imploraient sa clémence pour les autoriser à quitter Naples. Si elle réussit à confier aux Anglais le général de Maudet* et sa famille, elle ne fit preuve d'aucune aménité pour le procureur Vanni qui avait présidé le tribunal d'État contre les jacobins et qu'elle avait taxé de faiblesse. Il se brûla la cervelle le 21 décembre 1798 après avoir écrit un dernier billet : « L'ingratitude d'une Cour perfide, l'approche d'un ennemi implacable, le manque d'asile, me déterminent à m'enlever une vie qui désormais me pèse. Que mon exemple rende sages les autres inquisiteurs d'État. » Elle fit néanmoins part de son remords à lady Hamilton : « Vanni, le malheureux, s'est tué ce matin d'un coup de pistolet. Combien je me le reproche ! »

Au soir de ce même 21 décembre, la monarchie napolitaine embarqua à bord du *Vanguard* de Nelson pour se réfugier à Palerme. Elle emmenait, outre d'immenses richesses artistiques qu'elle voulait soustraire à l'ennemi, plus de vingt millions de ducats de fonds publics.

---

* Pierre Adrien de Maudet de Penhoët (1720-1804), mis à la retraite en 1791 avec le grade de maréchal de camp, fut remis en activité en 1792 avec celui de général de division. Placé à la tête du gouvernement de Toulon en août 1793, il livra la ville aux Anglais. À la reprise de la ville par les Français, en décembre, il s'enfuit à bord d'un navire napolitain et fut pensionné par Ferdinand IV. En décembre 1798, les Anglais le transportèrent à Trieste.

Ferdinand et Marie-Caroline, accompagnés du gouvernement napolitain et de l'ambassade britannique, vécurent les affres d'une longue attente en rade de Naples. Pendant trois jours, les vents les empêchèrent de mettre à la voile. Ils subirent alors les assauts des autorités civiles ou religieuses qui venaient les supplier de rester.

Le 23, ils purent enfin partir mais, durant la traversée, ils furent victimes d'une violente tempête qui ébranla la santé de leur plus jeune fils, le prince Albert, qui mourut à bord, le soir de Noël, à l'âge de six ans. Si les effets de la tempête et ce terrible deuil affectèrent le couple royal, Ferdinand fut le seul à craquer. Comme tous les Bourbons, il détestait changer d'habitude. Loin de ses palais, privé de son rythme habituel, il perdit pied. Entrant dans une violente colère, blasphémant, il accusa Acton mais surtout la reine d'être à l'origine de leurs maux. Dans la cabine de Nelson, il agonit Marie-Caroline d'injures, accusant sa folle ambition de les conduire tous à leur perte, alors que, sans elle, il serait encore à Naples et dormirait dans son lit.

En partant, Ferdinand avait laissé le gouvernement à Francesco Pignatelli Strongoli*, nommé vicaire du Royaume avec notamment la charge d'organiser la défense. Malheureusement pour celui-ci, la situation militaire était désastreuse. Le 10 janvier, les troupes françaises prirent Capoue et la pillèrent. Le 11 janvier

---

* Francesco Pignatelli (1734-1812), proche de Marie-Caroline, fut vicaire du roi pour la Calabre (1783-1787), gouverneur de la garnison de Naples (1793), capitaine général (1797). En 1798, il remplaça Luigi de' Medici comme lieutenant de police de Naples.

1799, un armistice fut signé à Sparanise : les combats étaient suspendus pendant deux mois, la frontière était repoussée au sud sur une ligne entre Capoue et Barletta (matérialisée par les rivières Volturno et Ofanto), et le gouvernement napolitain s'engageait à verser deux millions et demi de ducats sous quinze jours, à fermer ses ports aux ennemis de la France et à envoyer un plénipotentiaire à Paris pour signer la paix.

À Naples, la *vacatio regis* déclencha une crise de souveraineté. Le vicaire du royaume dut alors affronter le Conseil de Ville* qui revendiquait les antiques droits municipaux des Napolitains en matière d'administration, de gestion des milices et de l'arsenal ainsi que de circulation monétaire. Le roi étant absent, ce pouvoir municipal, composé principalement de républicains, tentait de s'imposer car il subodorait que Pignatelli Strongoli avait eu des ordres secrets de la reine pour s'allier aux chefs des *lazzaroni*. Or, le 13 janvier, le bruit se répandit que les envoyés de Championnet étaient à Naples pour prendre livraison des sommes prévues par la convention d'armistice.

Les *lazzaroni* prirent alors les armes, massacrant dans les prisons les suspects de jacobinisme. Le régiment qui gardait le port déserta, les forts furent pris et les troupes fraternisèrent avec les insurgés, leur livrant des armes. La garde du palais royal invita le peuple à en prendre possession et déserta à son tour. À Capoue, Mack ne dut son salut qu'en se rendant à Championnet. L'archevêque, des officiers furent arrêtés par le peuple et emprisonnés.

---

* Ancienne expression de la noblesse napolitaine, elle était désignée sous le simple nom de *Città*, la Ville.

Face à cette anarchie, les élus du Conseil de Ville exigèrent la démission de Pignatelli Strongoli et la remise de tous les pouvoirs entre leurs mains. Le vicaire du royaume quitta Naples en secret le 15 à minuit et débarqua à Palerme, où le roi le fit arrêter.

Le jour même, le Conseil de Ville faisait acclamer Girolamo Pignatelli*, prince de Moliterno, « général du peuple ». Le 17 janvier 1799, celui-ci ordonna la création de douze bataillons de troupes civiques mais, rapidement, ces compagnies populaires se livrèrent à des exactions. L'anarchie était complète alors que Championnet déclarait l'armistice caduc, prétextant que la convention avait été signée avec le vicaire du roi qui n'avait désormais plus de pouvoir.

À son tour, donc, Moliterno s'avérait incapable de dominer les déchaînements populaires. Alors se révéla dans la ville de Naples la terrible fracture entre une plèbe qui « s'autofanatisait » et une élite bourgeoise et intellectuelle pétrie de messianisme révolutionnaire.

À l'instar de ce qui se passa à Paris avec la Commune de 1871, le vide du pouvoir fut rempli par le peuple qui entendait repousser l'ennemi et qui, pour ce faire, s'était emparé des armes dans les casernes et avait pris le contrôle militaire de la ville. Face aux neuf jours de débordements sanguinaires de la rue, le prince de Moliterno changea de camp. Choisissant de préférer l'ordre républicain à l'anarchie de la plèbe, il favorisa

* Girolamo Pignatelli (1773-1848), prince de Moliterno. Après la retraite des Napolitains de Rome, Pignatelli sut, avec le général Lucio Caracciolo, retarder l'avancée de Championnet en le bloquant devant Capoue le 4 janvier 1799.

la prise par ruse du fort Saint-Elme par les patriotes du Conseil de Ville. L'affaire étant faite, ceux-ci réclamèrent alors l'occupation de Naples par l'armée française pour ramener le calme.

Les *lazzaroni*, bien décidés à empêcher les Français de s'emparer de la ville, élurent deux nouveaux chefs : Paggio, marchand de farine, et Michele Marino, dit « *il pazzo* » (le fou), marchand de vin.

Le 21 janvier 1799, l'armée française attaqua mais dut céder plusieurs fois dans une bataille de rue à laquelle elle n'était pas habituée. Le 22 janvier 1799, les patriotes napolitains proclamèrent la république et, le lendemain 23, ils joignirent leur artillerie du Saint-Elme à celle des Français. Les *lazzaroni* étaient désormais pris sous deux feux conjoints. Les rues furent alors le théâtre d'une guerre civile, les étudiants républicains tirant sur les combattants populaires.

Le 23 au soir, la résistance fut réduite. Le peuple se vengea en pillant le palais royal puis, leurs chefs ayant été « intéressés » financièrement, les *lazzaroni* cessèrent le combat et se rendirent à la cathédrale où, fort diplomatiquement, saint Janvier eut à cœur de renouveler le miracle de la liquéfaction de son sang. Il était vrai que Championnet, rusé, avait ordonné la création d'une garde d'honneur pour le saint, et que l'archevêque, Giuseppe Capece Zurlo, avait été très fortement « conseillé » par le général…

Puis les Napolitains crièrent : « Vivent les Français ! » L'écrasement des *lazzaroni* après la trahison de leurs leaders alimenta la rumeur d'une grande conspiration entre nobles (*signure*), étrangers et riches pour trahir le roi, ces gentilshommes (*gentiluomini*) étant accusés d'être tous des jacobins, tandis que seul le peuple lui était resté fidèle.

Les trois jours de violents combats de rue avaient fait plusieurs milliers de morts*, entassés en monceaux dans les rues, brillamment illuminées pour la fête donnée à Championnet.

L'éphémère régime républicain (janvier-juin 1799)

La proclamation de la République, le 22 janvier, par les patriotes napolitains rencontra l'intention qu'avait manifestée Championnet, avant même de quitter Rome, d'abolir la royauté à Naples et d'y instaurer une république.

Le jour même de son entrée dans la ville, il reconnut donc le nouveau régime et, le lendemain, le 24 janvier, il nomma un gouvernement provisoire qu'il installa au palais royal, devenu palais national. Composé de vingt, puis de vingt-quatre membres, il constituait l'assemblée législative lorsqu'il siégeait en formation plénière. Il était divisé en six comités qui assuraient l'administration du pays et était présidé par Carlo Lauberg, revenu à Naples dans les fourgons de Championnet.

Eleonora de Fonseca Pimentel

Le général et son gouvernement provisoire décrétèrent la création d'un journal officiel, le *Monitore napoletano*

---

* Des chiffres donnèrent 8 000 morts parmi les Napolitains (entre 2 % et 3 % de la population) et 1 000 parmi les Français.

dont la rédactrice fut Eleonora de Fonseca Pimentel*. Esprit brillant, elle correspondait depuis des années avec nombre d'intellectuels italiens attachés aux Lumières. À seize ans, elle fut admise dans un rite maçonnique, l'Académie des Philalèthes. Si sa grande culture lui fit exalter son amour pour l'antiquité de Naples, cité grecque créée par la sirène Parthénope, elle n'en ressentait pas moins son déclin. En 1782, elle croyait que Ferdinand et Marie-Caroline, qui avaient réussi à se libérer de la tutelle espagnole, allaient ressusciter la grandeur napolitaine : « Parthénope, Parthénope, quitte ton long repos [...]. Belle Parthénope, seconde à présent le vœu de tes souverains [...]. Regarde, c'est l'Italie elle-même qui, dans un char triomphal, remonte la longue route et se rapproche de nous[2]. » Elle était alors une admiratrice de Catherine II.

Bien que devenue la lectrice de la reine Marie-Caroline, la Révolution française l'enthousiasma et, dès lors, elle participa aux débats oraux qui agitaient les cercles réformistes napolitains. En octobre 1798, alors que Ferdinand IV avait cédé à son épouse et décidé de rompre d'avec les Français, elle perdit son emploi, fut arrêtée et brièvement emprisonnée. Humiliée, Eleonora exhala alors sa haine contre la reine, « tribade impure » et sœur d'une autre reine dont « l'indigne tête roula à terre ». Marie-Caroline ne put jamais lui pardonner d'avoir joint son bel esprit aux vils ragots qui

* Eleonora de Fonseca Pimentel (1752-1799), surnommée *La Portugaise de Naples*, d'une famille noble portugaise installée à Naples en 1760, était une intellectuelle renommée dans les salons littéraires napolitains.

dénonçaient ses pratiques homosexuelles et encore moins, sans doute, de s'en être prise à la malheureuse Marie-Antoinette. Entre ces deux femmes, qui n'avaient eu aucune occasion dans leur vie privée d'apprécier le monde masculin* et qui, telle l'amazone Penthésilée de Virgile, voulurent toujours en imposer aux hommes[3], il ne put plus exister aucun sentiment de pitié.

Les 19 et 20 janvier, Eleonora fit partie du groupe de femmes, la plupart « vêtues en homme [...], majoritairement de classe moyenne, mais aussi aristocrates[4] », qui mena une action patriotique. Elle participa ainsi à la prise du Saint-Elme et récita son *Hymne à la liberté* lors de l'entrée des Français dans la ville.

L'enthousiasme du nouveau gouvernement provisoire

Le nouveau régime se trouvait en fait sous l'autorité proconsulaire du général Championnet dont l'accord était impératif pour que ses décisions fussent exécutoires. Or, le Directoire – qui devait faire face à la Deuxième Coalition et avait sous les yeux le fiasco de Malte où l'île pouvait être considérée comme perdue à cause de la politique dictatoriale de Régnaud de Saint-Jean d'Angély – ne voulait pas commettre une seconde bévue.

Son souhait était uniquement d'occuper le royaume de Naples, de l'exploiter au maximum et de s'en servir de monnaie d'échange dans le cadre de futures

* Mariée en 1777 à un militaire brutal qui la battait au point qu'elle fit une fausse couche, qui la forçait à cohabiter avec sa maîtresse et qui l'accusait de délaisser ses devoirs d'épouse pour l'étude, elle obtint la séparation en 1785.

négociations. La République parthénopéenne, quoique non reconnue par la France fut, de fait, subordonnée à une « dictature de guerre » française qui en limita de beaucoup l'autonomie et la força à soutenir les considérables frais de l'armée française constamment en campagne. Le Directoire en avait d'ailleurs confié la responsabilité à une commission civile, composée de Faipoult et de Méchin*, à laquelle Championnet ne prêta aucune attention.

En effet, alors que Paris espérait tirer au moins deux cents millions de francs de l'occupation du pays, Championnet, pour ne pas s'aliéner les républicains de Naples, se contenta de la taxer d'une contribution de soixante millions de francs. Pire, soutenu par les républicains napolitains, il expulsa, le 6 février, la commission civile. Le 27 février, le gouvernement français le rappelait, ordonnait son arrestation et sa traduction devant un conseil de guerre.

Paris nomma alors un nouveau commissaire civil, Abrial, chargé d'instituer un nouveau gouvernement provisoire et de donner des institutions à la nouvelle république. Le 14 avril 1799, une commission exécutive de cinq membres s'attelait à la discussion de la Constitution préparée sous la direction de Francesco Maria Pagano. Elle établissait et une commission législative de vingt-cinq membres et un Directoire exécutif. Il s'agit, sans doute, du plus beau texte constitutionnel

* Guillaume-Charles Faipoult (1752-1817), chevalier de Maisoncelles, avait été ministre plénipotentiaire à Gênes (1795). Alexandre-Edme Méchin (1772-1849) avait été envoyé à Malte (1798) pour remplacer Régnaud, mais, arrêté à Viterbe, il ne put parvenir à son poste.

jamais produit dans ces temps de Révolution. On y retrouvait les idées de Vico, de Mably et de nombreuses références à l'Antiquité gréco-romaine*. Une extrême importance était donnée à l'instruction publique, reprenant un des thèmes favoris d'Eleonora Pimentel : cultiver la plèbe pour qu'elle devienne le Peuple. Toutefois, si Eleonora se battait pour que l'apprentissage de la démocratie fût immédiat, Pagano et d'autres liaient la citoyenneté active au prérequis de l'assimilation effective des connaissances élémentaires.

Aussi bien, ce texte constitutionnel, comme la vertueuse déclaration des droits et devoirs qui lui servait de préambule, ne surent ni ne purent intéresser qu'une élite, bourgeoise ou noble, cultivée et déjà partisane des Lumières.

L'absence de bases sociales fut fatale au régime parthénopéen. L'abolition tardive de la féodalité (25 avril), la destruction des cadres de pouvoir traditionnels au profit d'entités inconnues (département, municipalité d'arrondissement et municipalité de canton, justice de paix...), l'imposition du calendrier républicain, tout concourut pour engager les masses populaires et paysannes à le refuser et à souhaiter sa disparition. Elles trouvèrent alors des chefs, du clergé aux bandits, qui encadrèrent leur soulèvement au nom de la défense du pape et du roi.

Tous les efforts des républicains ou des Français pour s'attirer la complaisance du peuple furent vains. Ainsi,

* Les équivalents des Directeurs français étaient appelés Archontes. Il y avait un Sénat, des préteurs, des censeurs et même l'embryon d'un Conseil constitutionnel appelé Éphorat.

le 9 mai 1799, alors que le gouvernement espérait beaucoup de la suppression des droits d'octroi sur les grains, Naples découvrit, au petit matin, sur la statue du Gigante del palazzo, l'écriteau portant : « *Si è levata la gabella alla farina. Evviva Ferdinando e Carolina* » (« On a supprimé la gabelle sur la farine. Vive Ferdinand et Caroline »).

Les armées de la réaction

Dans les jours qui avaient suivi la prise de Naples et la proclamation de la république le 21 janvier, un prélat, le cardinal prince Fabrizio Ruffo*, passa en Sicile pour demander au roi des hommes et des armes pour reconquérir le royaume.

Ferdinand IV ne put lui fournir qu'un bateau et sept hommes, mais il le nomma, le 25 janvier, vicaire plénipotentiaire du roi dans le royaume de Naples. Le 7 février, il débarquait en Calabre et lançait sa proclamation :

* Fabrizio Dionigio Ruffo di Bagnara (1744-1827). Créé cardinal en 1791, sa nomination ne fut rendue publique qu'en 1794. Ancien trésorier de la chambre apostolique de Pie VI, Ferdinand IV l'avait nommé, en 1795, surintendant de la colonie manufacturière de San Leucio, création manufacturière. L'architecte Francesco Collecini fut aux Bourbons de Naples ce que Nicolas Ledoux fut à ceux de France. Le projet devait aboutir à la création d'une ville nouvelle circulaire, Ferdinandopoli, organisée sur le modèle des utopies qui fleurirent plus tard : uniforme commun à tous les habitants, égalité entre hommes et femmes, logement gratuit, écoles et centre de formation à l'industrie textile. Ruffo avait donc dans la population du royaume, une aura « sociale » qui lui servit.

> Braves et courageux Calabrais, unissez-vous maintenant sous l'étendard de la Sainte Croix et de notre souverain bien-aimé. N'attendez pas que l'ennemi vienne contaminer nos quartiers d'origine. Marchons pour l'affronter, pour le repousser, pour le chasser hors de notre royaume et hors d'Italie et pour briser les chaînes barbares de notre saint Pontife. Que la bannière de la Sainte Croix vous assure une victoire totale.

Dans les villes et villages, des processions furent organisées derrière les bannières de la Vierge ou des saints, tandis que les hommes (laïcs, prêtres ou moines) étaient encouragés à s'enrôler et à arborer la cocarde rouge[5]. Entre février et juin, son armée de la Sainte Foi en Notre-Seigneur Jésus-Christ* grossit au point de compter plusieurs dizaines de milliers d'hommes. Maîtres de la Calabre et d'une partie des Pouilles, les *Sanfedisti*, « combattants pour la Sainte Foi », convergèrent vers Naples[6].

Dans d'autres régions du royaume, les masses populaires obéissaient à des chefs improvisés, les *capimassa*, le plus souvent sans aucun mandat royal mais non sans passé douteux. Au sud de Salerne, un ancien militaire, d'abord tenté par le jacobinisme, Gerardo Curcio**, dit Sciarpa, se mit aux ordres des évêques de Policastro et de Capaccio auxquels le cardinal Ruffo avait confié les soins du soulèvement antirépublicain. En Calabre, le jeune

* *Esercito della Santa Fede in Nostro Signore Gesù Cristo.*

** Gerardo Curcio (1762-1825) fut nommé colonel par Ferdinand IV en août 1799, puis fait baron en mai 1800. Néanmoins, en 1806, il se rallia à Joseph Bonaparte puis à Murat.

Giovanni Battista Rodio*, secrétaire de Francesco Ruffo – le frère du cardinal – fut nommé inspecteur de l'armée sanfédiste. Dans les Abruzzes, Giuseppe Pronio**, dit *Il Gran Diavolo*, fit régner la terreur dans les rangs français et jacobins.

Plus extraordinaire fut l'aventure qui fit d'un Corse, Giambattista De Cesari***, un *capomassa* des Pouilles. Vivant à Naples, il chercha à quitter la ville devant l'arrivée imminente des Français, avec six de ses compatriotes****. Arrivés en Calabre, pour être mieux servis, ils firent courir le bruit que Corbara, l'un d'eux, n'était autre que le prince héritier François. Ce fut au milieu d'un enthousiasme délirant qu'ils arrivèrent à Brindisi où se trouvaient Mesdames Tantes, filles de Louis XV, qui avaient fui Rome et attendaient d'être transportées à Trieste *via* Corfou. Les deux vieilles princesses leur

* Giovanni Battista Rodio (1779-1806), bien qu'intransigeant dans le châtiment à réserver aux jacobins, se heurta à Mammone et le fit arrêter pour prévarication. Il fut un des rares sanfédistes à être choqué par la violence de la réaction royaliste. Ferdinand IV le nomma lieutenant-colonel, le fit marquis et chevalier de l'ordre de Constantin.

** Giuseppe Gabriele Antonio Pronio (1760-1804) fut nommé commandant général des trois Abruzzes par Ferdinand IV le 2 juin 1799 et Ruffo le nomma capitaine général le 5 juin suivant. Il mourut vraisemblablement empoisonné.

*** Giovan Battista De Cesari, né vers 1770 à Casalabriva, émigra en 1790 à Naples. Selon les uns il était serviteur en livrée, pour d'autres officiers de l'armée de Condé. À son retour, Ferdinand IV le reçut à bord du navire anglais qui le transportait, le nomma brigadier et le fit baron avec une pension de quatre mille ducats.

**** Boccheciampe, soldat déserteur ; Corbara, aventurier déjà expulsé de Toscane ; Colonna, un vagabond ; et Pittaluga, Durazzo et Guidone, trois prisonniers de droit commun.

conseillèrent alors de mettre l'enthousiasme qu'ils suscitaient au service de la légitimité. Jouant elles-mêmes le jeu, affectant à leur égard l'attention due au rang qu'ils prétendaient être le leur, elles leur permirent de se faire acteurs de la contre-révolution. Corbara partit pour Corfou demander l'aide de la flotte russo-turque, Boccheciampe, s'étant déclaré frère du roi d'Espagne, et De Cesari le duc de Saxe, se retrouvèrent à la tête d'une troupe d'un millier de repris de justice avec laquelle ils reconquirent les Pouilles et participèrent à la reprise de Naples.

Dans la Terre de Labour, un chef de brigands, Michele Pezza*, surnommé *Frà Diavolo,* installa son quartier général dans la région de Formia et fut fait colonel par Ruffo. En Campanie, c'était l'ancien meunier, Gaetano il Mammone, qui faisait régner une sanglante terreur dans les rangs des républicains ou de leurs partisans, laissant accréditer une réputation de buveur de sang et de tortionnaire sadique.

Alors que Frà Diavolo fut, en 1830, le héros d'un opéra-comique d'Auber** et qu'en 1842, Gaëtan Mammone fut celui d'un drame de Frédéric Soulié, les historiens du XIXe siècle, animés par leur foi républicaine, socialiste ou pro-Savoie, ont dénigré à l'envi ce mouvement populaire. Sans doute – et peut-être surtout – parce qu'il avait été populaire et qu'alors les grandes idées de liberté et d'égalité n'avaient su être qu'une alchimie concoctée par les beaux esprits de l'élite sociale.

---

* Michele Pezza (1771-1806) exerçait alors ses méfaits autant dans le Latium pontifical que dans la Terre de Labour napolitaine.

** Livret d'Eugène Scribe.

Comme l'écrivait Benedetto Croce : « La monarchie napolitaine, sans qu'elle s'y attendît, sans l'avoir même imaginé, vit se lever pour sa défense, de toutes parts, la plèbe des campagnes et des villes. » La contre-*Carmagnole* que chantaient les Sanfédistes, *lazzaroni* de Naples, *montanari* des Abruzzes, ou *contadini* de la Terre de Labour, résumait le sentiment de ces hommes et femmes, dérangés dans leurs habitudes séculaires et « forcés à être libres » : « Liberté, égalité. Je te vole, tu me voles. Sonne, sonne, sonne la *Carmagnole*. Vive le Roi et sa Famille[7]. »

Au même moment, avec les premières défaites en Lombardie, les troupes françaises durent être envoyées vers le nord de la péninsule. En avril, elles quittaient les Pouilles et, le 5 mai, Naples était évacuée. Ironie de l'Histoire, la République parthénopéenne devenait enfin souveraine. Ironie des Napolitains, on put lire sur le Gigante del Palazzo : « République napolitaine, une et indivisible, commence au Pausilippe et finit à la Porte de Capoue*. »

Les Sanfédistes reçurent alors l'appui de la flotte de Nelson et de bâtiments portugais qui assiégèrent Naples par la mer, tandis qu'en mai, l'escadre russo-ottomane débarquait à Barletta, sur la côte Adriatique, avec Micheroux à leur tête.

Dans Naples désormais assiégée, l'exaltation républicaine devint réellement théâtrale. Le 19 mai fut organisée, de nuit, une fête au cours de laquelle furent brûlés les drapeaux pris aux *lazzaroni* quelques mois plus tôt.

---

* *Unica ed indivisa Repubblica napoletana, comincia a Posillipo e finisce a Porta Capuana.*

Sur la place du palais, autour de l'arbre de la Liberté, sous les banderoles proclamant la liberté de l'Italie et la haine des monarchies et des tyrans, ce fut la dernière incantation patriotique, l'ultime utilisation de la musique et du chant comme acteurs de l'histoire jacobine. Les patriotes embrassèrent fraternellement leurs prisonniers *lazzaroni* qui, à leur tour, lacérèrent leurs anciens emblèmes. La foule entonna alors l'*Hymne à la Liberté* de Vincenzo Monti et l'*Hymne de la République napolitaine*, composé par Luigi Rossi et mis en musique par Domenico Cimarosa. Celui-ci, Niccolò Piccini et Giovanni Paisiello, idoles du théâtre napolitain, jouèrent alors leur carrière pour avoir mis leur talent au service de la République.

Dans la nuit du 1er au 2 juin, la ville fut illuminée, un bal donné au Théâtre national ci-devant San Carlo et, au Théâtre patriotique ci-devant del Fondo, on joua la tragédie *Timoleone* d'Alfieri, précédée d'une cantate, *Il Vero Patriotismo*.

Le rideau pouvait retomber sur la scène républicaine.

La reconquête royaliste

Accueilli avec enthousiasme à Palerme en décembre 1798, le couple royal contemplait avec rage le désastre qui se produisait à Naples. Le général Mack, poursuivi par les *lazzaroni* qui en voulaient à sa vie, et qui finit par se rendre – nous l'avons vu – à Championnet, avait laissé le commandement de l'armée royale au duc de Salandra*.

* Giovanni Vincenzo Tommaso Revertera (1745-1810), duc de Salandra.

La reine, une fois remise de sa houleuse traversée, reprit immédiatement les rênes du pouvoir. Alors que Ferdinand avait souhaité se reposer une journée à bord du *Vanguard* et combler l'irrépressible faim qui l'avait tenaillé durant tout le voyage, elle était descendue à terre. Avec son sens aigu de la théâtralité, elle provoqua l'enthousiasme des Palermitains en leur demandant s'ils voulaient bien d'elle et de ses enfants.

Marie-Caroline envoyait à Gallo copie de toutes les dépêches de Salandra, or celle du 16 janvier 1799 avait vraiment de quoi alarmer :

> Le général Mack est parti. Les troupes qui se sont approchées de la ville de Naples ont été désarmées. Le reste de l'armée ne s'élève en tout qu'à deux mille cinq cents hommes mal intentionnés. Les vivres manquent ainsi que les fourrages. Pas d'argent pour faire le prêt aux soldats. Voilà l'état dans lequel le général Mack m'a remis le commandement des débris de l'armée[8].

Au palais royal de Palerme, la reine était effondrée. Elle était terrifiée d'avoir perdu son trône en raison de cette subversion idéologique qui avait coûté le sien à sa sœur. Elle était plus qu'ulcérée de voir que ni la noblesse, ni les prêtres, ni tous ceux qui lui devaient leur place ne s'y étaient opposés et que beaucoup même avaient pactisé, tel le cardinal-archevêque Zurlo. Dès son arrivée en Sicile, elle écrivit à lady Hamilton : « Je suis si affligée que je préfère l'entrée des Français et qu'ils enlèvent à ces misérables jusqu'à leur dernière chemise, plutôt que de voir nos propres sujets, animaux vils, poltrons et fanfarons se conduire de cette façon. »

Anéantie par la mort pendant la traversée d'un cinquième fils, Albert, dans la nuit du 24 décembre, qui était celle de la joie pour tous les chrétiens, sa raison chancelait : même en Sicile, elle ne se sentait pas en sûreté. Elle fit le siège de Nelson pour que Londres envoyât des renforts et ce dernier en informa lord Saint Vincent : « Notre pays est considéré comme l'unique ressource à toutes les difficultés de celui-ci. » Dans un style quasi télégraphique, elle annotait tous les papiers officiels qui lui parvenaient et qu'elle transmettait à Gallo :

> A – Note donnée par Pignatelli, très criminelle, que nous avons originale. B – Note donnée par Salandra à Pignatelli. C – Avis au public du gouvernement provisoire usurpé. D – Appel de Moliterno au peuple où il ne nomme jamais le Roi. E – Annotation sans ordre des premières déclarations du général Pignatelli. F – Copie de différents imprimés de l'abusif gouvernement provisoire et qui prouvent leurs projets. G – Notre infâme, sot, vil, criminel armistice. H – Copie d'un accommodement du Grand-Duc, très nuisible en n'accordant le passage qu'aux Français. I – Justification donnée mais bien faible par Pignatelli. K – Notre douloureuse histoire des 15 premiers jours.

En réalité, elle accumulait les preuves pour plus tard, quand viendrait l'heure de rendre des comptes. En effet, dès avril 1799, « la reine qui vivait une plume à la main[9] », ne manqua pas d'exprimer ses sentiments à ses correspondants. Elle écrivait : « Nous devons traquer, détruire, annihiler et éradiquer le mal grandissant qui empoisonne le reste. »

Assez rapidement, les bonnes nouvelles des soulèvements populaires en faveur de la royauté lui étaient parvenues. Par exemple, la comédie organisée par le Corse Giambattista De Cesari, avec l'aide malicieuse de Mesdames Tantes, lui prouva que le peuple conservait un réel attachement pour la famille royale. Désormais, comme elle l'écrivait, elle ne démordrait pas de ses principes : le peuple ne devra pas souffrir des erreurs de quelques centaines de personnes infectées, mais celles-ci, « traîtres reconnus », « hommes et femmes ignorant le remords », ne mériteront pas le pardon et, quand bien même seraient-ce des nobles, le roi pourra en faire de nouveaux[10].

Pour elle, la vengeance devait être morale : les républicains méritaient la plus extrême des rigueurs, non pas parce qu'ils s'étaient rebellés contre l'autorité de leur souverain légitime, mais parce qu'ils avaient subverti les principes sacrés de religion, de devoir et de gratitude à l'égard de leur roi. Le 23 mai, elle précisait ce qui devrait être la reprise en main du royaume :

> Le roi, en tant que chrétien et en tant que père, peut et doit pardonner à ses infâmes sujets et leur vouloir du bien, mais il ne doit pas signer avec eux un quelconque pacte ou un armistice qui donnerait l'impression qu'il a peur[11].

De Palerme, Ferdinand, Marie-Caroline et Acton voyaient l'influence de la république se contracter comme peau de chagrin, certes face à l'avancée des troupes sanfédistes de Ruffo, mais surtout par la retraite organisée des troupes françaises. La France seule était la raison d'être de la malheureuse République parthénopéenne dont les acteurs, aussi honnêtes fussent-ils, n'étaient en fait que des collaborateurs aux ordres de Championnet et de Macdonald.

Ce dernier, chargé par Paris de solder l'aventure, savait que le départ des Français serait fatal aux républicains napolitains, mais eux, victimes de leur goût pour le ratiocinage, ne prirent pas en compte la pesanteur de la réalité. Ils eurent même la naïveté de croire Championnet lorsqu'il leur affirma qu'un État n'était pas libre tant qu'il s'appuyait sur l'étranger.

La révolution parthénopéenne s'avérait n'avoir été que le produit des élites urbaines. Le reste du pays était resté attaché au système monarchique. Or, après quelques mois de république, de nombreux soutiens au nouveau régime – en réalité tous ceux qui, sans présupposé idéologique, avaient espéré un changement – s'étaient rendu compte que le despotisme du *triumvirat* royal n'était pas pire que celui d'idéologues enragés. On avait condamné à mort pour lèse-majesté. On condamnait à mort pour s'être opposé aux intérêts de la France ou de la République parthénopéenne. Et au moins, du temps du gouvernement royal, il n'existait pas cette anarchie populaire qui, au nom de la fidélité à la monarchie, s'en prenait aux possédants, tous accusés d'être des crypto-jacobins.

Marie-Caroline, réconfortée par les nouvelles qui lui parvenaient, renoua avec les délices des complots. Des barques de pêche transportèrent alors les agents royalistes à Naples. Porteurs de consignes et d'argent, ils étaient accueillis et cachés par les sociétés secrètes (*glubi et unioni realiste*) qui recrutaient et finançaient des milices, en préparation d'un coup de force. Ces unions royalistes, bien qu'interclassistes, étaient à dominante populaire*. Recrutant dans tous les milieux, des nobles aux *maccaronari* (marchands ambulants de pâtes), en passant par les classes moyennes, elles formaient « un échantillon parfait de la société napolitaine du XVIIIe siècle[12] ».

La contre-révolution, trop longtemps considérée par certains historiens comme un mouvement manipulé par des élites aristocratiques et cléricales, fut au contraire très souvent une expression d'ultracisme populaire qui se choisissait un chef, un « patron ».

L'*unione* de Salvatore Bruno, marchand verrier du quartier de la Porta di San Gennaro, populairement connu comme « il Cristallaro », réussit à réunir une grosse troupe de *lazzaroni* et participa activement à la prise militaire de la ville. Une autre était dirigée par un sacristain de Chiaia, Don Gennaro Tanfano, qui parvint à tromper les autorités en se faisant passer pour un bon patriote. Toutefois, la « conjuration des Baccher » fut la plus importante.

La famille De Gasaro Baccher était une riche famille de négociants de Naples**. Le père, Vincenzo, passait pour un ami d'Acton. Ses cinq fils, animés de

* Par exemple, l'*unione* du duc de Spezzano comprenait des tailleurs, des vendeurs, des bonnetiers, des forgerons, des menuisiers, des perruquiers, des *maccaronari*, des artisans du cuivre, des porteurs, des cuisiniers ou des peintres.

** Orsola Romani, veuve de Girolamo Baccher (peut-être d'origine anglaise, Baker), s'était remariée avec Gerardo De Gasaro. Elle en eut un fils, Vincenzo, né en 1733, qui par gratitude pour ses demi-frères qui l'avaient élevé, ajouta leur patronyme au sien.

sentiments royalistes, groupèrent autour d'eux de nombreux militaires napolitains licenciés ou émigrés (comme Edward Dillon), des prêtres et même des soldats de la garde nationale. Les armes et les cocardes rouges royalistes étaient prêtes, la conjuration devant éclater à l'apparition dans le golfe de l'escadre anglo-portugaise aux ordres de Troubridge*, le lieutenant de Nelson.

Cette flotte parut le 2 avril. L'agitation dans la ville était à son comble, mais la coordination entre les conjurés et les Anglais fit défaut. De surcroît, l'un des fils Baccher, Gerardo, était tombé amoureux d'une aristocrate napolitaine, Luisa San Felice**. Pour la protéger, il lui remit un sauf-conduit royaliste qu'elle s'empressa de montrer à un autre de ses soupirants, le républicain Ferdinando Ferri***. Celui-ci prévint le gouvernement républicain et le 5 avril, tous les conjurés furent arrêtés, condamnés et fusillés le 13. Comme l'écrivit Vincenzo

* Thomas Troubridge (1757-1807) fut fait baronet en novembre 1799. En 1801, il devint premier lord de l'Amirauté. Contre-amiral en 1804, il périt en janvier 1807 dans un cyclone au large de Madagascar alors qu'il rejoignait son nouveau poste au Cap.

** Maria Luisa De Molina San Felice (1764-1800) était de la famille des ducs d'Agropoli. Elle avait épousé à dix-sept ans, en 1781, son cousin Andrea San Felice qui en avait dix-huit. Le couple eut trois enfants mais vécut dans les dettes et quasiment sous tutelle.

*** Ferdinando Ferri (1767-1857), jeune magistrat, embrassa les idées républicaines bien que suspecté d'avoir grandement participé aux activités inquisitoriales contre les patriotes. À la première Restauration, après huit mois de prison, il dut s'exiler pendant deux ans. Il servit Joseph Bonaparte puis Joachim Murat et fut maintenu en charge lors de la seconde Restauration. Membre de la Cour des comptes de 1817 à 1841, il devint alors ministre des Finances (1841-1847).

Cuoco, le gouvernement républicain finissant « se teignit inutilement du sang des scélérats Baccher[13] ».

Le *Monitore napoletano* d'Eleonora Pimentel salua Luisa San Felice comme la *Madre della Repubblica*. En se conduisant sottement avec ses soupirants, la pauvre femme qui, de concert avec son époux, avait raté son ménage et obéré la vie de ses enfants*, devint alors, sans l'avoir voulu, une figure de proue de la révolution napolitaine. Ce faisant, ceux qui l'exaltèrent, la désignèrent involontairement à la contre-révolution dont elle fut l'une des victimes.

Après le retrait général des Français, le 7 mai, le gouvernement républicain avait confié la défense à l'un de ses membres, Gabriele Manthonè**. Il s'imagina qu'avec « les principes républicains à la bouche et la république au cœur », il parviendrait à faire fraterniser toutes les classes. Néanmoins, après quelques victoires contre les sanfédistes dont il fit fusiller les chefs, il accumula les revers, continuant pourtant à prôner la résistance à outrance.

Les Anglo-Portugais de Troubridge s'étaient emparés des îles d'Ischia et de Procida et bloquaient le golfe, tandis que les troupes sanfédistes commençaient à encercler la ville. Dans les rangs républicains, les défections avaient commencé, l'une des principales étant celle de Lucio Caracciolo, duc de Roccaromana***, qu'avant

* Ils avaient été enlevés à leurs parents par décision de justice et placés dans des institutions.

** Gabriele Manthonè (1764-1799), officier de l'armée royale depuis 1776, était le fils d'un Piémontais, émigré à Naples, Cesare Delhorme, qui prit le nom d'un fief familial (de Manthoné).

*** Lucio Caracciolo, duc de Roccaromana (1771-1836), franc-maçon (loge militaire Les Mars d'Italie), était passé avec Moliterno l'arrivée des Français, le peuple s'était choisi, le 15 janvier, comme chef avec Moliterno.

En revanche, le régime parthénopéen avait reçu un ralliement de taille, celui de l'amiral Francesco Caracciolo*. Il n'avait pas digéré l'attitude de la Cour lors du transfert de la famille royale à Palerme le 21 décembre 1798. Le roi et sa famille, dédaignant l'escadre napolitaine, avaient préféré s'embarquer sur le bâtiment de Nelson et les courtisans l'avaient abreuvé d'insolences. Acton ayant notamment exigé le désarmement de son propre navire à Messine, Caracciolo obtint de Ferdinand l'autorisation de se retirer dans ses terres de Campanie. Ayant été bien reçu à son arrivée à Naples, il accepta de prendre le commandement de la « flotte » parthénopéenne composée de quelques barcasses qu'il transforma sommairement en canonnières.

Le cardinal Ruffo avait décidé que l'assaut final serait donné le 13 juin, fête de saint Antoine de Padoue, son saint patron. Si la journée ne fut pas décisive, elle fut meurtrière dans les deux camps. Néanmoins, le soir, le général Giuseppe Wirtz** ayant été tué par un boulet, toutes les troupes républicaines se replièrent dans Naples. La ville connut alors une sanglante guérilla.

---

dans le camp républicain face à l'anarchie des *lazzaroni*. Il servit autant Murat que Ferdinand restauré.

* Francesco Caracciolo (1752-1799), duc de Brienza, officier de marine napolitaine, fut un temps au service de la Royal Navy. En 1793, il commanda la flotte napolitaine aux côtés des Anglais lors du siège de Toulon.

** D'origine suisse, il avait servi comme colonel dans l'armée royale, mais rejoignit la république dès sa proclamation.

Tandis que le gouvernement faisait fusiller les frères Baccher, Carraciolo tournait ses canonnières contre les vaisseaux britanniques et son ancien vaisseau amiral, *La Minerva,* alors aux ordres d'un Autrichien, le comte von Thurn*.

Le 14, des bandes adverses parcoururent la ville, tuant et pillant. En partant, Macdonald avait laissé, sous les ordres du colonel Méjean**, une petite garnison française dans le château Saint-Elme. Les républicains napolitains, se souvenant des promesses faites par le général Championnet que les Français les porteraient sur leur dos plutôt que de les abandonner, se tournèrent vers Méjean. Celui-ci aurait exigé d'eux deux millions de francs (qu'ils n'avaient pas) pour mettre mille de ses hommes à leur disposition. Quelques jours plus tard, le même Méjean aurait proposé au cardinal Ruffo de rendre la place forte sans combattre, moyennant un million de francs. Selon Alexandre Dumas, il se serait attiré la sanglante réponse qu'une guerre se fait avec du fer et non avec de l'or[14]. Début juillet, lorsque Marie-Caroline eut vent des prétentions de Méjean, elle s'empressa d'écrire à Emma Hamilton : « Je vous en conjure, que l'on ne paie pas un sou à Méjean ! »

En réalité, le cardinal voulait agir vite car il craignait l'arrivée de navires français venus secourir les républicains. Dans cette éventualité, il jugea utile d'entrer en

* Josef von Thurn-Hofer und Valsassina (1760-1831).

** Louis-Joseph Méjean (1764-1831), entré au service en 1778, passa à l'armée d'Italie en 1797. Réformé en avril 1801, il fut rappelé par les consuls en décembre suivant. Fait baron en 1809, il fut mis à la retraite en 1831.

pourparlers et, à cette fin, il s'adressa à Méjean qui monnaya une nouvelle fois son entregent*.

Au sein du Directoire exécutif napolitain, seul Manthonè persistait à vouloir continuer la lutte jusqu'à la mort. Le général Massa** rencontra alors le cardinal Ruffo et Micheroux, en présence de Méjean et des représentants russe et ottoman. Les parties s'accordèrent, le 19 juin, sur un projet de capitulation honorable (*onorevole capitulazione*) : les forts tenus par les républicains devaient se rendre, les quelque mille cinq cents soldats qui les défendaient en sortiraient avec les honneurs de la guerre et pourraient, à leur choix, soit rester à Naples, soit être transportés à Toulon.

Le 20, à la demande de Ruffo, le capitaine Foote***, l'officier anglais commandant les frégates anglaises qui bloquaient le golfe de Naples****, ajouta sa signature au bas de la convention, non sans avoir cependant fait remarquer que les conditions lui semblaient trop favorables aux insurgés. Massa ne se faisait nulle illusion :

---

* Micheroux et lui signèrent un accord pour un peu plus d'un demi-million de francs.

** Oronzio Massa (1760-1799), fils de Girolamo Massa, baron de Galugnano, était lieutenant d'artillerie lorsqu'il se mit au service de la République qui l'éleva au grade de général.

*** Edward James Foote (1767-1833) entra à la Royal Naval Academy de Portsmouth en 1779. Lieutenant en 1788, capitaine en 1794, il fit partie de l'escadre de Nelson dès juin 1798. Il commandait alors la frégate *Sea-Horse*. Il devint vice-amiral en 1821.

**** Sur l'avis d'une apparition d'une flotte franco-espagnole en Méditerranée, lord Keith avait exigé de Nelson le rappel de ses vaisseaux bloquant Malte et ceux de Troubridge bloquant Naples. Lui-même dut abandonner Palerme.

« L'ennemi, par propension à l'orgueil, ne voudra jamais laisser la vie sauve et la liberté aux chefs de la république. Je crois qu'au moins vingt citoyens devront s'immoler pour le bien de tous et il sera à l'honneur du Directoire et du négociateur d'avoir contresigné le document qui nous voue à la mort pour permettre à beaucoup de vivre[15]. »

Le cardinal Ruffo avait agi en vertu des pouvoirs illimités que lui avait conférés le roi. Ce fut à ce titre que, le 21 juin, il proclama, au nom du roi et par le roi, la cessation des hostilités dans tout le royaume.

3
La répression sanglante

Dès 1789, la Révolution française avait fait basculer la vision du monde politique. Depuis des siècles, les peuples avaient plus ou moins supporté leurs rois et, la plupart du temps, ils ne s'en étaient pris qu'à leurs ministres. Jusqu'alors, les grands clivages avaient été religieux, chrétiens contre musulmans, catholiques contre protestants, et même les oppositions politiques se masquaient derrière des positions religieuses (cathares, jansénistes…).

Au XVIIIe siècle, la philosophie ayant supplanté la théologie, le discours politique acquit son autonomie. Dès lors, le choix se fit entre la liberté et l'autorité, entre la préséance du corps social ou celle du monarque. Ce nouveau clivage devint, avec l'exportation des événements parisiens, un affrontement de dogmatismes où l'intransigeance de chacun ne voyait de solution que dans l'éradication totale de l'autre.

Ce totalitarisme de l'intolérance ne pouvait qu'aboutir à une guerre civile dont la terreur et les massacres étaient, comme dans les temps des conflits religieux, les instruments majeurs. Le plus souvent, le moteur était la dénonciation, considérée par chaque camp comme un acte vertueux et civique, au point qu'elle devint, non pas un élément des enquêtes, mais le fondement même de l'accusation*.

Le triumvirat de la haine : Marie-Caroline, Nelson et Emma Hamilton

Le 18 juin, la reine informa Emma Hamilton qu'on venait de lui apprendre que les forts avaient été repris et que l'on négociait un honteux pardon. Elle enrageait de se voir privée de ce qu'elle estimait être sa légitime vengeance et elle affirmait à sa correspondante que le royaume avait besoin « d'un second 1er août, d'un Aboukir de notre brave général ».

Or, depuis le 20, à la demande de lord Keith qui craignait l'arrivée d'une escadre franco-espagnole, toutes les forces navales de Nelson se trouvaient regroupées en station devant les îles Égades, à l'ouest de Trapani, pour verrouiller le passage entre les deux bassins de la Méditerranée. Emma Hamilton écrivit alors à Nelson qui arriva à Palerme le 22 juin, à la tête de dix-huit bâtiments.

Désormais, les événements qui se succédèrent furent essentiellement concoctés par ce *triumvirat*. Nelson seul descendit à terre et un conseil de guerre se tint, trois heures durant, chez la reine. Outre le roi, étaient présents l'amiral, Acton, Emma et William Hamilton. À l'issue, il fut décidé que Nelson cinglerait pour Naples.

---

* Voir Virginie Martin, « La Révolution française ou l'ère du soupçon », *Hypothèses*, 2009/1, p. 131-140.

Marie-Caroline, assurée que son amie pénétrait totalement ses pensées, demanda à Nelson de prendre lady Hamilton à son bord avec son complaisant mari. Le 22 au soir, embarqués sur le *Foudroyant,* ils firent voile avec toute l'escadre. Pendant quelques jours, la reine, restée seule avec le roi, ne reçut plus aucune nouvelle, à l'exception de la mort de Madame Victoire*, fille de Louis XV. Ses correspondants dans la place – le cardinal Ruffo et le général Micheroux – ne lui avaient pas écrit, alors qu'ils négociaient « l'honorable capitulation ». Elle n'avait non plus aucune nouvelle de ses agents personnels, tel le colonel Tschudy**.

Le 25 juin, Nelson arriva dans les parages de Naples. Il apprit aussitôt qu'une capitulation avait été signée. Il en envoya immédiatement copie à Palerme où la reine découvrit le texte avec horreur. Voulant être davantage informé, Nelson entra dans la rade de Naples. Là, il donna l'ordre d'enlever les voiles, les ancres et le gouvernail des bâtiments chargés des républicains napolitains qui s'attendaient à être envoyés à Toulon. Devenus des prisons flottantes, il les fit ramener dans le port.

Il eut ensuite un entretien avec le cardinal Ruffo. Salué de treize coups de canon en tant que représentant du roi, Ruffo, ayant sir William Hamilton comme interprète, s'entendit proposer de rompre la trêve, de

* Victoire de France (1733-1799) mourut le 7 juin d'un cancer du sein.

** Jean Joseph Charles Richard Tschudy (1764-1822), d'une famille suisse anoblie par Louis XIV, passa au service du roi de Naples et quitta le service avec le grade de général. Devenu baron à la Restauration, il fut renommé pour ses travaux d'horticulteur dans son domaine de Colombey en Moselle.

reprendre le combat, puis de donner l'ordre aux rebelles et aux Français de se rendre immédiatement puisque l'arrivée de l'escadre anglaise changeait la donne. Ruffo refusa de violer la convention et prévint Nelson que s'il rouvrait les hostilités, il ne lui fournirait aucun appui. Estimant que sa dignité d'amiral anglais ne pouvait tolérer de discuter plus avant avec un cardinal, Nelson congédia celui qu'il qualifiait de grand diable rouge commandant une armée chrétienne. Il lui remit auparavant une déclaration, dans laquelle il affirmait expressément que la convention qu'il lui avait remise à son arrivée ne devait pas être exécutée tant que l'accord du roi Ferdinand IV mais aussi de lord Saint Vincent et de lord Keith n'avait pas été donné.

Aussitôt le courrier de Naples reçu, le roi définit le programme royal avec sa légèreté coutumière : *festa, forca, farina* (la fête, le gibet, la farine). C'était le *panem et circenses* des Romains, mais avec la pendaison en plus. De son côté, Acton informa Nelson que le roi n'avait jamais eu l'intention de traiter avec les rebelles et qu'une juridiction d'État allait être créée pour condamner les chefs à mort et les autres à l'exil.

La reine se montra plus diserte. Dans une lettre à Emma Hamilton, elle lui demandait de soumettre au « cher amiral Nelson », les bases de ce qu'elle présentait comme la pensée commune du couple royal : la garnison française devait être immédiatement renvoyée à Marseille ; les « canailles de rebelles » devaient déposer leurs armes et se rendre « à discrétion et volonté du roi » ; les principaux chefs devaient être condamnés, les autres exilés et condamnés à mort s'ils rentraient dans le royaume ; « pour les femmes qui se sont distinguées dans la révolution et cela sans pitié », la sentence devait être la même ; enfin, lorsque les faits se trouvaient avérés, tout procès, tout tribunal devait être considéré comme inutile.

Parce que les notables et les intellectuels avaient failli, elle exigeait la suppression de toutes leurs assemblées, mais parce que le peuple, resté fidèle, avait droit à la reconnaissance royale, elle estimait qu'il fallait le libérer de la juridiction féodale des barons.

Marie-Caroline avait parfaitement compris le soulèvement contre-révolutionnaire. Les élites intellectuelles, en premier lieu les francs-maçons qu'elle avait si ardemment soutenus, l'avaient trahie. La noblesse avait pactisé avec la révolution ou, au mieux, était restée coite, affolée par les soulèvements populaires et ruraux. Seules les masses s'étaient montrées fidèles au roi et à la religion. Elle entendait donc que le nouvel acte monarchique fût écrit en leur faveur.

Au nom de ce peuple qu'elle découvrait, elle réclamait à Emma Hamilton « la plus grande fermeté, force, vigueur, rigueur » et elle engageait Nelson à « traiter Naples comme si c'était une ville rebelle d'Irlande qui se fût conduite ainsi ».

Lorsque le texte de la convention entre Ruffo et le Directoire exécutif parvint à Palerme, Marie-Caroline ne se tint plus. Elle annota le texte de sa main, donnant ainsi le ton de ce qu'allait être la répression*.

La reine n'eut guère d'efforts à faire pour convaincre son époux de la pertinence de ses remarques et exigences. La frayeur avait été trop grande, l'humiliation

* Voir texte synoptique en annexe, p. 399-401.

même de la retraite à Palerme avait été trop cuisante, pour qu'il eût la générosité d'un Ruffo. Ce dernier l'avait admirablement servi en unifiant des troupes hétéroclites, mues par des intentions souvent divergentes. Il avait su les fédérer en leur donnant un but, celui de défendre la foi et la légitimité. Il l'accabla de récompenses et le tsar Paul Ier ne voulut pas être en reste.

Néanmoins, il ne lui était désormais plus utile et la reine trouvait qu'il avait outrepassé la mission qui lui avait été confiée. Le cardinal tint tête à Nelson, mais il ne put faire davantage. S'il resta fidèle à sa parole, il n'eut aucun moyen pour arrêter le torrent de haine que vomissait la Naples des *lazzaroni*.

Pourtant, la première victime de la répression ne fut pas un homme qui entrait dans la catégorie de ceux qui auraient dû être protégés par la convention de capitulation. Il s'agissait de l'amiral Caracciolo. Il ne s'était pas déclaré républicain au début de l'insurrection. Bien au contraire, il avait accompagné la famille royale à Palerme et avait obtenu du roi la permission de se retirer dans ses terres de Campanie. Mais, peut-être par patriotisme, il s'était volontairement mis au service de la république et, avec ses canonnières, il avait tiré contre les bâtiments du roi et de ses alliés. Il était donc coupable de trahison et, pour cela, le 29 juin, il passa devant le conseil de guerre, présidé par le comte de Thurn, qui le condamna à la prison à vie.

Or, Nelson ne s'en satisfit pas. Il exigea que le conseil prononçât la peine capitale et les juges déférèrent servilement à la volonté de l'amiral. Celui-ci refusa à Caracciolo de mourir en soldat et, alors qu'il souhaitait être fusillé, il fut ignominieusement pendu, le soir même, à la vergue de la misaine de la *Minerva* contre laquelle il avait fait tirer. Pire, Nelson aggrava de lui-même le supplice, en déniant au cadavre de son adversaire tout droit à une sépulture décente, exigeant que le corps, lesté, fût jeté à la mer, dès le coucher du soleil.

Le « héros d'Aboukir » perdait la tête, ne respectant ni les juges, ni même le roi qui était le seul à pouvoir décider d'aggraver ou non le sort de Caracciolo. Lorsque, plus tard, on l'en accusa, il se contenta de répondre que l'amiral avait été jugé par des officiers napolitains et pendu sur une frégate sicilienne.

Du sordide à l'horreur

Pendant que Marie-Caroline vociférait et que Nelson se durcissait, à Naples, des scènes effroyables se produisaient.

En récompense des services rendus à la couronne, la ville fut abandonnée aux *lazzaroni* du 29 juin au 8 juillet. Des brigands, souvent sanfédistes de la dernière heure, pillèrent à leur aise. L'anarchie populaire ne visa pas que les seuls républicains. Pour le petit peuple, le riche, le noble mais aussi la bourgeoisie urbaine des propriétaires et des négociants, celle qui portait des *giamberghe* (redingotes), étaient tous des *giacobini*[1]. Comme l'écrivait un témoin de l'époque : « Tout le monde était exposé aux insultes, [...] à l'injustice et aux vols de la populace effrénée[2]. »

Les exactions de la foule

La lie de la plèbe put à loisir exhaler sa haine de tous ceux qui l'avaient dominée et elle se laissa aller à ses plus bestiales passions. Des hommes encore vivants furent jetés dans un brasier allumé devant le palais royal et l'on assista à des scènes de cannibalisme. Comme toujours, des énergumènes – majoritairement mâles – s'en prirent aux femmes. Des dames de qualité, au mépris de leur pudeur, furent fouettées publiquement et livrées ensuite à leur bestialité.

Le cardinal Ruffo, heurté par ces crimes, fit alors appel aux troupes russo-ottomanes pour ramener un ordre apparent dans la ville. Ensuite, il instaura une juridiction d'État, nommant des gens de bien comme juges qui, d'ailleurs, refusèrent de siéger hors légalité et décidèrent d'attendre l'arrivée du roi. Le calme revint alors progressivement et la sommaire « justice du peuple » se fit plus discrète.

De son côté, Nelson craignait d'avoir à se salir encore davantage les mains. Il fallait qu'il fût couvert. Le jour même de la pendaison de Caracciolo, il chargea Emma Hamilton d'en raconter les détails à Marie-Caroline et de prier le couple royal de rentrer à Naples.

Le 3 juillet, Ferdinand IV et Acton s'embarquèrent donc à Palerme. La veille, Marie-Caroline avait écrit à lady Hamilton qu'elle resterait en Sicile, le roi n'ayant pas cru convenable qu'elle y allât pour le peu de temps qu'il comptait rester à Naples. Quelques lignes plus bas, elle avouait : « J'y ai été amenée par bien des motifs, personne ne m'y voulant. » Cette mise sur la touche l'affectait profondément, mais prévoyant des orages entre Ruffo, le roi et Acton, elle ajoutait : « On me regrettera. »

C'est de ce temps-là que date le long processus qui conduisit à l'éloignement progressif de Marie-Caroline des décisions du pouvoir. Elle ne vit pas immédiatement l'érosion inexorable de son influence. Bien au contraire, elle s'imagina toujours qu'elle referait surface et que l'on ne pourrait jamais se passer d'elle et, enivrée par ses délires d'ego, elle s'ingénia à contourner les efforts de ceux qui voulaient l'évincer. Le 3 juillet, elle envoyait un message à Emma Hamilton. C'était un véritable cri de détresse :

> Ma chère Milady, vous m'avez entièrement oubliée. Me voilà depuis quatre ou cinq jours sans la moindre nouvelle. Depuis la mort de Caracciolo, je ne sais plus rien de Naples. [...] Que l'on m'oublie à Palerme quand le roi sera devant Naples, je m'y attends et j'y suis préparée. [...] Ni le cardinal, ni personne n'écrit. [...] Adieu, ma chère Milady, ne m'oubliez point entièrement dans ma relégation.

La réaction d'État

Ferdinand IV parut devant Naples le 10 juillet sur une frégate napolitaine, la *Sirena*. La foule des *lazzaroni* l'attendait, prête à l'acclamer, mais le roi – qui ne se fiait pas trop à ses « chers enfants », comme il les appelait dans sa proclamation de retour – préféra, à 4 heures de l'après-midi, monter à bord du *Foudroyant* britannique qui devait être son quartier général pendant les quatre semaines suivantes. Là, il reçut tous ses courtisans accourus en nombre et ceux à qui Ruffo avait confié une charge. Les juges du tribunal d'État parurent à leur tour et estimèrent que les stipulations de la capitulation devaient être observées pour que le peuple pût croire en la parole du roi. Ferdinand ne dit mot, mais Acton fit savoir aux juges qu'il conviendrait surtout de s'en remettre à la clémence royale. Les magistrats ayant répliqué qu'il ne serait pas légal de juger ceux qui avaient agi sous l'oppression de l'occupation française, ils furent remerciés et on nomma pour les remplacer une cour « plus à la hauteur de la situation » : la Juridiction de Bon Gouvernement (*Giunta di Buon Governo*).

En réalité, Marie-Caroline œuvrait en coulisse. Elle s'était fait une raison : « Haïe (quoiqu'avec injustice) mais haïe comme je le suis, on m'aurait tout attribué en mal et comme esprit de vengeance. » Toutefois, elle ajoutait : « Je suis prête à retourner à Naples, au moment où le roi le voudra, je n'y ai aucune difficulté, mais j'y porterai mes réflexions, convictions et mon plan, formé depuis six mois de pensées et suite, sur tout ce qui s'est passé[3]. » Ainsi, dans sa tête, tout était prêt. La guerre qu'elle se préparait à mener était une guerre idéologique, une croisade de l'orthodoxie légitimiste contre l'hérésie républicaine.

Pour cette raison, elle se méfiait du cardinal Ruffo qu'elle accusait de « conduite équivoque ». Il avait traité d'égal à égal avec les « rebelles », il leur avait offert une « honorable capitulation », il avait créé un tribunal qui entendait les placer sous la protection de la loi. Nelson et lady Hamilton partageaient ses réticences à l'encontre du prélat. Aussi bien furent-ils à Naples deux soutiens de poids pour la reine. Tous deux incitèrent Ferdinand à ne rien signer avant qu'il n'en reçût l'accord de son épouse.

Elle avait décidé de proposer elle-même les magistrats du nouveau tribunal*, qu'elle choisit principalement parmi ceux qui avaient marqué du zèle dans les répressions antérieures et plutôt siciliens, donc moins susceptibles d'avoir été contaminés par les idées subversives de Naples. Le 13 juillet, elle informa Emma Hamilton qu'elle les avait fait embarquer.

À Naples, alors que beaucoup avaient espéré que la présence du roi serait l'occasion de mesures de clémence, ce fut l'inverse qui se produisit. La répression sauvage de la plèbe céda la place à une répression tout aussi dure, mais cette fois légale[4].

Ferdinand ne semblait faire montre d'aucune émotion. Ainsi, alors qu'il était à bord du *Foudroyant*, un pêcheur prétendit avoir vu un homme flotter debout dans la mer. En effet, le corps de Caracciolo, gonflé de gaz, détaché du boulet qui l'avait lesté, flottait, le torse émergé. Raconté à l'envi, souvent romancé, ce prodige frappa les spectateurs mais la seule réflexion du roi fut : « Que me veut-il encore ? » Un chapelain présent lui aurait alors soufflé : « Une sépulture chrétienne. » Il se soumit donc à ce qui passa pour un signe divin et les

* Elle était présidée par le Palermitain Felice Damiani. Le baron Giuseppe de Guidobaldi (1744-1814) en était l'avocat fiscal (procureur du roi), et les juges, Antonio Della Rossa (1748-1817), Gaetano Sambuti, Salvatore Di Giovanni et surtout le juge sicilien Vincenzo Speciale (1760-1813), homme de confiance d'Acton et qui s'était déjà fait connaître par la répression dans l'île de Procida.

restes de l'amiral furent inhumés dans l'église Santa Maria della Catena*.

En revanche, à peine les juges choisis par Marie-Caroline furent-ils débarqués de Palerme que Ferdinand les confirma dans leurs fonctions et leur ordonna de commencer immédiatement leurs travaux. Il fit alors afficher la composition du nouveau tribunal et pour que nul n'imaginât la possibilité d'une quelconque clémence, il fit ajouter à la liste des magistrats, le nom du bourreau qui, ironie du sort, s'appelait Tommaso Paradiso.

Il confirma la révocation de la capitulation et fit remettre ses instructions aux magistrats. Tous ceux qui avaient favorisé l'entrée des Français ou la proclamation de la république, qui avaient combattu les troupes de Ruffo, détruit des emblèmes de la royauté, porté la cocarde tricolore** ou parlé contre les souverains étaient passibles de la peine de mort. Ceux qui avaient accepté des fonctions dans la république parthénopéenne étaient condamnés à l'exil, la déportation à Pantelleria ou à la prison et à la confiscation de leurs biens. Quant à la liste des délits pouvant engendrer des poursuites, elle n'était guère différente de celle qui avait cours à Saint Pétersbourg : porter les cheveux courts, s'être laissé pousser la barbe, avoir assisté en curieux à une cérémonie républicaine, avoir quêté pour les blessés républicains.

---

* Dans le quartier historique de pêcheurs de Santa Lucia. Notre-Dame de la Chaîne était fêtée le 8 septembre. La « fête de la chaîne » (*'Nzegna*) était alors célébrée en l'honneur de cette Vierge protectrice des marins réduits en esclavage par les musulmans.

** Les couleurs du drapeau républicain comme de la cocarde étaient bleu, jaune, rouge. La cocarde royale était rouge.

À ce train-là, peu de Napolitains avaient une chance d'échapper à une peine, d'autant que les juges rivalisaient de sévérité. Toutefois, le roi les prévint qu'il accordait son pardon aux *lazzaroni,* notamment à ceux qui avaient pillé son palais, et qu'il espérait que tous les particuliers qui en avaient été victimes feraient de même, car tout « avait été exécuté en son nom ».

Le tribunal eut ordre d'instruire les procès secrètement et rapidement, de considérer délateurs et espions comme des témoins, de rétablir la torture et de supprimer la défense. En même temps, des commissaires extraordinaires étaient envoyés dans les provinces, assistés de tribunaux temporaires, « pour purger le royaume des ennemis du trône et de l'autel ».

Tout cela comblait Marie-Caroline qui suivait toujours les événements depuis Palerme. Le 18 juillet, elle écrivait à Emma Hamilton : « J'espère que les membres du tribunal feront rase justice, ne se laissant séduire ni par les larmes, ni les protections ni les richesses des parents des accusés. »

Elle-même n'entendait pas pardonner, y compris à celle qui avait été, des années durant, sa plus proche amie, mais on disait aussi sa compagne de débauche, son entremetteuse, voire son amante, la marquise de San Marco*. La femme la plus importante de la Cour

---

* Caterina De' Medici (1747-1824), sœur du magistrat Luigi De' Medici, épousa en 1767 Triano Cavigniglia, duc de San Giovanni Rotondo et marquis de San Marco. Dame d'atours de la reine, elle fut notamment la maîtresse de l'ambassadeur autrichien Kaunitz mais aussi du roi. Sympathisante des Lumières, elle n'en fut pas moins nommée en 1797 grande maîtresse de la garde-robe de la reine.

avait en effet refusé de suivre Marie-Caroline à Palerme. Dans sa lettre du 7 juillet à Emma Hamilton, Marie-Caroline disait lui avoir écrit plusieurs fois de venir à bord du *Vanguard* prêt à partir pour Palerme. Non seulement la marquise n'était pas venue, mais alors que tous connaissaient ses liens avec la reine, elle s'étonnait : « Avec la haine qu'on me portait, elle n'a point été emprisonnée ! » Parce que les relations anciennes de la marquise avec ceux qui étaient devenus les leaders républicains l'avaient épargnée, la reine rompit définitivement d'avec elle : « Si madame de San Marco aura des besoins pécuniaires, elle peut compter sur moi toute sa vie, mais tous les liens d'intérêt, d'amitié sont brisés par sa conduite, ternis. » Reine blessée, Marie-Caroline était aussi une femme meurtrie. Quelques jours plus tard, le 18 juillet, elle écrivait à lady Hamilton : « Je réponds à la San Marco un de ces jours. Mon cœur, qui ne change jamais, me pousse à le faire ; mais je l'avoue l'oubli de toutes mes amies m'a été sensible. » Les événements lui avaient fait apparaître la réalité de ses relations amicales que son narcissisme hystérique l'avait poussée à croire plus étroites, plus profondes.

Elle ne voulut alors aucunement dissocier les nobles des autres inculpés : « Qu'ils subissent leur sort avec les nombreux et encore plus coupables compagnons, hommes et femmes. » Elle ne leur pardonnait pas cette « rébellion aristocratique » qui avait, avant même la venue des Français, détrôné le roi en chassant son vicaire général, Pignatelli Strongoli[5]. Si elle prétextait l'égalité de traitement (« Le public et la famille des autres pourraient trop se lamenter et murmurer »), en réalité, elle estimait les nobles infiniment plus coupables car ils avaient manqué à l'attachement qu'ils étaient censés avoir pour elle[6]. Dix-huit princes et ducs périrent donc décapités.

Les juges s'attelèrent au travail, d'autant que le roi était inquiet, les Français étant encore présents en Italie. Ils établirent deux listes de condamnés à mort : ceux dont la sentence devait être immédiatement exécutée et ceux pour qui elle serait différée.

La vengeance royale

Toute l'élite républicaine fut immédiatement décapitée si elle appartenait à la noblesse du royaume, comme le général Massa, ou pendue si elle était roturière. Des évêques – tel Michele Natale* – et des prêtres connurent la corde, tout comme Eleonora Fonseca Pimentel.

Condamnée à la pendaison en place publique le 17 août, elle écrivit au roi pour obtenir d'être décapitée, étant noble. Cela lui fut refusé. Ayant ajusté sa robe avec une épingle pour ne pas livrer son intimité à la vue du public, elle demanda un café et citant Virgile, elle dit : « Peut-être qu'un jour vous aurez plaisir à vous souvenir de ces moments[7]. »

Une autre femme fut victime de la répression, la marquise de San Felice, celle qui avait trahi les royalistes sans s'en rendre véritablement compte. La malheureuse créature, enceinte, ne fut pas épargnée. En vain, l'épouse du prince héritier qui venait d'accoucher d'un

---

* Pendu le 20 août 1799, il fut le dernier évêque de Vico Equense. En 1818, Pie VII rattacha ce diocèse à celui de Sorrente.

prince, prénommé Ferdinand*, demanda-t-elle sa grâce au roi. Il fut intransigeant : il fallait venger le sang des Baccher. À peine relevée de ses couches, elle fut décapitée en place publique le 11 septembre 1800. Ce fut une ignoble et sanglante boucherie** qui, lorsqu'elle fut connue, scandalisa l'Europe entière, même la moins favorable aux idées françaises.

L'exécution de Luisa San Felice fut la dernière, Ferdinand et Acton ayant prévu que lorsque la terreur de la répression aurait annihilé toutes les velléités de soulèvement, le roi ferait acte de clémence. Cette décision avait révulsé Marie-Caroline qui, dès le 18 juillet 1799, écrivit à Emma Hamilton : « Certainement il arrivera un moment qu'on sauvera et enverra en exil quelques-uns, grâce à la loi faite auparavant du pardon accordé, loi faite en raison de motifs dont je n'ai jamais pu comprendre la cause. »

Finalement, les chiffres de la répression varient d'une source à l'autre. Sur les quelque huit mille prisonniers politiques du royaume, quatre-vingt-dix-neuf furent exécutés. Plus de cinq cents autres personnes furent emprisonnées (deux cent vingt-deux à vie), deux cent quatre-vingt-huit furent déportées et soixante-sept exilées.

La violence, pour ne pas dire la brutalité de cette vengeance royale, souleva le cœur de beaucoup en Europe, non que l'opinion internationale s'opposât à une juste

---

* Marie-Clémentine d'Autriche donna naissance au petit prince le 27 août 1800. Il mourut moins d'un an plus tard, le 1er juillet 1801. La princesse héréditaire mourut à son tour le 15 novembre 1801.

** Son utérus se déchira et le bourreau manqua son coup, fracassant l'épaule de la malheureuse et achevant la décollation avec une dague utilisée pour achever les blessés (appelée une *miséricorde*).

répression, mais parce que celle-ci ne fut pas proportionnée aux responsabilités de chacun.

Ainsi Domenico Cimarosa, bien qu'ayant fort servilement composé un hymne en l'honneur du retour du roi à Naples, fut jeté en prison sur ordre du cardinal Ruffo et condamné à mort pour avoir composé l'hymne républicain. Des admirateurs, officiers du détachement russe, obtinrent que sa sentence fût commuée en bannissement*.

Le sort de Dolomieu, de l'ordre de Malte, fut moins enviable. Ayant quitté l'expédition d'Égypte, son bateau échoua à Tarente. Arrêté puis transféré à Messine, il fut fort étroitement emprisonné durant vingt et un mois. Marie-Caroline tenait sa vengeance. Toutefois, il était trop connu pour être oublié. Il fut sans doute le premier exemple d'une intervention internationale en faveur d'un savant : le tsar Paul Ier, Charles IV d'Espagne, George III d'Angleterre, les trois Consuls français, même le pape Pie VII à peine élu, et sir Joseph Banks, président de la Société royale de Londres, intervinrent en sa faveur. Bonaparte, vainqueur à Marengo, imposa que son nom fût inscrit sur les listes des prisonniers à libérer dans le cadre du traité de Florence (28 mars 1801)**.

---

* Alors qu'il désirait se rendre à Saint-Pétersbourg, il mourut à Venise en janvier 1801. Raffaele Trancredi peignit en 1912 *Cimarosa incarcerato per aver scritto un inno repubblicano è liberato dai musicanti dei reggimenti russi di guarnigione a Napoli.*

** Le traité de Florence rétablit la paix entre Naples et la France à la fin des guerres de la Deuxième Coalition. De retour à Paris, très affaibli par la dureté de sa détention, Dolomieu mourut le 28 novembre 1801.

Bien qu'éloignée, contre son gré, du théâtre napolitain, Marie-Caroline fut tenue pour responsable des horreurs de la répression, autant par ses ennemis que par une grande partie de l'opinion internationale.

Les Napolitains, mais aussi les autres Italiens, dénoncèrent la reine autrichienne. Ainsi, Lomonaco*, surnommé le Plutarque italien, publia un pamphlet : *Rapport fait par Francesco Lomonaco, patriote napolitain, au citoyen Carnot, ministre de la Guerre, sur les causes secrètes et les principaux événements de la catastrophe de la baie de Naples sur le caractère et la conduite du roi et de la reine de Sicile et du célèbre Acton,* qui connut un immense succès. Immédiatement traduit en italien**, il se répandit dans toute la péninsule.

Il reprenait l'un des plus terribles pamphlets*** que le Palais-Royal du duc d'Orléans avait vomi contre Marie-Antoinette. Assimilant la « nouvelle Théodora » de Naples à sa sœur de France, ce « Monstre échappé de Germanie », il paraphrasait le libelle français pour apostropher cette autre Autrichienne : « Reine plus qu'indigne, tu es pour moi plus orgueilleuse et arrogante

* Le Lombard Francesco Lomonaco (1772-1820) fit ses études (droit et médecine) à Naples à partir de 1790. En 1799, il décida de servir la République parthénopéenne, notamment comme médecin militaire. Il réussit, par hasard (son nom étant mal transcrit) à échapper à la répression et il s'exila à Milan.

** *Rapporto al Cittadino Carnot Sulla Catastrofe Napoletana del 1799.*

*** Ses auteurs usurpèrent le nom de l'écrivain suisse Jean-François de La Harpe (1739-1803) et le publièrent en 1789 dans l'ouvrage ordurier *La Reine dévoilée ou Supplément aux mémoires de Mme la comtesse de Valois de La Motte.*

qu'Agrippine et même que Messaline[8]. » Lomonaco, comme avant lui Eleonora Pimentel, reprenait l'apostrophe de l'Arioste : « Italie, tu dors, sans réagir, sans rougir de te voir aujourd'hui devenue la servante d'une nation qui naguère te servait[9]. »

En ces moments qui furent la préhistoire du Risorgimento, les Italiens s'étaient rendu compte que les Français ne les aidaient que pour autant que cela les servait et que les Autrichiens étaient toujours prêts à soutenir ceux qui les asservissaient. Ce fut alors que naquit l'idée que formula en 1848 le roi Charles-Albert de Piémont : *Italia farà da sè* (l'Italie se fera elle-même), sans recourir à personne, mais toujours contre les Habsbourg.

Marie-Caroline avait largement contribué à émanciper le royaume de Naples de la tutelle espagnole. Mais son manque d'envergure, sa versatilité avec ses collaborateurs – Acton y compris – ainsi que la faiblesse de son époux l'avaient entraînée à jeter son pays dans un clientélisme qu'elle croyait maîtriser, entre l'Autriche et l'Angleterre. En réalité, elle n'avait pas su être napolitaine, elle n'avait pas su être italienne, ayant sans doute à l'égard des péninsulaires le regard méprisant du monde germanique. Sur la scène internationale, elle avait eu jusque-là un succès d'estime. En 1799, la fuite à Palerme, la répression de Naples, la fusion avec Emma Hamilton et Nelson, furent des couacs impardonnables. Elle continua certes à tenir son rang et à occuper l'espace, mais elle était désormais un personnage secondaire.

Ce relatif effacement n'atténua cependant pas le désamour voire la haine qu'elle suscitait dans son royaume et en Europe. Devenue à elle seule le symbole de la violence de l'absolutisme, elle fut pour beaucoup la personne à abattre, comme si, une fois disparue, le monde qu'elle défendait s'écroulerait alors de lui-même.

CINQUIÈME PARTIE

EXILS ET DÉCEPTIONS

(1800-1814)

1
La première restauration

Une amnistie aurait grandi le couple royal. Mais son refus, autant dû aux terreurs du roi qu'aux rancœurs de la reine, fut tout entier imputé à celle-ci. L'opinion des nations, même les plus antifrançaises, rejeta alors celle qui n'apparaissait plus que comme une harpie sanguinaire. Pourtant, la restauration de 1799, passé le temps de la répression, ne fut pas totalement un retour au *statu quo ante*. Plus, elle fut un revirement important car la monarchie, désormais sans illusions sur les élites, essaya de donner des gages à son peuple.

Le rappel par Londres de Nelson et des Hamilton

À Naples, Ferdinand, soit qu'il ne fût pas fier des événements, soit qu'il fût mort de peur, ne descendit à aucun moment à terre, restant à bord de son vaisseau. Au bout d'un mois, le 4 août, en compagnie de Nelson et lady Hamilton, il rentra à Palerme où Marie-Caroline les attendait impatiemment. Agitant une écharpe blanche, elle se fit emmener en barque jusqu'à bord du *Foudroyant*, offrant tout de suite à Emma Hamilton un collier de diamants orné de son portrait en miniature avec l'inscription *Eterna gratitudine*. Le soir, elle lui fit parvenir, de la part du roi, deux voitures de gala, et à chacun des deux époux, un portrait du souverain serti de pierres précieuses*.

Naples fut d'abord laissée au gouvernement du vicaire royal, le cardinal Ruffo. Alors que la France républicaine subissait revers sur revers, la cour de Palerme crut le moment venu de reprendre l'initiative. Elle se fit dans deux directions : Malte et Rome.

À Malte, la garnison française était assiégée, enfermée dans le réduit du Grand Port, sans plus aucun approvisionnement. Aux appétits anglais s'étaient ajoutés ceux du tsar Paul Ier qui s'était autoproclamé grand maître de l'Ordre. Le 22 septembre 1799, Ruffo exigeait que le duc de Salandra se rendît dans l'île pour y incarner l'autorité royale « en union avec les représentants des puissances britannique et russe ».

À Rome, la République romaine, sans plus aucun soutien des armées françaises partout en difficulté, survivait à peine. Les troupes napolitaines, sous le commandement d'un ancien chef de bande royaliste, Rodio, fait marquis à la demande de Marie-Caroline, occupèrent la ville le 30 septembre et renversèrent le régime républicain. Pie VI étant mort le 29 août, Naples conféra au prince d'Aragona une véritable dictature dans les États pontificaux, au nom du seul roi Ferdinand.

À Palerme, la reine était sûre d'avoir eu définitivement raison de la gabegie révolutionnaire. Mais alors qu'elle croyait pouvoir savourer son triomphe, tout se désagrégea autour d'elle.

---

* Le tout pour une valeur estimée entre 600 000 et 700 000 euros.

Pour commencer, depuis son retour en Sicile, Nelson semblait être le jouet de sa maîtresse et de la reine pour organiser festivités navales et soupers à bord de son vaisseau. Londres, prévenu de toute part, s'en émut. Pour donner le change, Nelson conseilla à la reine d'engager son époux à décréter une amnistie, mais rien n'était plus contraire aux vues de la souveraine. L'amnistie fut rédigée, signée, mais gardée dans les tiroirs.

L'amiral comprit alors, mais un peu tard, qu'il jouait gros à trop apparaître lié au couple royal. Il écrivit alors à l'ambassadeur britannique à Vienne, espérant que l'empereur interviendrait auprès de sa tante et belle-mère. Il lui déclara qu'il avait tout fait pour engager le roi à retourner à Naples, accusant nommément Acton de duplicité, et ajoutait pernicieusement « pour des motifs que je ne comprends pas, le pardon et l'acte d'amnistie n'ont pas été publiés, bien qu'ils aient été signés ».

L'Amirauté ne fut pas dupe. Elle donna l'ordre à Nelson de se rendre au siège de Malte et le Foreign Office envoya Arthur Paget* pour enquêter sur la situation de l'ambassade anglaise à Naples. Au printemps 1800, la reine s'en alarma, ayant compris que « des intrigues et des cabales » risquaient de lui faire perdre son amie Emma.

Les deux femmes suspectèrent alors Ferdinand et Acton d'être à l'origine des manœuvres anglaises, pour se défaire à la fois de Nelson et des Hamilton. Marie-Caroline n'osa pas d'attaque frontale. En revanche, Emma Hamilton demanda avec insolence au roi de s'expliquer. Ferdinand réagit si violemment que la reine

* Sir Arthur Paget (1771-1840).

écrivit à son amie : « J'ai eu hier à votre départ une scène de forcené : cris, hurlements, voulant vous tuer, vous jeter par la fenêtre, appeler votre mari pour se plaindre. »

Pendant ce temps-là, Paget avait quitté Naples, non pour Londres mais pour Vienne où il avait confronté ses informations avec celles de l'ambassadeur britannique. Son rapport étant accablant. Si Londres refusa de désavouer Nelson, sir Hamilton fut rappelé. Sa femme et lui devant rentrer en Angleterre, Nelson demanda l'autorisation de s'y rendre pour soigner sa santé.

Ferdinand, pour remercier Nelson, le gratifia du titre de duc de Bronte auquel était attaché un fief sicilien et lui offrit la superbe épée que Louis XIV avait donnée à son petit-fils lorsqu'il devint Philipe V, mais à Londres, où l'amiral fut certes reçu en triomphateur, Charles James Fox* flétrit le 3 février 1800, en plein Parlement, la coupable assistance[1] qu'il avait apportée à la perpétration des atrocités de Naples et qu'il qualifia de tache sur l'honneur britannique.

La solitude de la reine

Marie-Caroline se retrouvait donc plus seule que jamais. Même Ferdinand n'écoutait plus son délire vindicatif : le 30 mai 1800, pour la fête de son saint patron, il promulgua le décret d'amnistie qui mettait un terme

* Charles James Fox (1749-1806), député whig, fut un opposant majeur à la politique de Pitt de guerre contre la France.

aux recherches des opinions durant la République parthénopéenne.

Étouffant désormais à Palerme, se sachant mal venue à Naples, elle décida de se rendre à Vienne, auprès de sa fille l'impératrice. Elle profita de ce que Nelson et le couple Hamilton, désormais à Malte, devaient effectuer leur voyage de retour. Le *Foudroyan*t quitta le siège de La Valette où la garnison française vivait ses derniers moments et, à Palerme, embarqua la reine, trois de ses filles et son fils Léopold.

Une fois qu'ils furent arrivés à Livourne, le couple grand-ducal leur offrit une fête magnifique pour célébrer la reddition de Masséna à Gênes (4 juin). Le 16 juin au soir, Marie-Caroline reçut l'avis que l'avant-veille, le général autrichien Melas avait enfoncé les lignes françaises à Marengo. La cour fit immédiatement chanter un *Te Deum,* mais dans la nuit, Melas informait de sa défaite. Deux jours plus tard, la convention d'Alexandrie consacrait le retrait des Autrichiens au-delà des Alpes et la reprise de l'Italie du Nord par les Français. Le bruit courant que les armées de Bonaparte allaient attaquer Livourne, la reine, ses enfants et le ménage à trois britannique se dépêchèrent de gagner Ancône où une frégate russe les convoya jusqu'à Trieste.

Arrivée à Vienne, Marie-Carolinc cut du mal à faire accepter le scandaleux attelage qui l'accompagnait. Si Nelson fut certes traité en héros, Haydn dirigeant pour lui l'oratorio *La Création* qu'il avait composé à cette occasion, Emma la maîtresse et sir William le mari complaisant furent boudés par la Cour. Le 23 septembre 1800 au matin, les trois Anglais partirent pour Prague et, de là, pour Londres. Marie-Caroline et Emma ne devaient plus jamais se revoir*.

En même temps, la reine avait appris la reddition de la garnison française de Malte le 4 septembre 1800. Or, contre toute attente, il n'avait été fait nulle mention de la restitution de l'île à la couronne de Sicile, l'Angleterre déclarant vouloir s'y maintenir pour prévenir tout nouveau danger français. Ses alliés, ses amis anglais, l'avaient donc bernée : « Le Roi et nous tous avons été vivement mortifiés de ne voir dans la capitulation l'intervention d'aucune personne à nous, ayant troupes, artillerie, munitions et droits positifs sur l'île. Le seul pavillon anglais y flotte**. »

À toutes ces contrariétés s'ajouta un important changement des chancelleries qui ne pouvait que fort lui déplaire. En effet, en France, le projet visant à la restauration de Louis XVIII, mené par Pichegru avec l'accord tacite de Barras, avait échoué à la fin de 1799. Depuis le début de l'année 1800, le tsar Paul Ier regardait Bonaparte, qui venait de renverser le Directoire et fonder le Consulat, davantage comme le pourfendeur des jacobins que comme leur héritier. En Autriche, le chancelier Thugut commençait aussi à entrevoir l'intérêt d'une paix avec la France et faisait tout pour empêcher Marie-Caroline d'influencer l'empereur François II. Les derniers espoirs d'une quelconque victoire impériale s'étant effondrés, un armistice fut signé pour l'Autriche

* Arrivée à Londres, Emma accoucha d'une fille baptisée Horatia le 20 octobre 1800.

** Marie-Caroline à Emma Hamilton, Schönbrunn, 17 octobre 1800.

le 24 décembre 1800 et pour l'Italie le 16 janvier 1801*. Marie-Caroline comprit vite la situation :

> Tout cela va amener nécessairement la paix et Sa Majesté Buonaparte sur le trône. J'en suis au désespoir. Si toutes les troupes et tous les généraux de l'Empereur sont comme ce que je vois ici, je conseille de ne plus songer à la guerre. Je gémis et frémis de tout ce que je vois... À mon avis, la cause du Roi est perdue, car je n'ose me flatter que Buonaparte veuille lui laisser la couronne sur la tête, et sa volonté est tout.

La reine fut alors lâchée par son propre mari. Le roi Ferdinand, convaincu sans doute par Acton que toutes les intransigeances de la reine lui avaient été fatales, chargea le marquis de Gallo de prendre contact avec Bonaparte. Si celui-ci appréciait le diplomate, il n'en allait pas de même du couple royal dont il ne supportait plus les intrigues. Il était même disposé à envahir le royaume de Naples. La reine le savait et elle était intervenue auprès du tsar Paul Ier, désormais l'allié et l'admirateur du Premier consul. À ses sollicitations, ce dernier – qui comptait alors beaucoup sur l'alliance russe pour s'emparer de l'Inde anglaise – arrêta les troupes de Murat et de Damas prêtes à envahir le royaume napolitain.

Marie-Caroline tenta alors de jouer à Vienne sa propre partition. Elle espéra revivifier l'alliance entre la France et Naples, mais elle ne trouva qu'indifférence auprès de son impérial neveu. Déprimée par ce

* Respectivement armistice de Steyer et armistice de Trévise.

qu'elle considérait un abandon en rase campagne, elle se dit alors « sûre, archi-sûre de l'effondrement » de la monarchie des Habsbourg. Et comme à chaque fois qu'elle était confrontée à quelque chose qui la contrariait, son humeur cyclothymique la fit passer de l'exaltation extrême à la sombre dépression.

Elle commença, comme Paul Ier avant elle, par croire en Bonaparte. Écrivant au marquis de Gallo, elle esquissa un plan de l'Italie qu'il devrait soumettre en secret au Premier consul qui deviendrait alors « le roi de cœur des Italiens* ». Mais celui-ci n'avait qu'une idée, chasser les Autrichiens de l'Italie. Ainsi, les Habsbourg durent renoncer à la Toscane que Napoléon Bonaparte transforma en royaume d'Étrurie** et qu'il donna au prince Louis de Bourbon-Parme.

Marie-Caroline se persuada qu'elle, et elle seule, parce qu'autrichienne, était l'obstacle à un traitement convenable de Naples de la part du Premier consul. Elle écrivit alors à Gallo : « Mandez-moi ce que compte faire Buonaparte de l'Italie ! Si je lui déplais, qu'il me fasse donner une forte pension et assurée du Roi, et que je

* Agrandir Parme avec le Milanais, la Sardaigne avec le Piémont, la Toscane avec le Bolonais, Modène avec le Ferrarais, l'État ecclésiastique avec la Romagne et le royaume de Naples avec les Marches et Ancône.

** Par les traités de Lunéville (19 février 1801) et d'Aranjuez (21 mars 1801). En contrepartie, la France récupéra la Louisiane. Louis Ier était à la fois l'arrière-petit-fils du premier Bourbon d'Espagne, mais aussi par sa mère, le neveu de Marie-Caroline. Épileptique, il ne régna que deux ans. À sa mort en 1803, son épouse, fille du roi Charles IV d'Espagne, assura la régence pour son fils âgé de quatre ans, mais en 1807, la France annexa le royaume d'Étrurie.

puisse vivre où je veux. Je lui promets d'oublier toute l'Italie et de vivre retirée le reste de mes jours. C'est là mon unique souhait. »

Aveuglée par son égocentrisme, elle éludait le fait que Bonaparte ne faisait aucune confiance aux Napolitains en général et qu'il voulait des garanties. Ainsi, il exigea leur évacuation des États pontificaux, la rupture totale avec l'Angleterre et la fermeture des ports du royaume aux bâtiments britanniques.

Ferdinand étant toujours à Palerme, le prince héritier François exerçait le pouvoir à Naples. Comme il atermoyait, Murat lui envoya un ultimatum. Le 18 février 1801, dans le cadre des négociations de Lunéville entre l'Autriche et la République française, un armistice fut alors signé avec Naples*.

Toutefois, le Premier consul ne s'en contenta pas, car pour lui le royaume de Naples était « le seul pays à abattre et à diminuer en Italie, à cause de ses sentiments trop anglais ». Il voulait un traité spécifique entre les deux pays et signé le plus rapidement possible pour couper l'herbe sous le pied à la Russie qu'il estimait trop intervenir dans ces affaires. Un diplomate fut alors désigné, Charles Alquier**, et Florence fut choisie pour accueillir les plénipotentiaires. Le choix de cette ville – d'où venait

---

* Ce fut à ce moment-là que fut stipulée l'obligation de libérer Dolomieu.

** Charles Jean Marie Alquier (1752-1826), avocat, franc-maçon, député à la Constituante et à la Convention où il vota la mort du roi, commença une carrière diplomatique en 1798. Ambassadeur à Madrid (1799), il ne quitta ce poste que pour aller à Florence négocier la paix avec Naples. Sa réussite le fit alors nommer ambassadeur à Naples.

d'être chassé le grand-duc Ferdinand III de Habsbourg-Lorraine – était lourd de menaces. Micheroux, que le roi avait envoyé négocier avec Alquier, n'eut donc guère de marge de manœuvre, Naples risquant à tout moment d'être envahie par la France.

Bonaparte exigea la rupture totale d'avec l'Angleterre et, se méfiant des promesses des monarques siciliens, il exigea l'établissement de garnisons françaises à Otrante, Brindisi et Pescara ainsi que d'une division de douze mille hommes à Tarente destinée à la reconquête de l'Égypte. Ferdinand, ainsi contraint de ne plus jouer double jeu, ne pouvait plus donner le change aux Anglais. Il fut aussi obligé de céder l'île d'Elbe et Piombino auxquels il n'attachait pas une importance excessive. En revanche, son amour-propre fut profondément froissé lorsque le Premier consul, lassé d'entretenir les réfugiés politiques napolitains, exigea qu'ils pussent tous rentrer dans leur pays*.

En fait, la cour de Naples espérait que la Russie saurait atténuer les exigences françaises. Gallo, apprécié de Bonaparte, fut envoyé à Paris. Il escompta l'appui de Kalitchev, le nouvel ambassadeur de Russie, mais Paris voulut à tout prix en finir. Le traité de Florence fut signé le 28 mars 1801. Si la cour de Naples avait eu encore quelques espoirs, ils s'évanouirent définitivement à l'annonce de l'assassinat de

* L'article 7 du traité de Florence stipule que « Sa Majesté sicilienne s'engage aussi à permettre que tous ceux de ses sujets qui n'auraient été punis, bannis ou forcés de s'expatrier volontairement que pour des faits relatifs au séjour des Français dans le Royaume de Naples retournent librement dans leur pays et soient réintégrés dans leurs biens ».

Paul Ier le 24 mars précédent. En effet, l'Angleterre, mécontente du changement d'alliance que préparait le tsar, avait suborné des généraux qui obtinrent du tsarévitch l'accord pour éloigner Paul Ier du pouvoir. La mise à l'écart devint tsaricide. Le prince, devenu Alexandre Ier, cerné par les assassins de son père, ne pouvait désormais plus rien.

Pire, au même moment à Londres, Pitt, mis en minorité, avait dû se retirer et avait été remplacé par Henry Addington*. Le nouveau Premier ministre, voulant alléger le poids financier de la guerre, entra en négociations avec la France. C'était un revirement total qui nécessitait de convaincre l'opinion. Aussi, pour expliquer que les affaires napolitaines n'étaient pas vitales pour la Grande-Bretagne, le ministère fit appel à lord Hawkesbury**, président du Board of Trade, à Pitt lui-même, mais aussi, suprême horreur pour la reine, à son « ami » Nelson. Marie-Caroline toucha alors le fond. Le 31 mai 1801, elle avait écrit à Emma Hamilton :

> J'en arrive à regretter cette belle tempête du 23 décembre 1799 ! Nous aurions tous sombré ! [...] Plus rien après nous [...]. J'aurais ignoré toutes les horreurs et ingratitudes, l'arrivée des Français dans le royaume et l'horrible paix qui nous a été imposée.

---

* Henry Addington (1757-1844) fut Premier ministre de 1801 à 1804.

** Charles Henkinson, premier comte de Liverpool, lord Hawkesbury (1729-1808). Il avait été précédemment lord de l'Amirauté, puis lord du Trésor. Marie-Caroline l'appelle dans ses lettres lord Hanksburg.

Elle lui fit aussi part de sa tristesse et de sa profonde solitude après la « trahison » de Nelson :

> Son discours au Parlement pour soutenir l'inutilité pour nous de la Méditerranée, de Malte, m'a profondément affligée. [...] Le parti était pris de laisser l'Italie entière province française et sa dépendance, ainsi que la Méditerranée [...]. Mon attachement à l'Angleterre a été complet, entier : toutes nos démarches, malheurs, pertes et douleurs pour la vie en sont les effets. Ainsi j'avoue que cet entier abandon est cruel : d'autant plus, qu'il faut se taire en silence, chacun, me riant au nez, me dit : « Êtes-vous guérie de l'anglomanie ? »

Si elle ne l'était pas totalement, deux ans plus tard, sa tendre amie Emma lui donna des raisons supplémentaires de l'être. Sir Hamilton mourut en avril 1803. Fut-ce reconnaissance pour celui qui lui avait « fourni » sa femme ou au contraire vengeance à l'encontre de celle qui l'avait ouvertement ridiculisé, il légua la quasi-totalité de sa fortune à son neveu Charles Greville. « Sa compagne », comme il l'écrivait dans son testament, dut se contenter d'une portion congrue à laquelle elle n'était plus habituée. Nelson intervint alors auprès du gouvernement britannique qui promit tout et ne tint rien. Il s'adressa ensuite à Marie-Caroline qui fut à son tour prodigue en bonnes paroles mais refusa de faire quoi que ce fût. Si Nelson s'emporta sur la façon dont la reine témoignait « son éternelle gratitude », l'ancienne courtisane sut faire valoir ses souvenirs les plus graveleux, les vendant aux libellistes londoniens qui avaient jadis sali la Du Barry ou la reine Marie-Antoinette et qui livrèrent alors leur nauséabonde littérature au voyeurisme malsain de l'Europe entière. Certes la reine de Naples n'avait pas été un exemple de vertu, mais la fange pamphlétaire lui assura désormais une légende noire.

L'alliance forcée avec la France

Bonaparte, qui n'aimait pourtant pas les régicides, savait qu'il lui en fallait employer quelques-uns. Avec Alquier, nommé ambassadeur à Naples, il jouait sur la nuance. S'il avait voté la mort du roi, le conventionnel avait demandé que l'exécution fût différée et commuée en bannissement à la signature de la paix. Alquier fut dûment chapitré par Paris : en aucun cas, il ne devait se laisser circonvenir par les révolutionnaires napolitains et soutenir de quelque façon « leurs sentiments de haine ou leurs idées d'innovation ». Car le Premier consul entendait bien placer Naples sous protectorat et non en faire une république indépendante.

Le triomphe du Premier consul, 1800-1803

Lorsque Alquier prit son poste, Marie-Caroline était encore à Vienne et Ferdinand à Palerme. Le 25 mars 1802, avec la signature de la paix d'Amiens, plus aucune puissance européenne n'était en guerre. Le roi revint alors à Naples, précédant de peu la reine qui, lassée de vivre à Schönbrunn où elle était évitée par tous, y arriva le 17 août.

Peu avant de partir, elle avait fait ériger par le sculpteur Franz Christian Thaler*, dans un endroit des jardins de Schönbrunn où elle aimait à jouer enfant avec sa sœur Marie-Antoinette, un monument de famille pour exhaler son amour filial pour l'immortelle Marie-Thérèse et celui pour son cher pays natal. C'était son *Et in Arcadia ego,* souvenir nostalgique d'un paradis perdu qui était autant celui de l'enfance insouciante que du temps où les pouvoirs étaient respectés.

Lorsque le couple se retrouva, leur union était morte. Lors du repli de la famille royale en Sicile, entre 1799 et 1801, Ferdinand avait rencontré Lucia Migliaccio**, duchesse de Floridia, épouse du prince Grifeo de Partanna. La dame était devenue sa maîtresse officielle et il s'affichait ouvertement avec elle. Marie-Caroline accepta la situation avec une indifférence apparente, même si son amour-propre dut être blessé de se voir signifier son âge par une favorite de dix-huit ans sa cadette.

En revanche, elle fut reprise par le démon de la politique, tenant encore à ce qu'elle appelait « les singeries de la royauté ». Passait encore qu'elle ne fût plus une

---

* Franz Christian Thaler (1759-1817). Ce monument, assez lourd, composé d'une base de granit surmontée d'un vase de bronze, portait, outre l'inscription dédicatoire, un médaillon sculpté des profils de la reine, de trois de ses filles (Marie-Christine, Marie-Amélie et Marie-Antoinette) et du jeune Léopold qui arborait une broche à l'effigie du roi son père.

** Lucia Migliaccio (1770-1826) épousa Benedetto Grifeo en 1790. Elle en devint veuve en 1812. Ferdinand l'épousa morganatiquement le 27 novembre 1814.

épouse, elle était encore reine et elle ne pouvait supporter d'être mise à l'écart des affaires publiques.

À Naples, elle vit que celui qui avait choisi de n'être plus son mari était nu : elle le trouva un roi médiocre, vaniteux, dont la seule ambition était de durer et prêt pour cela à louvoyer entre les positions les plus opposées. Elle retrouva aussi Acton qui avait reconquis, à la chute de la République parthénopéenne, le pouvoir qui lui avait en partie échappé auparavant. Ayant accaparé toute l'influence sur le roi, il n'avait, pas plus que la cour de Vienne, de velléité à épouser les querelles chimériques de la reine.

Elle était alors tout entière obnubilée par Bonaparte, passant, à son habitude, de l'admiration à la haine. Dans un premier temps, elle fut séduite par son activité, son courage et sa dextérité :

> Je crois un bonheur que son talent ait mis fin aux cruautés, aux horreurs qui ont surpassé celles des Marius et des Sylla et je suis intimement persuadée que, dans toute l'Europe, personne ne mérite d'être plus souverain que lui. Il en a les connaissances et le courage ; il connaît les hommes et les conduit comme il faut à un but. J'ai de sa personne une véritable vénération. Je voudrais seulement qu'il se reposât sur ses lauriers et ne pensât plus à d'autres.

Pourtant, elle souhaitait qu'il voulût bien, pour une année seulement, « réordonner Naples et toutes les classes qui, toutes, auraient besoin de son gouvernement actif, sage et ferme ». Elle plaçait désormais en lui les espoirs qui avaient jadis été les siens en faveur d'Acton.

Lorsqu'elle apprit que le renard corse souhaitait, pour l'amadouer, lui faire un présent comme il l'avait fait pour la reine d'Espagne, elle fit savoir finement qu'une petite branche d'olivier lui suffirait en témoignage de bonnes relations.

Très rapidement, néanmoins, elle se rendit compte que le Premier consul ne se limiterait pas au pré carré français. Dès l'hiver 1802, aucune chancellerie ne se leurrait plus sur la précarité de la paix signée à Amiens.

À Londres, où l'opinion britannique était excédée par les concessions faites aux Français, Pitt préparait son retour. À Naples, Marie-Caroline commentait, désabusée, la situation politique européenne : « Pouvoir, force, fermeté d'un côté ; faiblesse, pusillanimité, vacillation de l'autre. » Face à Bonaparte qui, selon son expression, « polonisait » l'Europe, elle reconnaissait que le royaume de Naples pourrait s'estimer fortuné s'il ne s'intéressait pas davantage à lui.

Ce regard admiratif de la reine pour le Premier consul étonna profondément Alquier lors de leurs premiers échanges. L'ambassadeur avait attendu quatre mois avant que le couple royal ne fût de nouveau à Naples. Et jusque-là, le prince héritier qui y exerçait la régence s'était bien gardé de le recevoir. Il était donc grand temps pour lui de rencontrer le couple royal. Alquier fut peu amène pour dénoncer l'inanité de la conversation du roi. En revanche, alors que le régicide appréhendait fortement son premier entretien avec Marie-Caroline, il tomba de haut lorsqu'après avoir tressé des lauriers à Bonaparte, elle lui déclara :

> Lorsque vous écrirez faites bien mes compliments au Premier consul, présentez-lui tous mes hommages et dites-lui surtout que je ne me lasse pas d'admirer l'adresse avec laquelle il a su profiter d'un temps où, Catherine et Frédéric n'existant plus, il n'y a sur tous les trônes de l'Europe que des hommes très méprisables.

Il y avait certes une perfidie à affirmer qu'au pays des aveugles les borgnes pouvaient être rois, mais c'était aussi la tacite reconnaissance qu'elle estimait Bonaparte à sa dimension. Toutefois, alors que chez lui, tout était calculé, méthodique, étudié, chez elle, qui aguichait plus qu'elle ne séduisait, tout obéissait à son esprit impressionnable et à ses passions.

Alquier donna un étonnant portrait de cette reine « ni bonne, ni méchante », riche d'esprit, de grâces et d'éducation, mais animée autant par le désir de gouverner que par la passion du plaisir, ce qui lui a fait cultiver à la fois l'art de l'intrigue et de la galanterie. Presque cliniquement, il écrit :

> La vie de la reine n'est qu'une longue série de vapeurs et, c'est par l'effet de cette morbidité d'organisation qu'elle a été successivement amie tendre ou ennemie implacable, exorable ou vindicative, dévote et galante, maîtresse sans frein et femme jalouse à l'excès[7].

Selon lui, sa vivacité intellectuelle avait dégénéré à cause de la variabilité de ses humeurs, ce qui était aussi funeste à elle-même qu'au royaume.

Marie-Caroline avait alors cinquante ans. Ses cheveux avaient blanchi, son teint avait perdu son éclat, elle s'était empâtée (ses dix-huit grossesses n'avaient pas dû aider...) et son menton habsbourgeois n'était plus une anecdote. Acton, désormais marié à sa nièce de cinquante ans sa cadette*, n'était plus rien pour elle. Pire, il dominait l'esprit du roi et veillait à ce qu'elle fût désormais éloignée des affaires, tandis que Ferdinand vivait la crise de sa cinquantaine avec une femme plus jeune et assurément plus reposante.

Chez elle, cependant, les passions restaient vives. D'un côté, elle passait ses journées dans son bureau, écrivant plus qu'aucun ministre ne le fit, autant pour rester en contact avec tous les siens que pour échafauder des intrigues diplomatiques. De l'autre, tourmentée par le plaisir charnel, elle avait jeté son dévolu sur le commandeur Ruffo, « obligé d'y subvenir et de vivre auprès de ce débris de tant de grâces et de galanteries** ».

Dans un premier temps, elle avait été ravie de voir que « le petit Corse » avait « dompté l'indomptable nation française » et qu'il la gouvernait « plus despotiquement qu'aucun maître ». Pour l'irréductible ennemie de la criminelle Révolution, c'était une quasi-jouissance

---

* Le 2 février 1800, il avait épousé, à l'âge de soixante-trois ans, sa nièce Mary Ann Acton (1786-1873), âgée de seulement treize ans et fille de son jeune frère, le général Joseph Edward Acton. Nelson aurait ironisé : « Il n'est jamais trop tard pour bien faire. » De cette union naquirent deux garçons en 1801 et 1803 (le deuxième devint cardinal) et une fille (1806).

** André Bonnefon, *Marie-Caroline, reine des Deux-Siciles (1768-1814), op. cit.* Le commandeur, puis prince, Alvaro Ruffo della Scaletta (1754-1825), chevalier de Malte, fut ambassadeur à Paris en 1797 et 1798. Il mourut en 1825 alors qu'il était en poste à Vienne où il concourut, au Congrès de 1815, à faire restituer le royaume de Naples à Ferdinand IV.

de voir les jacobins, que l'Europe n'avait pas su détruire, être fessés par l'un des leurs.

Néanmoins, au début de 1803, elle ne se leurrait pas plus que le reste de l'Europe. De façon prémonitoire, elle était convaincue que Napoléon Bonaparte ne resterait pas tranquille et qu'après avoir laissé un temps son titre de roi à Ferdinand, « tout en en prenant toutefois tous les avantages pour lui », ils finiraient « dévorés, engloutis le premier jour où il l'aura résolu et le croira utile à ses projets ».

Elle était lucide sur la situation de son royaume. Elle écrivait à Gallo :

> Sans argent, sans armes, artillerie et munitions, sans soldats et, dans six millions d'hommes, pas un qui ait du courage ou veuille s'éveiller une heure plus tôt pour le bien de la patrie et l'honneur ! Aussi, nous sommes calculés comme non existants sur le globe. Mais si la guerre éclate justement par notre nullité reconnue et manque de foi, nous serons les victimes, subjugués et ballottés.

Son idée de retraite anticipée la reprit alors :

> Une bonne rente, des terres en Allemagne, une maison dans Vienne, un jardin hors Vienne et, écrit sur ma maison en lettres majuscules : Ici on ne parle ni des souverains, ni d'anciens gouvernements, ni de politique, ni même des nouvelles des gazettes !

Alors qu'elle s'affirmait prête à descendre du trône, sa finesse décela le talon d'Achille de Bonaparte : son souci de légitimité. Elle avait été outrée par la réponse que celui qui venait d'être vainqueur à Marengo avait faite, le 7 septembre 1800, aux ouvertures de Louis XVIII*. Elle écrivit alors : « Je trouve extraordinaire, avec la force et puissance de Buonaparte, qu'il veuille la renonciation d'un pauvre relégué à Varsovie qui paraît n'avoir aucun parti. »

Lorsque le bruit commença à se répandre en Europe qu'il rêvait de devenir un monarque, elle demanda à Gallo : « Que fait le grand homme ? Empereur, roi, dictateur ou consul ? Il est certes bien grand, mais il a des émules bien petits, ce qui l'a autant aidé que son propre courage et son génie. » Comme elle l'avait déjà dit à Alquier, Bonaparte était d'autant plus grand que les autres souverains étaient des nains ; c'était Gulliver égaré dans une Europe-Lilliput. Elle avait cependant encore pour lui son admiration du début quand elle déclara à son correspondant : « Je crois qu'il a trop d'esprit pour se faire, par un nom et un titre, plus d'ennemis, quand il a tous les pouvoirs et prérogatives de ces titres et en exerce toute l'autorité. »

---

* Le prétendant en exil lui avait écrit : « Nous pouvons assurer la gloire de la France. Je dis nous parce que j'aurai besoin de Bonaparte pour cela, et qu'il ne le pourrait pas sans moi. Général, l'Europe vous observe, la gloire attend et je suis impatient de rendre la paix à mon peuple », le Premier consul avait répondu : « J'ai reçu, Monsieur, votre lettre ; je vous remercie des choses honnêtes que vous m'y dites. Vous ne devez pas souhaiter votre retour en France [...]. Sacrifiez votre intérêt au repos et au bonheur de la France. L'histoire vous en tiendra compte. Je ne suis pas insensible au malheur de votre famille [...]. Je contribuerai avec plaisir à la douceur et à la tranquillité de votre retraite. »

Vers la troisième coalition 1803-1804

Tout changea avec la rupture de la paix d'Amiens. Cette paix qui n'était, autant dans l'esprit du Premier consul que de l'Angleterre, qu'une trêve, ne dura que de mars 1802 à mai 1803. Lorsque l'on lit les instructions envoyées par Napoléon à son frère Joseph, qui était le plénipotentiaire français, l'essentiel pour lui était de voir Malte évacuée par les Anglais. En effet, l'article 10 du traité stipula le départ des troupes anglaises et alliées et l'attribution de l'île à un ordre de Malte rénové, sans mention de la suzeraineté sicilienne. Londres atermoyant et Bonaparte continuant autant sa politique d'annexions que de blocage de l'activité économique britannique, le retour au pouvoir de Pitt ne put que signifier la reprise de la guerre.

En avril 1803, Londres envoya un ultimatum à Paris : l'occupation anglaise de Malte serait prolongée pour dix ans et les Français devraient évacuer la Hollande. Bonaparte fit attendre sa réponse et ce ne fut qu'*in extremis,* le 13 mai 1803, qu'il accepta ces conditions en échange de l'occupation de Tarente et d'Otrante par les troupes françaises. Le royaume de Naples se retrouvait donc otage sans avoir même été consulté. Tout cela ne servit pourtant à rien, puisque le 23 mai 1803, lc Royaume-Uni déclarait la guerre à la France.

Une semaine avant, le 15 mai 1803, en contravention absolue avec la paix de Florence signée entre la France et Naples en mars 1801, quinze mille soldats français étaient à nouveau entrés dans le royaume des Deux-Siciles et, en ces temps qui étaient encore de pleine paix, occupaient les deux grands ports des mers Ionienne et Adriatique. Tandis que Ferdinand était perturbé jusqu'à la démence à l'idée de se voir détrôner, Marie-Caroline exhalait sa fureur.

Le temps des aménités était passé. Elle estimait qu'elle et son mari étaient trop vieux pour se plier à être le marchepied des ambitions de « ce petit Corse ». Comme toujours, ses propos taquinaient l'outrance. Elle espérait Bonaparte tué ou empoisonné et la France recadrée avec « un roi, un Moreau, un Sieyès ou un autre coquin ».

En juillet, elle reçut une réponse de Bonaparte à une lettre qu'elle lui avait précédemment écrite. Si le ton était courtoisement galant*, le Premier consul posait très rapidement le renvoi d'Acton comme ultimatum préalable :

> Comment Votre Majesté veut-elle que je considère le royaume de Naples dans ses rapports géographiques et politiques, lorsque je vois à la tête de toutes les administrations un homme étranger à son pays et qui a centralisé en Angleterre ses richesses et ses affections ? Cependant le royaume se gouverne moins par la volonté et les principes du souverain que par ceux de son Premier ministre. J'ai donc été décidé, par une sage prévoyance, à considérer Naples comme un pays gouverné par un ministre anglais. Il me répugne beaucoup de me mêler des affaires intérieures des autres États ; ce n'est que pour être sincère envers Votre Majesté que je lui donne la véritable raison qui justifie toutes les

* « Je prie Votre Majesté de rester persuadée qu'après lui avoir fait beaucoup de mal, j'ai aussi besoin de lui être agréable. »

mesures prises envers Naples et dont elle pourrait avoir à se plaindre*.

C'était jeter de l'huile sur du feu. Écrivant à son neveu et gendre l'empereur François II, elle lui déclarait : « Je ne nie pas que je maudis celui qui nous contrarie et nous persécute injustement et nous ravale, nous souverains, au rang de ses préfets, et que je tiens plus dangereux que Robespierre. »

Comme à chaque fois que le destin lui « piquait le bout des doigts », selon son expression, Marie-Caroline éprouva le besoin d'un réconfort sentimental. Ce fut sans doute sa dernière passion amoureuse et la seule qui ne se traduisit pas, par son habituelle confusion des genres, en promotion politique. L'élu était un gentilhomme émigré français, Jacques Élisabeth de Vidard de Viderey, officier au service de Naples. Ferdinand, bon prince, le titra marquis de Saint-Clair** et le nomma précepteur de son fils Léopold.

Pourtant, les nuées s'amoncelaient et l'orage s'apprêtait. L'arrogant arbitraire de Gouvion Saint-Cyr*** qui commandait les troupes françaises dans les Pouilles et le Basilicate, avait irrité au plus haut point les populations locales qui, toutefois, se contentèrent d'exprimer

* En date du 23 juillet 1803.

** Il en fit son ministre de la Guerre lors de la seconde restauration en 1815.

*** Laurent Gouvion (1764-1830), dit Gouvion-Saint-Cyr. Sa carrière militaire fut interrompue de 1801 à 1802, quand il fut nommé ambassadeur à Madrid où il ne brilla pas. Le 14 mai 1803, il fut envoyé à Naples comme lieutenant général de l'armée d'occupation sous le commandement de Murat.

leurs doléances. En revanche, dans la Calabre voisine les habitants réarmaient. En octobre 1803, il écrivit à Paris : « Les Anglais répandent de l'argent dans ces contrées pour organiser une levée contre les Français. On assure que les corps qui s'organisent sont à leur solde. On assure aussi que l'amiral Nelson leur promet des secours. »

En réalité, cette mise en défense visait uniquement à protéger les populations contre les raids des Barbaresques. Néanmoins, Bonaparte craignit une répétition du soulèvement du cardinal Ruffo de 1799 que « le caractère connu du chef du ministère napolitain n'était que trop propre à justifier* ». Il exigea alors le désarmement des Calabrais avant le 20 novembre 1803. Mortifié, le couple royal et le gouvernement napolitains obtempérèrent mais entreprirent de se doter de garanties.

La plus visible fut le mouillage, en rade de Naples, d'un vaisseau qui pouvait, au moindre mouvement des troupes françaises, transporter la famille royale en Sicile. En outre, secrètement, Marie-Caroline s'était remise à tisser la trame de ses intrigues, d'abord avec Godoy, le Premier ministre espagnol dont elle avait avoué sans vergogne à Alquier qu'il était le père de la nouvelle épouse de son fils aîné**, puis avec un noble russe anglophile, Nikita Panin, qui avait porté Alexandre Ier sur le trône[3].

* Talleyrand à Alquier, ministère des Affaires étrangères, CP Naples 129.

** Veuf de Marie-Clémentine d'Autriche (1797-1801), François, duc de Calabre, épousa, en octobre 1802, sa cousine germaine, Marie Isabelle de Bourbon, dont Marie-Caroline disait fort élégamment

Ce fut alors que Bonaparte commit – ou qu'on lui fit commettre – le crime qui assura son pouvoir en France mais le désigna à la vindicte européenne : l'assassinat du duc d'Enghien*, le 21 mars 1804. Alexandre Ier qui avait signé la paix avec la France en 1801 manifesta solennellement sa réprobation et, avec la Suède, commença à se rapprocher de l'Angleterre et de l'Autriche. La Troisième Coalition était en marche.

Le 8 avril 1804, Marie-Caroline écrivit à Gallo : « L'affaire d'Enghien est une forte tache à la couronne de gloire du Premier consul. Il a violé la loi jurée par lui. Ne l'ayant pas pris les armes à la main, il a violé le droit des gens et, une fois cela fait, l'appétit vient en mangeant et il le fera plus souvent. » Dans une de ses entrevues avec Alquier, elle lui déclara : « Je connaissais ce pauvre diable. C'était le seul des princes français qui eût de l'élévation et du courage [...]. Je me console néanmoins de ce qui est arrivé, parce que cela nuira au Premier consul. » Hélas pour elle, le 18 mai 1804, ce dernier devenait l'empereur Napoléon Ier.

Affirmant à Gallo qu'elle ne serait jamais « l'esclave du nouvel Imperator, auquel cette dignité pourrait bien coûter ce qu'elle a valu à César », elle lui écrivait au début de juin 1804 :

---

qu'elle était une « bâtarde épileptique engendrée par le crime et la scélératesse ».

* Peu concerné pourtant par l'émigration, le prince, de la famille des Bourbons-Condé, fut enlevé en pays de Bade, sommairement jugé et exécuté à Vincennes. Cet « assassinat » avait pour but de terroriser les royalistes mais aussi de lier Bonaparte uniquement aux anciens révolutionnaires en maculant ses mains du sang des rois.

> Le Sénatus-Consulte n'est qu'une pièce plaisante à lire. Si les Français y mordent, se croient constitutionnels après cette lecture, cela prouvera leur légèreté et superficialité. J'y ai trouvé, sans être versée dans le judiciaire ou la diplomatie, le despotisme, le pouvoir d'un seul. Il ne valait pas la peine de juger, massacrer le meilleur des rois ; déshonorer, vilipender une femme, fille de Marie-Thérèse, une sainte princesse ; de se livrer aux massacres, fusillades, noyades et tuer six cents prélats dans une église ; de commettre les horreurs des temps les plus barbares chez eux et hors de chez eux ; d'écrire des bibliothèques entières de liberté, bonheur, etc., etc., et, au bout de quatorze années, d'être les plus reptiles esclaves d'un petit Corse auquel un bonheur inouï a permis de se servir de tous les moyens à parvenir, épousant sans honneur ni délicatesse la rebutée catin dont était rassasié le massacreur Barras[4].

Elle concluait par son sempiternel *nunc dimittis* : « Ce serait bien le moment où je désirerais avoir 12 à 20 millions de capital et me retirer avec mes enfants en particulier, chose bien préférable à être roi tributaire. »

La nouvelle du couronnement excita son ironie : « Je me figure qu'un *Gloria in Excelsis Demonio* sera le refrain général. Car il n'y a plus que la vileté, et si le nouvel Empereur exigeait que ses deux confrères empereurs vinssent tenir ses étriers durant que le pauvre Pape le consacrera, ils le feraient. »

Elle ajoutait à l'intention de Gallo : « Mandez-moi les intentions de l'auguste Empereur sur l'Italie ; s'il daignera nous accepter pour ses esclaves ou nous laisser dans notre obscurité et non végéter sous la prospérité de ses modérées lois », concluant :

> Nos souhaits sont de rester tranquilles et de nous voir ôter le poids de cette armée française qui nous ruine, désole et corrompt nos provinces. Au reste, que ce soit Louis XVIII ou Napoléon Ier qui règne sur la France, cela m'est égal, pourvu que cette France ait des limites qui ne lui donnent pas l'entière prépondérance sur le reste de l'Europe et que l'Italie ne reste pas sa province ! Voilà mes souhaits !

Malheureusement pour elle, un faux pas d'Acton envenima la situation. En effet, Alquier s'était rendu compte que le ministre couvrait des opérations nocturnes de recrutement de Napolitains pour grossir la garnison anglaise de Malte. Il en fit vivement la remarque à Acton qui promit d'y mettre fin, mais Alquier ne se le tint pas pour dit. Il exigea l'arrestation des recruteurs qui répandaient l'argent anglais : un colonel anglais, Law, et un Hollandais, van Kempen, qui n'était autre que le secrétaire de l'ambassadeur britannique, sir Elliot. Acton, généralement maître de lui, s'emporta, prenant Alquier de haut et lui assenant avec vivacité des propos désobligeants pour la France. L'ambassadeur en écrivit immédiatement au roi Ferdinand.

Le couple royal était acculé. Dans un premier temps, en avril 1804, le ministère des Affaires étrangères fut confié à Micheroux, mais Acton restait le chef de l'administration. En mai suivant, Gallo transmit à la Cour une note que lui avait envoyée Talleyrand. Elle était sans appel, disant notamment :

> Pendant que le roi de Naples dit tout ce qui peut satisfaire et rassurer, le ministre fait tout ce qui peut aigrir et

inquiéter. Un tel état de choses est inconciliable avec la paix intérieure et la bonne harmonie que Sa Majesté le roi paraît jalouse de maintenir avec la France.

Ferdinand céda. Il accepta la démission que lui remit Acton, le pensionna et le fit duc de Modica. Le 26 mai, après presque trois décennies de pouvoir, l'indéboulonnable ministre quittait Naples pour Valence. Avec ce départ, Napoléon avait définitivement réalisé le rêve de Charles III.

Bien qu'elle eût à se plaindre d'Acton qui avait travaillé à l'éloigner du roi et des affaires, Marie-Caroline comprit que la France venait d'ôter son épine dorsale au royaume de Naples. Elle se crut alors chargée par le destin de venger l'humiliation infligée par Napoléon. Le roi la laissa faire. Elle s'empara aussitôt de l'espace du pouvoir laissé vacant par l'ancien ministre, se faisant rendre compte des affaires comme si elle était le chef du Conseil, voire le souverain lui-même.

Pour l'heure, la toute-puissance du nouvel empereur et la présence de garnisons françaises au sud du royaume ne plaidaient pas en faveur d'un quelconque affrontement que Naples aurait été totalement incapable de soutenir, ni financièrement*, ni militairement. Le couple royal, qui souhaitait avant tout le départ de Gouvion-Saint-Cyr et de ses soldats, proposa, contre leur retrait, de payer à la France une indemnité tant que durerait la guerre navale.

* L'entretien des troupes « d'occupation » de Gouvion-Saint-Cyr coûtait cinq cent mille francs-or par mois au Trésor public napolitain.

La seconde fuite à Palerme

Napoléon, de son côté, ne faisait aucune confiance, ni à Ferdinand, ni à Marie-Caroline. Il les savait, par francophobie, proches des Anglais comme des Russes. Or, si les uns étaient à Malte, les autres étaient désormais dans les îles Ioniennes. Aussi, loin de satisfaire les monarques, il accrut au contraire les troupes françaises de cinq mille hommes.

Lorsqu'à la fin de l'année 1804, l'Espagne fut contrainte de déclarer la guerre à l'Angleterre, Napoléon entendit que Naples fît de même. La réaction du couple royal fut immédiate : il confia la résistance au général de Damas d'Antigny qui fit approvisionner les forts en armement. Celle de Napoléon fut à la hauteur. Il avait notamment entre les mains une lettre de Marie-Caroline dans laquelle elle écrivait que « pour les quinze mille Français, elle se chargeait de les faire égorger, mais qu'elle craindrait ceux qui viendraient après[5] ». Il exigea alors le renvoi de Damas, à défaut de quoi il ordonnerait à Gouvion-Saint-Cyr de marcher sur Naples. Ou les souverains acceptaient et s'humiliaient, ou ils seraient détrônés. Pour que la reine en fût bien persuadée, il lui écrivit le 2 janvier 1805 :

> Quelle que soit la haine que Votre Majesté paraît porter à la France, comment, après l'expérience qu'elle a faite, l'amour de son époux, de ses enfants, de sa famille, de ses sujets ne lui conseille-t-il pas un peu plus de retenue et une direction politique plus conforme à ses intérêts ? [...] À la première guerre dont elle serait cause, elle et sa postérité auraient cessé de régner.

Si la menace était réelle, Napoléon l'atténua par une appréciation qui montrait qu'il l'estimait à sa hauteur. Même s'il savait que cette lettre lui serait désagréable, il la priait d'y voir « une preuve de son estime. Ce n'est qu'à une personne d'un caractère fort et au-dessus du commun que je me donnerais la peine d'écrire avec cette vérité ». Damas, bien que comblé d'honneurs, fut alors privé de son commandement et envoyé en Sicile. Ferdinand et Marie-Caroline s'étaient humiliés aux yeux de toute l'Europe.

En mai 1805, Napoléon, après avoir transformé la République cisalpine en royaume, s'était autoproclamé roi d'Italie*. Tous les autres souverains italiens lui avaient su mauvais gré, Ferdinand en tête.

Or, chez la reine, l'exubérance et l'absence de toute retenue étaient ses pires ennemis qu'elle confiait inconsidérément à sa plume de graphomane. Nul n'avait jamais su, jamais pu, réfréner son style et ses courriers qu'elle envoyait par toute l'Europe lui portaient un tort infini. Ainsi, profondément marquée par l'humiliation que lui avait infligée Napoléon, elle se laissa aller, comme il fallait s'y attendre, à écrire qu'elle « saurait bien renouveler les Vêpres siciliennes** » pour se débarrasser des dix-sept mille hommes de troupe de Gouvion-Saint-Cyr. Par malheur pour elle, sa lettre tomba entre les mains de Napoléon au moment où il se rendait à Milan pour

* En réalité, il avait déjà proposé ce trône au début de 1805 à son frère Joseph qui l'avait refusé.

** Le 30 mars 1282, à l'heure des vêpres, les Siciliens soulevés contre Charles d'Anjou, frère de Saint Louis, massacrèrent en deux jours les huit mille hommes de la garnison française.

ceindre la couronne de fer des rois lombards (26 mai 1805).

Le roi de Naples s'était fait représenter à ce couronnement par un envoyé extraordinaire, le prince de Cardito, confident de la reine. Devant la foule médusée des invités et des diplomates, Napoléon l'apostropha violemment. Traitant Marie-Caroline de « moderne Athalie », aussi néfaste pour Naples que celle-ci l'avait été pour le royaume de Juda, il lui dit :

> Je connais ses intrigues. Je connais ses efforts pour mettre l'Italie en feu et soulever les Cours du Nord. [...] Dites à votre reine qu'aucune de ses machinations contre la France ne m'est inconnue et qu'elle sera maudite par ses enfants, car je saurai punir ses trahisons et, à elle et à sa famille, je laisserai à peine l'espace nécessaire pour contenir leur tombe[6].

Et il ajouta : « Si, après tant d'années de règne, la reine ne sait pas mettre du calme et de la modération dans sa conduite et dans ses discours, le vaisseau anglais qu'elle tient dans la rade de Naples ne la sauvera pas[7]. »

À peine informée de la violence de ces menaces, Marie-Caroline, à l'instar de toutes les chancelleries d'Europe, fut fixée sur le sort des Bourbons de Naples. Pourtant, elle ne baissa pas la garde. Elle fit réorganiser les milices royalistes de 1799, elle accueillit des officiers russes venus de Corfou qui étudiaient le terrain en vue d'une intervention militaire et, surtout, elle se livra aux encouragements qu'Elliot, l'ambassadeur britannique, lui prodiguait. Tandis que l'arsenal fondait des canons, que les *lazzaroni* recevaient des uniformes, les prêches des églises tonnaient contre les Français.

Le 1er septembre 1805, Berthier, ministre de la Guerre, informait Gouvion-Saint-Cyr du plan décidé par Napoléon pour le mois suivant. Au moment où l'empereur franchirait le Rhin, il devrait s'emparer de Naples, en chasser la Cour, puis anéantir l'armée napolitaine et établir une régence en forme de gouvernement provisoire.

Gallo eut vent du projet. Il en avertit Ferdinand qui n'épousait pas le bellicisme de sa femme et souhaitait avant tout à rester à Naples. Il chargea son ambassadeur de sonder Talleyrand pour savoir quel serait le prix à payer pour que le royaume de Naples pût être autorisé à rester neutre. Les conditions énoncées par le ministre de Napoléon étaient importantes : désarmement immédiat, exclusion de tout émigré français, nouveaux ministres sans lien ni avec la Russie ni avec l'Angleterre, commandement des troupes napolitaines confié à un Français.

La cour de Naples n'accepta de céder que si la France retirait les troupes d'occupation de Gouvion-Saint-Cyr. Napoléon accéda à cette demande. Les négociations s'ouvrirent et, le 21 septembre 1805, Ferdinand signait le traité de neutralité : il s'engageait à s'opposer à tout débarquement anglo-russe, et à ne pas reconnaître la souveraineté de l'Angleterre sur Malte. En contrepartie, Napoléon n'exigeait plus un ministère à ses convenances ni un commandant français à la tête des troupes de Naples.

En réalité, de la part de deux parties, ce traité – tout comme la paix d'Amiens – n'était conçu que comme une trêve. Napoléon n'avait pas voulu accroître le nombre de ses ennemis, mais il souhaitait toujours que le trône de Naples passât entre d'autres mains. Ferdinand avait signé à contrecœur mais il n'avait pas voulu susciter l'irrémédiable ; toutefois, en lui-même, il espérait que les avantages que lui faisaient miroiter Russes et Anglais, dans le cas de leur victoire, le sauveraient de cette sujétion sans qu'il eût à trancher.

Alquier, qui était témoin de ces réticences alors que ce traité était des plus favorables, se dit certain que Naples ne tiendrait aucunement ses engagements. En effet, si Ferdinand avait cédé, surtout pour n'avoir pas à changer ses habitudes, Marie-Caroline ne pardonnait nullement l'humiliation que lui avait fait subir Napoléon à Milan pendant le couronnement. Quinze jours après la signature du traité de neutralité, elle affichait publiquement sa joie à la victoire de Trafalgar* (entachée cependant par la mort de Nelson) et manifestait son abattement à la nouvelle des défaites autrichiennes. Sa volonté de représailles l'entraînait à ne plus même cacher ses sympathies pour l'Angleterre : l'ambassadeur Elliot était un familier du palais, Damas avait été rappelé de Sicile pour recevoir un commandement et les navires russes entraient librement à Syracuse. Alquier, étonné de ces manquements au traité, ne réussit à obtenir d'audience d'aucun des deux souverains.

Mais le pire était à venir. Le 20 novembre 1805, une escadre anglo-russe débarqua vingt mille hommes dans

---

* Le 21 octobre 1805, Nelson, à la tête de la flotte britannique, anéantit les deux tiers des bâtiments franco-espagnols. Cette victoire consacrait la suprématie navale de la Grande-Bretagne et empêchait désormais toute tentative française de débarquer en Angleterre.

la rade de Naples et les officiers généraux des deux nations assistèrent à Portici à un conseil présidé par la reine. Or, ce coup de théâtre frappa de stupeur l'opinion napolitaine. Nul ne comprenait cette bravade gratuite contre Napoléon qui était partout vainqueur. Quel que fût le parti choisi, cela apparut à tous une aberration, surtout lorsque l'on apprit que l'empereur François II avait dû abandonner Vienne, sa capitale.

De plus, comme le bruit courait que Marie-Caroline voulait faire emprisonner Alquier*, celui-ci réclama ses passeports et se retira à Rome avec tout le personnel de l'ambassade. Pour Paris, mais aussi pour les Napolitains, c'en était trop, et la coupable était la souveraine seule.

Napoléon apprit les événements la veille de la bataille d'Austerlitz. Il ne voulut pas se laisser distraire, mais une fois signé le traité de Presbourg (26 décembre 1805), il adressa à son armée une proclamation qui signait la fin de Marie-Caroline et de Ferdinand : « Depuis dix ans, j'ai fait tout pour sauver le roi de Naples, il a tout fait pour se perdre. » Rappelant qu'il lui avait pardonné trois fois, en 1796, en 1800 et en septembre 1805, il ne le fera pas une quatrième fois : « La dynastie de Naples a cessé de régner ; son existence est incompatible avec le repos de l'Europe et l'honneur de ma couronne. » Il annonçait qu'il avait chargé son frère Joseph de mener l'armée qui soumettrait le royaume à ses lois.

Mais une fois encore, Marie-Caroline refusa de se résigner. Elle écrivit personnellement à Napoléon qui ne répondit pas. Elle envoya le cardinal Ruffo plaider sa

* L'ambassadeur du tsar aurait réussi à l'en dissuader.

cause auprès d'Alquier et du cardinal Fesch*, mais il fut éconduit. Pour l'empereur, « le sort de l'État de Naples était déterminé sans retour[8] ».

La reine s'empêtra alors dans les chimères que produisait son esprit perturbé. Pour que le passé soit oublié, elle proposa à la France une alliance offensive contre l'Angleterre. Toutefois, en même temps elle invitait les Anglais à déclarer qu'ils prendraient le contrôle de la Sicile si les Français s'emparaient de Naples. L'étrangeté de ses élucubrations, le mouvement continu de son imagination, son exaltation cyclothymique, son amoralisme ingénu commençaient à jeter des doutes sur sa santé mentale. Alquier prévint Paris : dans le cas où l'on accepterait des gages du roi et de son fils, il faudrait que « la reine soit renvoyée des Deux-Siciles et qu'elle ne puisse y rentrer sous aucun prétexte[9] ».

L'aberrante conduite des souverains napolitains n'étonnait pas que le seul Napoléon et, lorsqu'ils se tournèrent vers leurs alliés russes et anglais, ceux-ci leur opposèrent un refus : ils n'étaient pas en force suffisante pour tenir tête aux troupes françaises. Ferdinand, soutenu par ses ministres, estima alors qu'il fallait se replier de nouveau sur Palerme où la protection britannique lui était assurée.

L'âme épique de Marie-Caroline s'y refusa. Elle entendait rejouer la partition de 1799 et soulever ses sujets contre l'envahisseur. Mais les temps étaient autres.

---

* Joseph, cardinal Fesch (1763-1839), demi-frère de Laetizia Bonaparte, mère de Napoléon, fut ordonné prêtre en 1785. Prêtre jureur, il se laïcisa sans abjurer sa prêtrise. Ayant réintégré l'Église en 1800, il devint archevêque de Lyon en 1802. Créé cardinal en 1803, il fut alors nommé ambassadeur près le Saint-Siège.

Si les Napolitains n'aimaient pas davantage les Français, ils n'aimaient plus Marie-Caroline à qui ils reprochaient pêle-mêle les désordres passés des *lazzaroni*, l'horreur de la répression, mais aussi d'avoir fourni un prétexte à Napoléon par ses provocations inconsidérées. En dehors des brigands de Frà Diavolo, ses appels au soulèvement national restèrent sans écho. Ferdinand nomma son fils François lieutenant général du royaume et passa en Sicile le 23 janvier 1806.

Marie-Caroline refusa un second exil et donna des ordres pour mettre Naples en défense, mais l'avancée des troupes françaises – qui étaient entrées dans le royaume le 8 février – la convainquit de l'inanité de ses efforts. Bravache, elle écrivit alors :

> J'ignore ce que le maître du monde a décidé de notre sort. L'empereur François et ma fille m'écrivent épouvantés tous les deux, me conjurant de penser à ma sûreté. Que croire de cela ? Fera-t-il de moi le pendant du duc d'Enghien ? C'est bien m'honorer et ce ne serait pas le plus grand de ses triomphes ! Enfin je m'attends à tout ; mais j'ai la tranquillité de n'avoir rien à me reprocher. Ma haine contre un usurpateur était juste. Je la partage avec bien du monde. La seule différence est que je l'ai imprimée et que d'autres la cachent !

Pourtant, le 11 février, elle se résigna enfin à rejoindre le roi en Sicile.

Le 15 février, Joseph Bonaparte, qui, une semaine auparavant, s'était voulu rassurant*, prit en entrant

---

* « Peuples, vous n'avez rien à craindre, ce n'est pas contre vous que sont dirigées ces armes. Les autels, les ministres de votre culte,

dans le palais royal « l'engagement inviolable et sacré que la dynastie des Bourbons ne régnerait jamais sur ces contrées ». Nommé gouverneur général du royaume, il composa un gouvernement provisoire avec des Napolitains favorables et des Français*. Le 30 mars 1806, Napoléon le nommait par décret roi de Naples et de Sicile**.

---

vos lois, vos propriétés seront respectées. Les soldats français seront vos frères. »

* Le marquis de Gallo, ambassadeur à Paris, devint ministre des Affaires étrangères. Le Corse Saliceti fut chargé de la Police, Miot de la Guerre et Rœderer des Finances.

** Le 19 janvier 1806, Napoléon lui avait écrit : « Je veux sur ce trône asseoir un prince de ma Maison, vous d'abord, si cela vous convient ; un autre si cela ne vous convient point. » Voir Vincent Haegele, *Napoléon et Joseph Bonaparte. Le pouvoir et l'ambition*, Paris, Tallandier, 2010.

2
Les dernières années de la reine
De l'illusoire au néant

Humiliée et meurtrie d'avoir dû prendre une nouvelle fois la route de l'exil en Sicile, Marie-Caroline ne s'avoua pas vaincue pour autant. Elle se reprit pour la énième fois à vouloir tout diriger. Depuis la chute d'Acton, elle exigeait de tous d'être informée la première de toutes les affaires importantes. Or, le nouvel ambassadeur britannique, Hugh Elliot*, sans rien manquer à la déférence qu'il lui devait, décida avec le général russe Lacy de parlementer directement avec le roi. Marie-Caroline, mortifiée d'être ainsi mise à l'écart, n'imaginait pas que ce n'était là qu'un début.

La lutte contre Joseph Bonaparte

Cependant, les nouvelles rassurantes qui parvenaient à la souveraine lui permirent d'oublier l'affront. En effet, Gaète résistait et Capri tomba aux mains des Anglais le jour même de l'entrée solennelle de Joseph Bonaparte à Naples. Elle entreprit alors de gagner à ses

* Hugh Elliot (1752-1830) fut envoyé à Naples de 1803 à 1806.

vues sir Sydney Smith* – envoyé pour aider le roi de Sicile à reprendre Naples – dont, selon ses propres dires, elle « tourna la tête », lui proposant « d'entamer la chose et de faire une explosion générale ».

Si, dans la capitale, une grande partie de la noblesse, à l'instar du marquis de Gallo, se ralliait au Napoléonide, le peuple restait attentiste de peur d'une nouvelle épuration en cas de retour des Bourbons. En revanche, les Calabres, encouragées par le débarquement des troupes britanniques, redevenaient un foyer d'insurrection.

Napoléon savait que la Sicile était le talon d'Achille du nouveau royaume. Il pressa donc son frère, Joseph-Napoléon Ier, de s'en emparer, à défaut de quoi elle serait la base de départ d'une reconquête par les Anglais avec la vieille dynastie dans leurs fourgons. Dès février 1806, il lui avait écrit : « Ne perdez pas un moment, une heure, pour tâcher de vous emparer de la Sicile. Beaucoup de choses sont faciles dans ce premier moment qui seront difficiles après. »

Or, du côté britannique, on savait que la France n'avait plus de marine : en octobre 1805, Trafalgar avait parachevé Aboukir. Le seul moyen qui restait aux Français de Naples pour s'imposer était d'envahir la Sicile en franchissant le détroit de Messine. Le 16 juillet 1806, les Anglais s'emparaient du port calabrais de Scilla, le point le plus proche du phare de Messine. À la même époque, Pie VII, furieux que Joseph ait aboli la

* Sir William Sydney Smith (1764-1840) était alors *Rear Admiral*. Aussi brave que vaniteux, qualifié de « fanfaron courageux » par Elliot, il fut rappelé à l'été 1806.

vassalité de Naples à l'égard de Rome, refusait de reconnaître sa légitimité.

Le peuple napolitain n'attendait que cela. En effet, si Gaète tomba aux mains des Français le 18 juillet, de sauvages soulèvements populaires éclatèrent en Calabre, dans les Abruzzes ou la Terre de Labour. Paul-Louis Courier écrit :

> Nous en tuons peu, nous en prenons encore moins. La nature du pays, la connaissance et l'habitude qu'ils en ont, font que même en étant surpris ils nous échappent aisément ; non pas nous à eux. Ceux que nous attrapons nous les pendons aux arbres* ; quand ils nous prennent, ils nous brûlent le plus doucement qu'ils peuvent[1].

À partir de mai 1807, l'opposition au régime de Joseph changea de nature. Sans surprise, Marie-Caroline se fit alors l'âme de complots qui menacèrent non seulement le nouveau régime, mais le roi Joseph lui-même. Son or et ses promesses lui rallièrent ceux des nobles qui étaient restés légitimistes. Leur porte-étendard était le prince de Hesse-Philippsthal** qui avait glorieusement défendu Gaète quand il en était le gouverneur.

Le plan de la reine était qu'il débarquât à Reggio de Calabre, espérant que sa réputation lui attirerait des partisans. En Terre de Labour, le prince de Canosa***

---

* Pietro Colletta, pourtant partisan de Joseph, écrit avoir été témoin de l'empalement d'un insurgé sur ordre d'un colonel français.

** Ludwig von Hessen-Philippsthal (1766-1816) fut au service de Naples jusqu'en 1813, date à laquelle il devint landgrave de Hesse-Philippsthal.

*** Antonio Luigi Raffaele Capece Minutolo, prince de Canosa (1768-1838). En 1799, il avait été un temps victime de la réaction devait se présenter devant Sperlonga et soutenir le soulèvement populaire. Elle avait même envisagé que son fils, le prince héritier François, en fît partie, mais celui-ci en déclina l'honneur*.

En même temps, plusieurs navires napolitains et siciliens devaient s'approcher du Vésuve, et débarquer des troupes près des forts dont on espérait pouvoir corrompre la fidélité des garnisons, tandis que les quartiers populaires de Naples seraient soulevés par des partisans dirigés par Tommaso, fils du duc de Frammarino et le colonel-marquis Luigi Palmieri**.

Si le général de Hesse-Philippsladt débarqua effectivement à Reggio, une indiscrétion – qui n'était pas sans rappeler les événements de 1799 – mit la police au courant de l'ensemble du plan. La sœur du jeune Frammarino avait donné un sauf-conduit à son amant, un officier de police, qui révéla le complot.

Joseph usa alors de ruse. Il ordonna de ne mettre aucun obstacle au débarquement des conjurés, mais quand ils furent suffisamment avancés, il donna l'ordre à ses troupes d'attaquer.

---

royale, mais en 1806, il suivit la Cour à Palerme. Là naquit une amitié certaine avec la reine. Après l'avoir nommé gentilhomme de la chambre en août 1806, Marie-Caroline le fit élever au rang de capitaine d'infanterie en février 1807, pour organiser les soulèvements qu'elle préparait.

* Archivio di Stato, Archivio Borbone, Napoli, fasc. 103. Avec lucidité, il répondit à « sa très chère Maman » que cette présence ne serait utile que si l'expédition avait des chances de réussir et de se maintenir, sinon cela ne conduirait qu'à perdre le peu de forces qui restaient pour défendre la Sicile.

** Son exécution sert d'exemple à celle du héros du drame *Tosca* de Victorien Sardou.

Le combat fut livré le 28 mai 1807 à Mileto. Le corps du général de Hesse-Philippsthal (quatre mille hommes d'infanterie et cinq cents chasseurs) fut culbuté ou forcé de se rendre. Lui et quelques cavaliers purent gagner Reggio et repasser en Sicile[2].

L'insuccès de cette expédition découragea la cour de Palerme, empêcha l'envoi d'un second convoi chargé de munitions et de nouvelles troupes, et démontra l'impuissance de Marie-Caroline à renverser un trône fondé sur les débris du sien.

À Naples, la répression joséphiste s'abattit sur les plus éminents conjurés. Le jeune Tommaso Frammarino, auquel Saliceti, ministre de la Police, avait pourtant promis par écrit la vie sauve contre ses révélations, fut condamné à mort*. Son père ayant refusé de demander sa grâce à l'usurpateur, la sentence fut exécutée, comme elle le fut pour Palmieri. Des généraux, des nobles, des prêtres et des religieuses, jusqu'à l'évêque de Sessa, furent emprisonnés.

Face à l'échec de la tentative de soulèvement, la reine, loin de se calmer, décida de passer à la deuxième phase de ses projets et d'abattre Joseph Bonaparte. Son choix du terrorisme relevait d'une analyse tactique liée au repositionnement de la Royal Navy en Méditerranée orientale** et à l'hémorragie que la police de Saliceti avait causée dans les rangs royalistes[3].

---

* Guy de Maupassant écrivit de Saliceti : « Il avait appris de Robespierre la froideur absolue, le regard de glace et de ne jamais manifester aucune émotion. Il était un acteur raffiné et distancié. Il savait être condescendant puis impitoyable, inflexible et inexorable. »

** Le 16 mars 1807, le général Mackenzie Fraser, à la tête de six mille soldats anglais, avait envahi l'Égypte et sécurisé le port

Comme toujours, elle se livra à une abondante correspondance personnelle pour soutenir l'enthousiasme de ses partisans. Ainsi, le 22 juin 1807, répondant à Don Giuseppe Mastrocinque qui lui racontait la déconfiture des loyalistes, elle ajoutait à sa lettre d'encouragement*, deux lignes de sa main : « Je compte que rien ne pourra ébranler votre fidélité et que vous m'en donnerez toujours des preuves lumineuses et comptez sur mes sentiments**. »

Toutefois, elle avait un plan plus arrêté dont elle avait confié la direction au prince de Canosa***. Elle avait remarqué, dès 1806, Agostino Mosca, marin de Castellamare di Stabia, qui s'était illustré en conduisant dans sa felouque des troupes destinées à prendre à revers les Français. Le 28 février 1807, elle lui avait écrit personnellement ce qui était une lettre de mission : « Agostino Mosca, vous ferez avec zèle et diligence tout ce que vous avez promis pour le bon service du Roi. Y

---

d'Alexandrie qui devait servir de base à une action combinée anglo-russe contre les Français.

* « Je remarque dans l'exposé que vous m'avez fait dans votre lettre du 8 de ce mois concernant l'attaque en Calabre le mois dernier avec l'ennemi, votre zèle et votre attention. J'étais tout à fait certaine de votre courage et vous venez d'en faire preuve lors de cet événement. J'espère que vous serez également jaloux de votre honneur et de votre engagement à vous distinguer. Avec un vrai regret je vous ai appris blessé, mais je suis au moins heureuse que vous en soyez presque guéri ; et je vois avec plaisir que, le cas échéant, vous êtes prêt à marcher à nouveau contre l'ennemi. Conservez vos louables sentiments et croyez-moi pour toujours avec une gratitude infinie, votre bonne Patronne, Caroline » [original en italien inédit].

** *Conto su la vostra fedeltà che non si lascerà da niente disturbare e che mene darete sempre luminose pruove e contate sulla mia sintitudine.*

*** Antonio Capece Minutolo, prince de Canosa (1768-1838).

ayant réussi, vous pouvez compter sur ma protection. Caroline. » Pour preuve, elle lui fit remettre un bracelet fait de ses cheveux tressés.

Le 30 avril 1807, une de ses dames, la marquise de Villatranfo, qui connaissait personnellement Mosca, lui fit tenir un billet pour l'engager à se tenir prêt à exécuter, comme il l'avait promis, les ordres de la reine. Elle ajoutait : « Vous savez déjà combien elle est généreuse ; elle tiendra sa parole de vous faire colonel et si vous vous faites fort de libérer votre patrie de l'usurpateur, elle vous donnera des biens en quantité. »

Mosca, débarqué sur la plage de Sorrente, devait assassiner Joseph, alors dans sa résidence de Quisisana, à Castellamare di Stabia. Le projet fut éventé et, grâce au télégraphe Chappe que Saliceti avait fait installer, Agostino Mosca fut arrêté dans la nuit du 22 au 23 juin 1807, sur les hauteurs du mont Faito, au-dessus de Castellamare. On procéda alors à l'arrestation de plus de quatre-vingts autres personnes impliquées dans le complot qui visait à soulever les populations des provinces et les *lazzaroni* de Naples, et à embrigader les prisonniers*.

Le 1er juillet 1807, après avoir signé des aveux accusant nommément la reine et le prince de Canosa, Mosca fut condamné à mort par le tribunal militaire. Joseph, fils des Lumières et de la Révolution française, fut à la hauteur de ceux qu'il avait détrônés : le 2 juillet, Mosca, en uniforme de colonel de Ferdinand IV, fut conduit sur le lieu de son exécution sur la place

* Le prince de Canosa leur promettait une remise de peine ou une amnistie (procédure du *truglio*) s'ils acceptaient de combattre.

du Marché. En chemin, devant l'église du Gesù, il fut revêtu de la chemise rouge des parricides et on lui attacha au bras une torche qui devait allumer son bûcher. Au dernier moment, après avoir été enivré, il fut pendu, son cadavre fut brûlé et ses cendres jetées au vent.

Pour la reine, c'était un coup dur d'autant que, sur le continent, l'hégémonie de la France était consacrée : Iéna, Eylau, Friedland avaient marqué les défaites des Prussiens et des Russes. Son neveu l'empereur d'Autriche, ainsi que le tsar qu'elle espérait son ami, avaient reconnu la royauté de Joseph*. C'était la fin de la Quatrième Coalition. Marie-Caroline ne pouvait plus compter que sur l'Angleterre, mais si celle-ci avait les moyens de lui assurer la Sicile, elle n'était nullement dans le cas de lui redonner Naples.

Elle avait compris que l'homme fort du nouveau régime n'était pas Joseph mais Saliceti**. Déjà, dans le projet que le prince de Canosa et elle avaient eu d'assassiner Joseph, il avait été prévu d'enlever Saliceti. Or, celui qui en avait été chargé, Pasquale Viscardi, effrayé par l'arrestation de Mosca, s'était réfugié en Sicile. Il fut renvoyé à Naples dans les derniers jours de janvier 1808 avec un commando de cinq hommes, détenteurs d'une machine infernale. Elle fut installée dans la pharmacie de son père, Onofrio Viscardi, située au-dessous

* Article 13 du traité de Tilsit de juillet 1807.

** En 1936, l'historien soviétique Evgeny Viktorovich Tarle écrivait de lui : « Nous ne saurons jamais combien de victoires attribuées à Napoléon lui étaient dues. Ce que nous savons de sûr est que, lui mort [1809], Napoléon s'est inexorablement acheminé vers les champs de la défaite de Waterloo. »

de l'appartement de Saliceti. Dans la nuit du 30 au 31 janvier 1808, une explosion emporta une partie du palais du ministre qui ne fut que sérieusement commotionné. L'apothicaire immédiatement arrêté dénonça ses fils : l'un fut condamné à mort et l'autre à vingt-deux ans d'emprisonnement[4]. Le jugement fit moins frémir d'horreur les Napolitains que la dépravation d'un père dénonçant ses fils.

Murat, roi de Naples

À partir de l'automne 1807, les Bourbons d'Espagne donnèrent une pitoyable image d'eux-mêmes. En octobre, après que Ferdinand, prince des Asturies, avait écrit à Napoléon pour dénoncer le gouvernement de son père Charles IV et de son ministre Godoy, le roi avait fait arrêter son fils, l'accusant de vouloir le détrôner*. Au mois de mars 1808, une émeute à Aranjuez força le même Charles IV à abdiquer en faveur de son fils qui devint Ferdinand VII. En mai 1808, Napoléon se servit de ce désordre public de la famille royale pour exiger la renonciation des deux Bourbons au trône d'Espagne à son seul profit. Le 6 mai, Joseph recevait la couronne madrilène.

C'est ainsi que le 1er août 1808, Joachim Murat, l'époux de Caroline Bonaparte, la sœur de l'empereur, devint le nouveau roi de Naples. Il fit son entrée dans la ville le 6 septembre, acclamé par toute la population. Pour Marie-Caroline, c'en était trop :

* L'affaire est connue sous le nom de *complot de l'Escurial*.

non seulement la nouvelle reine lui volait son prénom, mais en plus elle était plus jeune et plus belle et enchantait tout le monde par son charme et sa grâce.

Les châteaux en Espagne

Pourtant, Palerme vit une opportunité dans ce changement. Joseph, à peine parti de Naples, trouvait son nouveau royaume en révolte et même en mesure d'infliger, en juillet 1808, leur première défaite aux troupes napoléoniennes*.

L'ambassadeur de Russie à Naples, Tatischeff**, alimenta alors les délires de la reine, lui démontrant que, d'une part, les souverains espagnols emprisonnés, la couronne d'Espagne revenait à Ferdinand et que, d'autre part, si Joseph était reconnu, il fallait que les colonies d'Amérique fissent allégeance au roi de Sicile***. Dès lors, Marie-Caroline sut persuader le roi qu'il convenait d'envoyer en Espagne un régent pour se mettre à la tête des insurgés. Le choix se porta sur le second fils du couple royal, le prince Léopold, accompagné de son précepteur le marquis

---

* À l'issue de la bataille de Bailén, les troupes françaises capitulèrent le 22 juillet 1808. Seize mille hommes furent emprisonnés sur les pontons de Cadix.

** Dimitri Pavlovitch Tatischeff fut ambassadeur à Naples en 1802 et 1803, et de 1805 à 1808.

*** Archivio di Stato Napoli, Archivio Borbone, fasc. 110. « Il est conforme aux intérêts des colonies de se donner à vous et conforme aux intérêts de l'Angleterre que ce soit vous qui les ayez. » Il estimait que Londres devait aider le prince héréditaire François à devenir régent de l'Espagne et le prince Léopold celui du Mexique.

de Saint-Clair et auquel William Drummond*, le ministre anglais à Palerme, fournit un vaisseau pour le transporter à Gibraltar**.

La reine fut encouragée dans sa nouvelle chimère par un prince français, poursuivi par l'opprobre de toutes les Cours : le duc Louis-Philippe d'Orléans. Ce dernier était arrivé en Sicile en mars 1808, après avoir conduit à Malte son frère, le comte de Beaujolais, atteint de phtisie***. D'emblée, sa présence n'avait pas été vue d'un bon œil par le couple royal, d'autant qu'il était venu rappeler l'objet de la visite de son père en 1782, à savoir la main d'une des princesses royales. Toutefois, rapidement, il sut se rendre agréable à Marie-Caroline qui avait toujours eu la faiblesse d'apprécier ceux qui lui faisaient la cour. Au grand dam des émigrés mais aussi de la population palermitaine, la reine conversa de plus en plus ouvertement avec le duc. Ce dernier rappela adroitement que les Bourbons de France n'ayant alors pas d'héritiers, il était susceptible un jour de

* William Drummond of Logiealmond (1769-1828), diplomate écossais, fut notamment ambassadeur à Naples de 1801 à 1803 et à Palerme de 1806 à 1809.

** Il l'avait fait *motu proprio* mais le 5 août, il reçut de George Canning, ministre des Affaires étrangères, l'avis qu'ordre avait été donné de s'opposer à l'éventuelle proclamation du prince de Naples comme régent.

*** Les deux plus jeunes enfants de Philippe-Égalité, le duc de Montpensier (1775-1807) et le comte de Beaujolais (1779-1808), enfermés avec leur père au fort Saint-Jean de Marseille, furent libérés en 1796. Louis-Philippe, émigré à la suite de Dumouriez en 1793, les emmena aux États-Unis, puis se fixa en Angleterre en 1800. Après la mort de Montpensier, Louis-Philippe prit prétexte de la santé de son dernier frère, alcoolique et tuberculeux, pour se rendre à Malte et de là à Palerme.

ceindre la couronne. Toutefois, pour ne pas apparaître comme un usurpateur en puissance, il écrivit le 6 juillet 1808 à Marie-Caroline, une lettre dont il oublia les termes en 1830 :

> Je suis lié, Madame, au Roi de France, mon aîné et mon maître, par tous les serments qui peuvent lier un homme, par tous les devoirs qui peuvent lier un prince. Je ne le suis pas moins par le sentiment de ma propre dignité. [...] Jamais je ne porterai de couronne tant que le droit de ma Maison et l'ordre de succession ne m'y appelleront pas ; jamais je ne me souillerai en m'appropriant ce qui appartient légitimement à un autre prince. Je me croirais avili, dégradé, en m'abaissant à devenir le successeur de Bonaparte[5].

Il y gagna de pouvoir accompagner Léopold à Gibraltar où son action, pourtant, ne fut pas claire*. Cependant, Léopold, mal reçu par la Junte d'Aranjuez**, décida de quitter l'Espagne en novembre 1808. Louis-Philippe, qui tenait à son établissement avec la princesse Marie-Amélie, sixième fille du couple royal, appela sa mère à la rescousse. La duchesse d'Orléans, venue à Naples en 1776, était restée en excellentes relations avec la reine de Naples. Elle fit le voyage au mois de juillet 1809 et,

* Il aurait tenté de persuader Léopold de le laisser lui, Louis-Philippe, se proclamer régent d'Espagne.

** Considérant nulles l'abdication de Bayonne et la proclamation de Joseph, une *Junta Suprema y Gubernativa del Reino*, organe à la fois exécutif et législatif, fut créée en septembre 1808. Les « royaumes d'Outremer » furent invités à envoyer des députés. Dans ces conditions, une éventuelle régence n'avait plus de raison d'être.

le 25 novembre suivant, le fils de Philippe-Égalité épousait la fille des rois de Naples et de Sicile*.

L'agacement britannique

Parallèlement, la cour de Londres savait que la possession de la Sicile et de Malte était essentielle pour elle. Si elle n'avait qu'une piètre idée de Ferdinand IV et de son héritier, elle se défiait fortement de Marie-Caroline et de son entourage, prompts à l'intrigue et aux rêves les plus chimériques.

Les Anglais réduisirent d'abord à néant la fantasmagorie espagnole de la reine. Ensuite, ils veillèrent à ce que toutes les décisions de Palerme fussent prises dans le cadre d'une légalité pour éviter de renouveler toute coupable collusion de la Grande-Bretagne avec un royaume de terreur médiévale. Aussi les généraux anglais successifs qui eurent à commander en Sicile furent-ils chargés de veiller à ce que la couronne britannique ne fût pas éclaboussée par les réactions tyranniques que Londres attribuait désormais à la seule Marie-Caroline.

Or, en avril 1808, on découvrit à Messine une conjuration, en relation avec les jacobins de Calabre, visant à attenter à la vie de Ferdinand IV. L'affaire fut confiée

---

* Il se conduisit comme le coucou. À peine intégré dans la branche aînée de sa famille, il tenta d'obtenir de Ferdinand IV le commandement de son armée, mais le roi le laissa au prince héréditaire. Il se tourna alors vers l'Espagne ; il obtint, en mai 1810, qu'on lui confiât un commandement en Catalogne mais le gouvernement britannique fit avorter l'affaire et Louis-Philippe dut s'en retourner à Palerme.

à un ancien juge de la Grande Cour de la Vicairie, Giuseppe Artale*, proche de la reine et connu pour son extrême rigueur. Envoyé à Messine, il procéda à une instruction rapide, n'hésitant pas à extorquer des aveux par la torture[6]. Il fut alors convaincu que la conjuration avait d'importantes ramifications, jusque parmi les confidents les plus influents du roi. Ces derniers, coupables ou non, y virent la main de la reine pour les éloigner du souverain et le laisser à son seul pouvoir. Ils se retournèrent alors vers le lieutenant général John Stuart**, commandant des troupes britanniques en Méditerranée.

Dûment informé par le général Forbes qui s'était rendu personnellement dans les prisons de Messine, John Stuart, outré par les procédés d'Artale, lui fit remettre une protestation officielle. Il demanda la libération des prisonniers et, au printemps 1809, poussa le roi à accorder son pardon, en dépit de l'opposition de Marie-Caroline.

Les journaux pro-anglais, comme la *Gazzetta di Messina*[7], montrèrent à la population l'importance de la présence britannique non seulement pour les défendre contre les Franco-Napolitains de Murat, mais aussi pour les prévenir de la tyrannie de la reine. Celle-ci comprit alors que « ses amis » anglais n'entendaient pas seulement apporter une aide à la Cour, mais qu'ils voulaient

---

* Giuseppe Artale, marquis de Collalto (1760-1837), chevalier de Malte. Il décéda du choléra en juillet 1837.

** John Stuart (1759-1815) avait réussi à débarquer en Calabre le 1er juillet 1806 et à battre les Français à Maida (Ferdinand IV le fit comte de Maida). Il exerça le commandement en Méditerranée de 1807 à 1810.

aussi lui imposer une tutelle morale en attendant de la mettre sous protectorat.

En octobre 1809, ceci l'encouragea à donner un tour tout nouveau à ses intrigues, après la signature, à Schönbrunn, de la paix entre la France et l'Autriche qui mettait fin à la Cinquième Coalition. Déçue par les Anglais, ne croyant plus au triomphe de leur pays, elle entama alors une correspondance avec Metternich qui venait d'arriver au pouvoir en Autriche, espérant pouvoir ainsi négocier avec la France. En outre, sans que Londres en eût des soupçons, elle dépêcha des agents secrets* pour tenter des ouvertures auprès des Tuileries et même de Murat. Car un surprenant événement lui permit d'espérer.

Affres et tourments

Le 21 mars 1810, parvint à Palerme la nouvelle du prochain mariage de Napoléon avec l'archiduchesse Marie-Louise**. Cette dernière avait informé sa grand-mère*** le 28 février 1810 :

---

* D'Amitia en 1809, von Donop, prisonnier de guerre français en 1810. En 1811, elle complota avec un agent de Murat, Cassetti.

** Soucieux d'établir sa dynastie, Napoléon « convainquit » Joséphine qui ne pouvait plus avoir d'enfants d'accepter la dissolution de leur mariage (et non le divorce). Le 15 décembre 1809, au palais de la Malmaison, Régis de Cambacérès, archichancelier d'Empire, prononça la dissolution qui fut entérinée le lendemain par un sénatus-consulte.

*** La mère de Marie-Louise était l'impératrice Marie-Thérèse de Bourbon-Sicile, fille de Ferdinand IV et Marie-Caroline. Napoléon

> Les gazettes ou d'autres nouvelles plus récentes vous auront sans doute déjà peut-être appris que je suis épouse de l'empereur Napoléon. Vous pouvez facilement vous figurer, chère Grand Maman, combien ce pas me coûte et seulement l'obéissance que je dois à mon Père et la voix et le vœu unanime de deux peuples ont pu me porter à faire ce grand sacrifice[8].

À son tour, son neveu, l'empereur François lui écrivit que s'il n'avait pas refusé la main de sa fille, c'était parce qu'il espérait que cela changerait « jusqu'à un certain point la face des affaires en Europe ». En outre, pour mieux faire passer la chose, il assurait sa tante et belle-mère qu'il saurait profiter de ces nouveaux liens pour « lui prouver son intérêt et son attachement inviolable[9] ».

Vers un renversement des alliances ?

Or, ce pieux habillage de la situation désespérée d'un souverain aux abois qui, depuis quatre ans, avait été contraint par Napoléon à abdiquer le trône du Saint-Empire pour n'être plus que l'empereur François Ier d'Autriche, fut néanmoins pris au sérieux par Marie-Caroline qui se mit une nouvelle fois à rêver à un renversement des alliances.

Sans doute était-ce trop, mais il est sûr qu'à l'été 1810, lorsque Murat décida de conquérir la Sicile, Napoléon ne s'y opposa pas, mais il ne donna aucun ordre aux troupes françaises de lui prêter main-forte.

épousa ainsi la petite-nièce de Marie-Antoinette et devint, par alliance, le petit-neveu de Louis XVI.

Murat qui avait offert l'hospitalité à Lucien Bonaparte, alors en grande délicatesse avec Napoléon, lui, dénonça la perfidie de ce dernier qui l'obligeait à des armements ruineux contre les Anglais, alors qu'il savait bien qu'« on » avait promis de n'en pas déposséder la famille régnante*.

L'ambassadeur britannique récemment nommé à Palerme, lord Amherst**, s'en émut et, en mars 1810, il avisait Londres que « plusieurs circonstances concourent à rendre plausibles ces conjectures[10] ». Dès lors, il devint celui qui contribua le plus à noircir l'image de Marie-Caroline auprès du gouvernement anglais. De son côté, le lieutenant général John Stuart s'en fit l'écho auprès de son ministre :

> Je ne crois pas, ni ne peux croire qu'un grand personnage féminin puisse avoir, parmi toutes ses idées fausses, réelles ou imputées, quelque intérêt commun avec l'envahisseur de ses États continentaux, voire puisse imaginer en retirer un éventuel avantage pour elle-même ou sa famille. Mais Sa Majesté n'agit ou ne pense pas toujours par elle-même, entourée et influencée par de nombreuses personnes dont on doit redouter les principes[11].

Toutefois, lorsque, le 29 mai 1810, le *Journal du Commerce de Cadix* publia une prétendue lettre de Napoléon à Marie-Caroline lui proposant une coopération pour chasser les Anglais de Sicile, Amherst ne

* Voir Frédéric Masson, *Napoléon et sa famille*, Paris, Albin Michel, 1797-1913, vol. 5, chap. XVIII.

** William Pitt Amherst (1773-1857) fut envoyé à la cour de Palerme de 1809 à 1811.

douta plus de la duplicité de la reine. À un moment où la Sicile était devenue coûteuse pour la couronne britannique*, ce faux, vraisemblablement d'origine française, insinua à Londres l'idée que Marie-Caroline manœuvrait à distendre les liens avec l'Angleterre pour se rapprocher de la France**.

De 1810 à 1812, elle fut donc surveillée, pour ne pas dire espionnée, à la fois par lord Amherst et par des agents secrets, tel lord George Annesley***, tandis que les preuves de ses activités tombaient entre les mains des services anglais****. Ces rapports contribuèrent à perdre définitivement la reine dans l'esprit du gouvernement britannique, car loin de s'en tenir à une pure analyse politique et diplomatique, ils donnaient d'elle une description psychologique qui laissa penser que son délabrement était nocif pour les intérêts britanniques. Annesley en donna les raisons :

---

* De 1806 à 1809, la subvention anglaise au gouvernement de Palerme était passée de trois cent mille à quatre cent mille livres.

** En réalité, il ne visait qu'à bloquer les régiments anglais en Sicile et éviter leur transfert en Espagne pour aider Wellington contre les Français.

*** George Annesley (1770-1844), vicomte Valentia puis comte de Mountnorris. Il remit un rapport, *Private Journal of the Affairs of Sicily* (British Museum, manuscrit 19 426), connu des services de Marie-Caroline qui parlent d'« une satire infâme [...] qu'il se faisait un plaisir de colporter dans toutes les sociétés qu'il fréquentait ».

**** En juin 1810, un envoyé de Marie-Caroline fut arrêté à Malte, porteur d'une lettre à l'empereur le priant d'intervenir auprès de Napoléon en faveur du royaume de Sicile. En octobre 1810, Amherst mit la main sur une correspondance entre la reine et Lucien Bonaparte. En janvier 1812, ce fut au tour des lettres de D'Amitià pour Napoléon et en mars, des tractations de Cassetti avec Murat.

> Le caractère violent de la reine, aigri par des malheurs répétés, s'est encore aggravé par l'usage de l'opium dont elle prend habituellement jusqu'à six grains par jour. Les scènes qui résultent de cet abus sont épouvantables. [...] La reine est très sobre à table. Toutefois lorsqu'elle ne veut pas se servir de l'opium comme calmant, elle le mélange dans un verre de vin, ce qui provoque des accès de colère, non, des accès de folie, tels que les domestiques eux-mêmes se sauvent.

Il concluait, sans galanterie aucune :

> Elle se croit toujours estimée et respectée comme la belle reine de Naples, alors que s'il lui prenait fantaisie de se regarder au miroir, elle verrait une vieille sorcière ridée, sexagénaire.

Toutefois, ce qui était plus grave pour le gouvernement britannique était sa duplicité. Annesley la décrit active, dépensant, pour acheter des partisans, des sommes folles qui ruinaient le Trésor public*, donnant des ordres aux ministres mais, en sous-main, à la tête d'un réseau d'agents secrets que les Anglais appelaient les « carabiniers de la reine** », elle les contremandait et faisait faire l'inverse.

Pour Londres, la cour de Palerme n'était définitivement plus crédible. Toutefois, elle ne l'était plus non plus pour la noblesse sicilienne. Celle-ci se

---

* Sa correspondance coûtait cinquante mille onces et ses « subsides » divers s'élevaient à deux millions et demi d'onces.

** *Queen Mary's Rifle Corps*. Ils étaient dirigés par un certain Castrone que tout le monde craignait.

rapprocha de lord Amherst à l'occasion de la réunion extraordinaire du Parlement* fin août 1810. Amherst écrivit alors à lord Wellesley que les barons siciliens lui avaient demandé de prendre une part plus active dans leurs revendications et de leur procurer la protection de George III face aux éventuelles conséquences que pourrait engendrer leur liberté de revendiquer.

Si l'affaire se résolut par une négociation entre les barons et la Cour, la grande perdante fut Marie-Caroline. En effet, la noblesse sicilienne, soutenue par les efforts anglais**, avait insisté pour que cessât son intervention dans les affaires gouvernementales. La crise parlementaire ayant entraîné la chute du ministère et le choix d'un nouveau Premier ministre contre son avis, elle se résigna, laissant au prince héritier une place qu'elle avait occupée pendant trente-cinq ans. C'était certes un sacrifice, mais elle conservait ses réseaux de pouvoir et sa diplomatie personnelle.

Le proconsulat de William Bentinck

Amherst, las de devoir supporter une situation difficile, obtint son rappel au début de 1811***. Il fut alors

* Le parlement de Sicile votait, tous les trois ou quatre ans, la contribution de l'île au budget du royaume. Les dépenses « exceptionnelles » de la reine rendirent la réunion impérative. Mais alors que traditionnellement les trois ordres votaient la somme réclamée par la Cour, cette fois-ci ils ramenèrent les trois cent soixante mille onces demandées à seulement cent cinquante mille.

** En 1808, Drummond écrivait qu'il travaillait pour qu'elle fût renvoyée du Conseil (Foreign Office, Sicily, 32).

*** Il partit le 1er mai 1811.

remplacé par lord William Bentinck* qui cumula les fonctions de commandant en chef des troupes anglaises et de ministre plénipotentiaire en mission extraordinaire. Il était donc revêtu des pleins pouvoirs qu'Amherst avait demandés en vain.

Il arriva en Sicile le 22 juillet 1811, à un moment où les esprits étaient surchauffés. La Cour ayant besoin d'argent avait ressuscité un vieil édit du XIIIe siècle qui permettait au roi, en cas de danger ennemi, de lever une taxe sur ses sujets sans aval du Parlement. Cinq des plus puissants barons**, soutenus par le duc d'Orléans et les marchands anglais, protestèrent. Marie-Caroline, qui détestait l'un d'eux, aveuglée par son ressentiment, fit ordonner leur arrestation dans la nuit du 19 au 20 juin. Toutefois, leurs papiers ne furent pas saisis pour ne pas avoir à impliquer Louis-Philippe, son gendre.

Bentinck remit alors au ministre des Affaires étrangères un premier office qui, après avoir protesté de l'attachement indéfectible de la Grande-Bretagne à son alliance avec la Sicile, était d'une glaçante clarté : « J'ai ordre de signifier à la cour de Palerme que si la continuation de ces mesures mal avisées produit jamais les conséquences qu'on a lieu d'en redouter » les armées britanniques ne soutiendraient jamais « un tel système de gouvernement ».

* William Henry Cavendish-Bentinck (1774-1839) était le deuxième fils du duc de Portland, ancien Premier ministre. Après avoir servi en Inde et en Espagne, il fut appelé (1811) à commander les troupes britanniques en Sicile avec le grade de lieutenant général.

** Les princes de Castelnuovo, de Belmonte (lié à Louis-Philippe), de Villafranca, de Iaci et de Petrulla. Ce dernier était prêt à s'embarquer pour l'Angleterre. Leur remontrance, *Memoria sopra le tasse di Sicilie*, fut publiée dans les journaux anglais.

La reine estima qu'il fallait temporiser ; elle écrivait le 8 août : « Nous attendons le développement des affaires anglaises et celui des demandes, projets et idées du ministre général Bentinck. » Néanmoins, le 13, le ministre des Affaires étrangères fit part à Bentinck, en termes fort diplomatiques, de l'étonnement du roi devant sa démarche concernant les affaires intérieures de son royaume. Le 19 août, la réponse du général tomba comme un couperet : il faisait informer Ferdinand IV qu'il rentrait en Angleterre pour y demander de nouvelles instructions.

Parti le 4 septembre, Bentinck arriva à Londres le 27 septembre. Il recommanda au ministère que le subside anglais de trois cent mille livres sterling fût contrôlé par le gouvernement britannique, que l'armée sicilienne fût désormais commandée par lui et que la reine fût totalement exclue du Conseil. En ce qui concernait celle-ci, il n'hésitait pas à affirmer : « Son esprit, affaibli par l'âge, par une grande quantité d'opium et par les conséquences des passions violentes, est dans un état très proche de la déraison[12]. »

Il fut de retour le 8 décembre 1811. Il s'acharna alors à discréditer totalement la reine, n'hésitant pas à fomenter de faux complots dans lesquels il espérait qu'elle s'impliquerait. N'y étant pas parvenu, il entreprit de former un gouvernement qui fût à ses ordres, qui convaincrait le roi Ferdinand IV d'abdiquer et qui rédigerait une Constitution.

La reine ne décolérait pas. Fagan*, l'espion que Bentinck avait placé auprès d'elle, écrivait : « La grande

---

* Robert Fagan (1761-1816), peintre anglais, quitta Rome où il vivait depuis 1783, pour s'installer en 1808 à Palerme. Nommé consul britannique, il fut bien accueilli par Marie-Caroline dont il fit

Dame est plus enragée que jamais et, quelques jours auparavant elle cria à ses gardes : Tuez ces gredins d'Anglais » et il conseillait de ne pas la croire quand elle tenait des propos aimables car « on ne peut attendre que du mal d'une folle furieuse ».

La Cour n'ayant pas accédé à ses désirs, Bentinck menaça, le 6 janvier 1812, d'une intervention militaire, puis demanda une audience au prince héréditaire qui lui fut accordée le 10. Bentinck fut direct, affirmant au prince François que « ses instructions actuelles étaient d'obliger absolument à faire le bien de la nation et que si on ne voulait pas consentir à ce qu'il proposait, il était autorisé à y contraindre par la force[13] ».

Le 11 janvier au soir, la Cour céda sur tout. Le 16 janvier, Ferdinand IV nommait le prince royal son vicaire général pour le royaume de Sicile. Bentinck se fit désigner commandant en chef de l'armée et exigea du prince royal la libération des cinq barons qui s'étaient rebellés contre le monarque. Dès lors, plus rien ne s'opposait à la volonté anglaise de mettre en place un régime constitutionnel et une politique libérale.

Le 12 février 1813, Marie-Caroline écrivait à Serracapriola, ambassadeur à Saint-Pétersbourg, d'intéresser le tsar Alexandre et l'impératrice-mère à son sort[14], afin que « la glorieuse Russie commande et ne tienne pas compte des livres sterling et des intrigues anglaises ». Non seulement l'Angleterre, « nation vile, égoïste, intéressée », l'avait éloignée de son mari et de son fils, mais elle voulait l'exiler en Allemagne, agissant

le portrait. Il obtint du roi de mener des fouilles à Piazza Armerina et à Tindari.

au nom « d'un malheureux Vicaire et de ministres tout à elle ».

Une politique anglaise de persécution

Marie-Caroline décida de quitter le palais royal pour aller s'installer avec son autre fils, Léopold, au palais Santa Croce.

Ce ne fut pas toutefois suffisant pour lord Bentinck. Le 16 mars 1812, il lui écrivit une lettre où la courtoisie du style ne parvenait pas à cacher l'insolence. Lui affirmant qu'il était incapable de répondre de la famille royale et de la couronne aussi longtemps que l'administration de son fils ne pourrait susciter de confiance puisqu'on la suspectait de l'influencer de ses conseils, il lui conseillait de suivre, le plus rapidement possible, la résolution qu'elle avait maintes fois manifestée de se retirer dans une partie de Sicile plus éloignée. Marie-Caroline enragea, accusant Londres de vouloir la tuer comme les Français avaient tué sa sœur, mais elle ne céda pas.

Bentinck, ulcéré de l'indifférence affichée de la reine à l'égard de ses demandes, s'adressa, le 25 avril 1812, directement au roi pour dénoncer « l'esprit d'intrigues et les mauvaises intentions » de la reine. Marie-Caroline répliqua le jour même, le priant de retrouver « la délicatesse qu'exige la place qu'il occupe, celle de représentant d'une grande nation, loyale, amie, soutien des souverains ses alliés et non leur destructrice ». Le 26, Ferdinand envoyait une note à son fils, le prince vicaire, concernant la demande d'éloignement de la reine et les menaces d'user de la force pour l'y contraindre. Le roi y affirmait qu'il n'entendait pas « plaisanterie à ce sujet » et que son fils devrait répondre des outrages faits à sa mère.

Ayant rappelé que Dieu les avait unis, Lui seul pourrait les séparer, il accueillit Marie-Caroline qui quitta le palais Santa Croce de Palerme pour aller s'installer dans le relais de chasse de La Ficuzza où résidait le roi*.

Ferdinand IV qui, par nature détestait les tracas, ne supportait plus la situation. En effet, dans l'entourage de Bentinck, on avait menacé le prince vicaire, trop proche de ses parents, d'être destitué et remplacé par son propre fils sous la régence de Louis-Philippe d'Orléans. Marie-Caroline se déchaîna alors contre son gendre, « scélérat, digne fils de son père, qui se conduit en véritable élève de Mme de Sillery** ». Le 10 juin, le roi voulut en avoir le cœur net et il écrivit une lettre en six points à Bentinck dont il ne reçut aucune réponse.

Au contraire, lord William fit réunir le nouveau Parlement qui décréta en quelques heures, le 20 juillet, une nouvelle Constitution : le législatif relevait du seul Parlement, le roi sanctionnait les lois et convoquait, prorogeait ou dissolvait ledit Parlement, enfin la féodalité était supprimée.

---

* Néanmoins, le 6 mai, ils firent résidence à part, la reine à Bagheria et le roi à Solanto, les deux localités n'étant distantes que de deux kilomètres environ.

** Archivio di Stato Napoli, Archivio Borbone, fasc. 328, ff° 20-26. Félicité de Sillery, comtesse de Genlis, était la maîtresse du futur Philippe-Égalité qui la nomma « gouverneur » de ses enfants. Louis-Philippe, ses frères et sœurs, en reçurent alors une éducation aussi démocratique que spartiate.

Le 1er août, le roi reçut Bentinck à La Ficuzza. Il acceptait de signer la nouvelle Constitution si sa sécurité et celle de sa famille étaient assurées. L'Anglais lui répondit qu'il n'était en mesure que d'uniquement garantir celle du souverain.

Le prince François étant désormais totalement subjugué par Bentinck, les souverains demandèrent à leur ambassadeur à Londres, le prince de Castelcicala, de sonder le prince de Galles, alors régent. Si le prince manifesta de vives préventions contre Marie-Caroline, il se défendit de vouloir jamais lui faire violence ; toutefois il estima qu'elle devrait s'éloigner de Palerme*.

Le 12 septembre, Fagan envoyait à la reine une lettre dictée par Bentinck, l'informant qu'il exigeait qu'elle sortît de Sicile. Le lendemain, lord William écrivait à Ferdinand IV que « les ordres de sa Cour » étaient que Marie-Caroline quittât son royaume.

La situation était devenue intenable. En octobre 1812, la Cour trouva un moyen qui devait satisfaire Bentinck sans humilier la reine et qui plut au roi. Marie-Caroline dut s'y conformer à regret : elle passerait l'hiver avec le roi à Santa Margherita et, au printemps, elle entreprendrait un voyage à Vienne pour restaurer sa santé.

Or, au début de l'année 1813, elle éprouva le besoin de retourner à La Ficuzza. Bentinck estima avec hauteur que c'était une rupture de son « traité » avec le roi du 26 octobre précédent. Ce terme en dit long sur le rôle dont se croyait investi celui qui n'était somme toute qu'un ambassadeur.

* La dépêche de Castelcicala parvint le 4 août 1812.

Ferdinand tenta alors un coup de force. L'opinion publique étant mécontente du vicariat et de l'omniprésence britannique, le 6 février, le roi vint à Palerme, y fut acclamé mais repartit dans sa maison de plaisance.

Bentinck fut étonné qu'il eût « osé venir » sans l'avoir prévenu. Or, Ferdinand, encouragé par les clameurs de son peuple, songea à reprendre les rênes du pouvoir. Il invita, le 24 février, l'ambassadeur anglais à lui rendre visite à La Ficuzza pour l'en informer, mais celui-ci répondit que cela lui était impossible tant que la reine y serait présente.

Le 10 mars, Ferdinand IV rentra à Palerme et abolit le vicariat. Bentinck n'en ayant pas été informé officiellement, il fit mettre les troupes anglaises sous les armes. Face à la menace, le 17 mars 1813, Ferdinand rétablit le vicariat et écrivit à la reine pour la prier de ne pas différer son départ de Sicile. Marie-Caroline était retournée le 8 mars à Santa Margherita mais, victime d'une crise de convulsions, elle dut se rendre à Castelvetrano le 13.

Le 28, Bentinck, craignant un stratagème de sa part, fit occuper cette ville par une colonne d'artillerie.

Le 6 avril 1813, la « reine des deux Siciles, archiduchesse d'Autriche par sa naissance » informait Bentinck qu'elle faisait le sacrifice de se retirer dans sa patrie, non pour répondre aux instances anglaises mais pour la conservation des intérêts de sa famille[15]. Écrivant à Serracapriola, elle se décrivait isolée, entourée de troupes anglaises et accusée de liaisons avec la France qu'elle haïssait, alors que tout ce qu'elle avait fait était pour « empêcher les Anglais de se rendre maîtres de la Sicile[16] ».

Quittant Castelvetrano, Marie-Caroline arriva à Mazara le 9 juin. Son départ ayant été différé à cause d'un mal de dents, les Anglais forcèrent la reine, le prince Léopold et son précepteur le marquis de Saint-Clair à s'embarquer le 14 juin 1813. En octobre suivant, Bentinck plaça la Sicile sous son autorité militaire.

La fin

La corvette anglaise qui transportait Marie-Caroline relâcha durant six semaines à Zante. Elle dut continuer sa route par Constantinople où la peste qui y sévissait l'obligea à se mettre à l'abri à Odessa. Là, en dépit de ses prières, elle ne put échapper à une rigoureuse quarantaine, la privant d'être visitée par le duc de Richelieu*, gouverneur de Nouvelle-Russie. Toutefois, elle en profita pour échafauder des projets, chargeant notamment Serracapriola de négocier avec le tsar un traité de commerce qui ferait du royaume des Deux-Siciles l'entrepôt méditerranéen des produits russes et d'Odessa le réceptacle de ceux de Naples[17].

Le 2 février 1814, elle arriva enfin à Vienne, mais l'arrivée de Marie-Caroline tombait mal pour l'empereur d'Autriche[18]. Il venait de conclure un pacte avec Joachim Murat : il lui avait confirmé le trône de Naples s'il se joignait à la coalition contre Napoléon.

---

* Armand Emmanuel du Plessis, duc de Richelieu (1766-1822), émigré en Russie, fut maire d'Odessa (1803-1905) puis gouverneur de Nouvelle-Russie (l'actuelle Ukraine). Il fut Premier ministre en France (1815-1818 et 1820-1821).

Dans un premier temps, la reine fut reléguée à Bratislava où, avec son fils Léopold et une suite restreinte, elle fixa sa résidence au palais du prince Pálffy. À son grand étonnement, la Chambre Aulique refusa d'assumer ses frais d'installation*, François Ier ayant ordonné : « La reine de Sicile doit subvenir à ses frais dans les États autrichiens et donc aucun de ses frais ne doit être imputé au Trésor public. »

Elle trouva cependant une alliée en la personne de la nouvelle épouse de l'empereur. Veuf en 1807 de la fille de Marie-Caroline, il épousa en 1808 une de ses nièces, Marie-Louise de Habsbourg-Este (1787-1816) qui partageait avec elle la haine des Français. Sa malheureuse tante n'ayant pas abandonné son idée de s'installer à Vienne, l'impératrice, le 2 février 1814, ordonna que la reine et la quinzaine de personnes qui formaient sa suite fussent nourries et logées par la Cour, durant tout leur séjour. Elle alla même à sa rencontre et l'installa avec les siens dans l'appartement des hôtes étrangers de la Chancellerie de cour. Le mécontentement de l'empereur, mis devant le fait accompli par son épouse, fut calmé par le prince Trauttmansdorff** qui lui représenta le hérissement de l'opinion viennoise qui voyait des princesses russes mieux traitées que la fille de Marie-Thérèse[19].

Marie-Caroline avait cependant compris qu'elle n'était pas la bienvenue. Pour « ne plus ennuyer l'empereur »,

* Ils s'élevaient à un peu moins de cinq mille sept cents florins.

** Ferdinand von und zu Trauttmansdorff-Weinsberg (1749-1827) était alors premier chambellan et maître écuyer et, comme tel, il avait la responsabilité des dépenses de la Cour.

en février 1814, elle décida de louer un appartement à Vienne, dans le palais Starhemberg, sur la Minoritenplatz. Lorsqu'en juin 1814, l'empereur François Ier revint de Paris après l'abdication de Napoléon et la signature de la paix, Marie-Caroline tint, comme tous les Viennois, à illuminer la façade de son nouvel hôtel. L'effigie impériale couronnée par deux victoires était surmontée d'une inscription à la gloire du « sauveur de la France, père de la patrie autrichienne* ».

Pourtant, assommée par les coups du destin, la reine de Naples cessa d'exister, se contentant désormais de vivre sa triste déréliction. Elle avait prédit qu'elle serait une des rares reines qui finissent leurs jours là où elles sont nées. Quand arriva l'été, elle désira s'installer hors de Vienne, mais François Ier ne la voulut pas à Schönbrunn. Trauttmansdorff s'entremit à nouveau et elle fut autorisée à résider au château de Hetzendorf**. C'était une maison sans luxe qui avait été remeublée sobrement en style Biedermeier sur ordre de l'empereur, soucieux de ne pas engager de dépenses somptuaires.

Ce fut là qu'elle revit sa petite-fille, Marie-Louise, revenue de France avec son fils, le roi de Rome, après la capitulation de Paris. Elle ne put s'empêcher de lui dire qu'à sa place, elle aurait rejoint son époux à l'île

* « Vive François, notre empereur ! / Le Magnanime, le sauveur de la France ! / Le bienfaisant, l'ange de la paix en Europe ! / L'aimable père de l'Autriche ! »

** Sur la route de Vienne à Schönbrunn, ce château fut acheté et aménagé par Marie-Thérèse en 1742 pour servir de résidence à sa mère, l'impératrice Élisabeth. À la mort de celle-ci en 1750, il servit de résidence secondaire à différents membres de la famille impériale. Il fut occupé par les troupes françaises en 1805 et en 1809.

d'Elbe, eût-elle dû s'échapper par la fenêtre. François Ier et Metternich s'empressèrent alors d'éloigner d'elle la jeune femme qui fut envoyée, en août 1814, se reposer à Aix-les-Bains, accompagnée d'un chaperon choisi expressément, Adam Albert de Neipperg*.

Ce fut là aussi que, peu après, dans la nuit du 7 au 8 septembre 1814, isolée et sans soutien, sans plus d'entraves ni d'amour, elle fut emportée, à soixante-deux ans, par une crise d'apoplexie. Au matin, on trouva la reine affaissée dans un fauteuil près de la cheminée, le bras droit étendu vers le cordon de la sonnette. Ses yeux grands ouverts et sa bouche tordue disaient la douleur de ses derniers moments.

Le 9 septembre, son corps fut ramené à Vienne dans une litière attelée d'une mule et enterré provisoirement dans la chapelle de la Cour. Le 10, quoi qu'elle eût demandé que son corps ne fût ni embaumé ni ouvert, on procéda à la translation de son cœur dans l'église des Augustins et de ses entrailles dans la cathédrale Saint-Étienne, suivie à 5 heures du soir de son inhumation solennelle. Après le rituel immuable, rappelant l'humilité de la mort**, son cercueil fut placé dans la nécro-

* Neipperg (1775-1829) se vanta de devenir son ami dans six semaines et son amant dans six mois. Il lui en fallut moins puisqu'en août 1814, celle qui était alors la duchesse de Colorno était amoureuse de lui. Duchesse de Parme, elle l'épousa en 1821, quatre mois après la mort de Napoléon.

** Le cortège funèbre, parvenu devant l'église fermée, frappe une première fois à la porte. À l'énoncé de tous les titres, un capucin derrière la porte dit ne pas connaître la personne. Cela se reproduit une deuxième fois, après l'énoncé du seul plus haut titre du défunt. Puis, celui-ci étant présenté comme un mortel et un pécheur, la porte s'ouvre enfin.

pole des Habsbourg, la crypte impériale (*Kaisergruft*) de l'église des Capucins de Vienne*.

Dans son testament, elle avait déclaré renoncer à toute pompe funèbre. Ses volontés furent respectées au-delà de la lettre : pour ne pas ternir l'ambiance du Congrès européen qui venait de se réunir à Vienne, l'empereur décida que le deuil de Cour serait réduit à trois semaines. Vienne, qui l'avait vu naître et qu'elle avait tant aimée, cachait à peine sa volonté de l'oublier le plus rapidement possible.

À Palerme, ce fut pire. Le deuil de Cour fut bâclé et il fallut l'intervention de l'archevêque pour que le roi Ferdinand acceptât de s'imposer un délai de viduité minimal. Le 27 novembre 1814, cinquante jours après le décès de Marie-Caroline, il épousa morganatiquement la duchesse Lucia Migliaccio[20]. Un an plus tard, il retrouvait son trône de Naples.

---

* En 1842, après l'aménagement de la crypte toscane (*Toscana-Gruft*), son cercueil y fut déposé, non loin de celui de sa sœur, l'archiduchesse Marie-Christine, duchesse de Teschen.

Conclusion

La fin de celle qui, toute sa vie, ne manqua jamais d'afficher sa fierté d'être née Habsbourg, de surcroît fille de la grande Marie-Thérèse à qui elle avait tant souhaité ressembler, pourrait se résumer par l'épigraphe de Chateaubriand : *sicut nubes, quasi naves, velut umbra* (comme un nuage, telle une voile, ainsi qu'une ombre).

Rejetée et méprisée dans les dernières années de sa vie, elle n'était plus qu'une créature de chagrin : triste et pitoyable Passion d'une femme qui s'était assurément trop aimée et n'avait sans doute que fort peu aimé les autres, à l'exception notoire de ses enfants.

Ils furent en effet son souci principal, elle qui veilla à leur santé autant qu'à leur établissement. Bien avant la reine Victoria, Marie-Caroline fut l'aïeule de l'Europe régnante du XIXe siècle, rapprochant des dynasties qui n'avaient rien en commun. Mère de Marie-Amélie reine des Français, elle fut la grand-mère de tous les princes et princesses d'Orléans, mais aussi de l'impératrice Marie-Louise et de la duchesse de Berry. Aussi « Napoléon II », duc de Reichstadt, « Henri V », comte de Chambord, ou encore « Philippe VII », comte de Paris, l'eurent-ils pour arrière-grand-mère.

Femme et mère, elle avait trop méprisé son mari pour être véritablement une épouse. Ayant confondu autorité et grandeur, pouvoir et puissance, elle fut une gouvernante à poigne sans jamais être parfaitement une reine. Seul son caractère impérieux donna d'elle une impression de force, alors que sa cyclothymie l'entraînait à de véritables dépressions lorsque les faits ne répondaient pas à ses désirs.

En réalité, elle souffrait d'un trouble histrionique de la personnalité. Émotive à l'excès, narcissique, il lui fallait toujours être le centre de l'attention de tous. Pour ce faire, elle séduisait ou provoquait, se servant autant de ses charmes personnels que de comportements extravagants. Lorsqu'elle n'y parvenait pas, elle sombrait alors dans la mélancolie.

Ce caractère se trouva aggravé lorsqu'elle devint reine. L'adolescente qui avait joué de son apparence agréable se retrouva le personnage principal du théâtre de la Cour napolitaine dont les faits et gestes étaient rapportés dans l'Europe entière. Son goût pour les opinions tranchées s'accrut alors de sa propension héréditaire à l'autoritarisme.

Désormais persuadée d'avoir toujours raison, elle ne fit confiance qu'à elle-même, livrant à son imprudente correspondance ses avis et sa pensée, sans jamais se rendre compte du mauvais service qu'elle se rendait.

Déçue par son mari, elle chercha des collaborateurs sur qui s'appuyer mais, là encore, son tort fut de croire qu'elle s'attachait leurs services et leur fidélité d'autant plus assurément qu'elle leur accordait des privautés. Dans le théâtre de sa vie, elle distribua alors les rôles qu'elle attribuait à ceux qu'elle croyait retenir par les sens. Toutefois, ses amants ne furent pour elle que des faire-valoir, des miroirs dans lesquels elle se contemplait, « s'aimant elle-même quand elle les caressait[1] ». Ce donjuanisme de mante religieuse lui fit alterner l'engouement passionné et l'indifférence déçue quand celui ou celle qui l'avait suscité ne répondait plus à ses variables attentes de l'instant.

Avec le temps, la reine ne fut plus la femme qu'elle avait été. Entre ceux dont elle s'était lassée et ceux qu'elle avait elle-même lassés, son mari, ses amants, ses « amis » s'éloignèrent et, désormais séductrice sur le retour, elle se retrouva seule, même si elle croyait que son cœur n'avait pas vieilli.

Alors, dans ses moments de déprime, elle devenait lucide et, comme le roi Salomon, elle affirmait que toute agitation n'était que course après le vent et que la fugacité de la vie rendait toutes choses vaines. Après avoir connu les soirs de fête et les adorateurs, elle n'était désormais plus que l'esclave nostalgique de ses souvenirs.

Or, pêle-mêle, au soir de sa vie, ils étaient bien amers : la mort ignominieuse de sa plus chère sœur, Marie-Antoinette, en 1793 ; l'humiliation des fuites à Palerme en 1799 et 1806 ; les décès prématurés de nombre de ses enfants* ; l'abandon de ses alliés européens ; l'attitude décevante de ses courtisans, de son héros Nelson ou de son amie Emma Hamilton ; la persécution acharnée de Napoléon Bonaparte ; le honteux exil forcé de 1813 et enfin l'accueil glacial de son impérial neveu.

* Onze d'entre eux moururent à leur naissance ou en bas âge ; trois de ses filles aînées moururent avant elle.

Pourtant, elle avait voulu bien faire. À peine reine, elle avait souhaité faire de Naples une puissance de premier ordre. Pour cela, elle rompit d'avec l'Espagne, sans se rendre compte que, ce faisant, elle affaiblissait au contraire son royaume qui devenait ainsi une proie plus facile pour ceux qui le guignaient – la France d'abord, l'Angleterre ensuite. Admiratrice inconditionnelle de sa mère, elle voulut continuer à incarner sa ligne diplomatique, refusant d'admettre que ses frères, et plus encore son neveu, ne fussent pas Marie-Thérèse. Archiduchesse et reine du XVIIIe siècle, si elle fut plus lucide que les monarques masculins d'Europe, elle ne fut pas plus qu'eux à la hauteur du vent de l'Histoire qui soufflait alors.

Aussi, cabrée dans l'orgueil de sa naissance habsbourgeoise, lorsqu'elle fut atteinte par le désamour de son peuple, la reine redevint, tout comme Marie-Antoinette, une Autrichienne, une fille de cet ennemi héréditaire qui prétendait subjuguer l'Italie tout entière. Or, si sa sœur finit, dans l'opinion, par être nimbée de l'auréole du martyre, Marie-Caroline ne réussit jamais à apparaître comme une victime, sinon d'elle-même et de son versatile entêtement.

L'ambassadeur Alquier fut sans doute celui qui résuma le mieux sa personnalité : « On a vanté à tort l'étendue et la supériorité de son esprit. Elle ose tout, voilà son secret. Le besoin d'intriguer la tourmente et ne s'éteindra jamais en elle, quoiqu'elle ait été assez malheureuse à ce jeu. »

Telle l'Athalie de Racine, elle n'eut jamais le bonheur de trouver une paix qui toujours l'avait fuie.

Annexe

Texte de la capitulation de la République parthénopéenne, annotée par la reine Marie-Caroline

TEXTE DE LA CAPITULATION.	OBSERVATIONS AUTOGRAPHES DE LA REINE MARIE-CAROLINE.
ARTICLE Ier Les forts Neuf et de l'Œuf seront consignés aux commandants des troupes de S. M. le roi des Deux-Siciles et de ses alliés le roi d'Angleterre, l'empereur de Russie et la Porte ottomane, avec les munitions de guerre et de bouche, avec toute l'artillerie existant dans les magasins, desquels objets il sera dressé un inventaire par les commissaires respectifs, après la signature de la présente capitulation.	Capituler avec des propres rebelles, sans forces, sans espérance de secours de mer, avec des gens qui, après la clémence employée par leur Roi et Père, se sont battus en désespérés et maintenant viennent à résipiscence par la crainte seule ! Je trouve que capituler avec des rebelles est se déshonorer. Ou il fallait les attaquer avec toutes les forces, ou les laisser rester jusqu'à meilleur temps.
ARTICLE II Les troupes qui composent les garnisons, garderont les forts jusqu'à ce que les bâtiments dont il sera parlé plus loin, destinés à transporter les individus qui voudront se rendre à Toulon, soient prêts à mettre à la voile. L'évacuation n'aura lieu qu'au moment de l'embarquement.	Cet article est une véritable insolence. Les rebelles traitent avec leur souverain d'égal à égal et ont l'air d'avoir le dessus sur lui. Celui-là est d'une infamie et d'une absurdité telles qu'il me répugne de parler des honneurs de ce drapeau de la rébellion.

ARTICLE III Les garnisons sortiront avec les honneurs de la guerre, armes et bagages, tambours battants, drapeaux déployés, mèches allumées, chacune avec deux pièces de canon, et déposeront les armes sur le rivage.	Cet article est tellement absurde que je ne sais comment on a pu le concevoir et encore moins l'écrire.
ARTICLE IV Les personnes, propriétés, meubles de tous les individus composant les deux garnisons seront respectées et garanties.	Autant dire que les coupables ne souffriront pas même une légère peine, ni aucune privation, après un aussi grand crime.
ARTICLE V Tous ces individus auront le pouvoir et le choix de s'embarquer sur les bâtiments parlementaires qui leur seront donnés pour les transporter à Toulon, ou directement à Naples, sans être inquiétés, ni eux ni leurs familles.	Cet article est tel, qu'on se demande pourquoi sont venues les troupes, puisqu'on permet aux félons de rester, de partir sans être inquiétés. C'est les encourager à préparer, de nouveau et mieux, une révolution pour une autre fois. C'est stimuler les malveillants de Sicile à faire la même chose, puisqu'ils n'auront rien à perdre et tout à gagner.
ARTICLE VI Les conditions insérées dans la présente capitulation sont communes à toutes les personnes des deux sexes, réunies dans les forts.	Si les deux sexes sont désignés expressément cela prouve qu'ils se sentent tous les deux coupables. La clause prouve le fait.
ARTICLE VII Les mêmes conditions s'étendent à tous les prisonniers faits sur les troupes républicaines par les troupes de S. M. le roi des Deux-Siciles et celles des alliés, dans les diverses rencontres advenues avant le blocus des forts.	Celui-là continue les mêmes principes de liberté entière et d'encouragement pour les félons rebelles, afin qu'ils puissent recommencer avec plus de succès leurs scélératesses.
ARTICLE VIII Les seigneurs l'archevêque de Salerne, de Micheroux, de Dillon et l'évêque d'Avellino retenus dans les forts, seront remis au commandant du fort Saint-Elme, où ils resteront comme otages jusqu'à ce qu'on ait reçu de Toulon la certitude que les prisonniers embarqués pour cette destination y sont arrivés.	Absurde. Donner des otages comme si nous étions les vaincus, les accusés ! Dépendre d'une poignée de Français, attendre leurs ordres, cela rend Naples un vil bagne français ! Aussi la flotte britannique doit les ramener à l'obéissance et les traiter comme ils seraient traités à Toulon, à Brest ou à Rochefort.

ARTICLE IX Tous les autres otages et prisonniers d'État enfermés dans les deux forts seront mis en liberté immédiatement après la signature de la présente capitulation.	Je voudrais que personne ne pût sortir. Tous forcés d'obtenir leur liberté les armes à la main, pour leur honneur et pour le bien du royaume et de la ville.
ARTICLE X Tous les articles de cette capitulation ne pourront être exécutés que lorsqu'elle aura été approuvée dans son entier par le commandant du fort Saint-Elme. Ont signé : Pour S. M. le roi des Deux-Siciles : Cardinal Ruffo de Micheroux Pour l'Angleterre : Foote Pour la Russie : de Kéraudy Pour la Turquie : de Bonnieu Pour les républicains : Massa, Méjean	Celui-ci par exemple est le comble de la bassesse et de la lâcheté. On ne demande pas l'approbation de son propre souverain, alors qu'on agit contre ses ordres et ses instructions diamétralement contraires, et l'on demande l'approbation des rebelles, d'une poignée de Français ! Cela montre la lâcheté des rebelles et l'inconcevable crime, stupidité ou non-intelligence de ceux qui ont signé. Et ce traité est une chose si infâme que, si par un miracle de la Providence, il ne naît pas quelque événement qui le rompe ou détruise, je me considère perdue et déshonorée. Et je crois qu'au risque de mourir de la malaria, des fatigues ou d'une arquebusade des rebelles, le roi, d'un côté, le prince héritier de l'autre, doivent immédiatement armer les provinces, marcher contre la ville rebelle et s'ensevelir sous les ruines si elle résiste, plutôt que de rester les vils esclaves de ces coquins de Français et de leurs infâmes émules, les rebelles. Mon sentiment, si cette infâme capitulation est respectée, est tel que je serais moins affligée de la perte du royaume que des effets que j'en attends.

Notes

Introduction

1. Charles de Brosses, *Lettres familières écrites d'Italie écrites à quelques amis en 1739 et 1740*, Paris, Poulet-Malassis & de Broise, 1858, publié par Hippolyte Babou.
2. Voir Cyrille Debris, *« Tu felix Austria, nube ». La dynastie de Habsbourg et sa politique matrimoniale à la fin du Moyen Âge (XIIIe-XVIe siècle)*, Brepols, 2005.
3. Étienne Charavay, *L'Amateur d'autographes, Revue historique et biographique*, 1er juillet 1864, 61, p. 196.

PREMIÈRE PARTIE
INSOUCIANCE ET ILLUSIONS
(1752-1770)

1
De Vienne à Naples (1752-1768)

1. Anna Coreth, *Pietas Austriaca. Ursprung und Entwicklung barocker Frömmigkeit in Österreich*, Oldenburg, 1959 (traduction anglaise, Purdue University Press, 2001).
2. Claude Michaud, *Annales. Économie, Sociétés, Civilisations*, 1977, 32-6, p. 1111.
3. Claude Michaud, Compte rendu de l'ouvrage de Peter Hersche, *Des Spätjansenismus in Österreich*, Vienne, Verlag

der österreichen Akademie, der Wissenschaften, 1977, *Annales, Économie, Sociétés, Civilisations*, 1977, 32-6, p. 111.

4. Voir Catriona Seth, « De l'éducation des princesses », *in* Isabelle Brouard-Arends et Emmanuelle Plagnol-Diéval (dir.), *Femmes éducatrices au siècle des Lumières*, Presses universitaires de Rennes, 2007, p. 289-298.

5. *Souvenirs de Madame Louise-Élisabeth Vigée-Lebrun*, Paris, H. Fournier, 1835, t. 2, p. 7.

6. *Ibid.*, p. 134.

7. Voir Donald R. Hopkins, *The Greatest Killer : Smallpox in History*, University of Chicago Press, 2002. Catriona Seth, *Les rois en mouraient aussi. Les Lumières en lutte contre la petite vérole*, Paris, Desjonquères, 2008.

8. Antonia Fraser, *Marie-Antoinette*, Paris, Flammarion, 2016.

9. Lettre autographe inédite.

10. Lettre autographe inédite.

2
Les débuts napolitains d'une reine

1. Mario Vinciguerra, « La reggenza borbonica nella minorità di Ferdinando IV », *Archivio storico per le province napoletane*, Società napoletana di storia patria, Napoli, 1915, p. 140 *et sq*.

2. Benedetto Croce, *Storia del Regno di Napoli*, Laterza editore, Bari 1958, p. 197.

3. Voir Giacomo de Antonellis, « Domenico Cattaneo della Volta, contestato aio del Re », *Società Storica del Sannio* ; Luigi Cattaneo di S. Nicandro, « Brevi cenni in difesa di un Napoletano di due secoli fa », *Archivio storico per le province napoletane*, LXXXII, 1964, p. 276- 283.

4. Pietro Colletta, *Storia del Reame di Napoli dal 1734 sino al 1825*, 4 vol., Capolago, Tip. Elvetica, 1834.

5. Raffaele Altavilla, *Breve storia di Napoli dalla fondazione ai nostri giorni*, Stabilimento tipografico dell'Unione, Napoli, 1882, p. 239 et *sq*.

6. Giuseppe Arnaud, *La crudeltà nelle Storia e nella vita. Trilogia in tre lingue*, « Essay the third : Barbarous amusements in old and modern times », Milano, Tipografia G. Bozza, 1866, p. 103.

7. Voir Paologiovanni Maione, « L'ammirazione dei popoli per l'ostensione della "virtuosa" Maria Carolina (Vienna-Napoli 1768) », *in* Giulio Sodano e Giulio Beretti (dir.), « Io la Regina Maria Carolina d'Asburgo-Lorena tra politica, fede, arte e cultura », *Quaderni Mediterranea, Ricerche storiche*, 33, 2016, p. 43-73.

8. *Journal politique pour l'année 1768*, imprimé à Bouillon, août 1768, 2e quinzaine, p. 22.

9. Voir Émile Bertaux, « Santa Chiara de Naples. L'église et le monastère des religieuses », *Mélanges de l'École française de Rome*, 1898, 18, p. 165-198.

3
Une reine indocile

1. Voir Elisa Novi Chavarria, « Il confessore della regina », *in* Giulio Sodano e Giulio Beretti (dir.), « Io la Regina Maria Carolina d'Asburgo-Lorena tra politica, fede, arte e cultura », *op. cit.*, p. 75-96.

2. Eduard Winter, *Der Josefinismus*, Berlin, Rütten & Loening, 1962, p. 22-99 : « Das Enstehen des Josefinismus unter Maria Theresia ».

3. Voir Walter W. Davis, *Joseph II : An Imperial Reformer for the Austrian Netherlands*, La Haye, Martinus Nijhoff, 1974, p. 89.

4. Pour les lettres de Tanucci à Charles III, voir Bernardo Tanucci, *Epistolario* (a cura e con un'introduzione di Maria Claudia Ferrari), Napoli, Società napoletana di Storia Patria, 2003.

5. Voir Jean-Michel Sallmann, « Image et fonctions du saint dans la région de Naples à la fin du XVIIe siècle et au début du XVIIIe siècle », *Mélanges de l'École française de Rome*, 1979, 91/2, p. 827-874.

6. Bernardo Tanucci, *Epistolario* (a cura di Maria Claudia Ferrari), t. XX, 1768, Napoli, Società napoletana di Storia Patria, 2003, p. XXV.

7. Elena Papagana, « Un filoaustriaco nella corte borbonica di Napoli : Antonio Pignatelli Aymerich, marchese di San Vicente e principe di Belmonte (1722-1794) », *Libros de la Corte*, 23, Universidad Autónoma de Madrid, 2021, p. 299-334.

8. 22 mai 1768. Adam Wandruszka, *Il « principe filosofo » e « il re lazzarone ». Le lettere del granduca Pietro Leopoldo sul suo soggiorno a Napoli nel 1768*, Napoli, Edizione scientifiche italiane, 1960, p. 505-506.

9. Lettre inédite.

10. Luc Devoldere, *En attendant les Barbares. Essais*, Québec, Numilog, 2012, p. 19.

11. Barthélemy Mercier, abbé de Saint-Léger, *Correspondance inédite de l'abbé Ferdinand Galiani*, Paris, Dentu, 1818, t. I, Lettre à M. Suard, Naples, 30 juin 1770, p. 111.

12. *Ibid.*, Lettre à Mme d'Épinay, 25 mai 1771, p. 231.

13. *Mémoires de Marmontel*, Paris, 1804, t. II, p. 121 : « L'abbé Galiani était de sa personne le plus petit Arlequin qu'eut produit l'Italie ; mais sur les épaules de cet Arlequin était la tête de Machiavel. »

14. Friedrich Nietzsche, *Sämtliche Werke. Kritische Studienausgabe*, 5, 44.

15. Elena Papagana, « Un filoaustriaco nella corte borbonica di Napoli… », art. cit., p. 317.

16. Voir Richard Wagner Gutman, *Mozart, A Cultural Biography*, Harcourt Brace, 1999.

17. Georg Nikolaus von Nissen, *Biographie W. A. Mozarts. Nach Originalbriefen, Sammlungen alles über ihn Geschriebenen, mit vielen neuen Beylagen, Steindrücken, Musikblättern und einem Facsimile*, Leipzig, 1828 ; nouvelle édition, Hildesheim, 1986.

18. Edmond Scherer, *Melchior Grimm, l'homme de lettres, le factotum, le diplomate*, Paris, Calmann-Lévy, 1887, p. 307.

19. Elle aurait été la maîtresse d'Alexis Orlov et du marquis de Sade. Voir Maurice Lever, « Quatre lettres inédites d'Ange Goudar au marquis de Sade », *Dix-Huitième Siècle*, 23, 1991, p. 223-232.

20. Ministère des Affaires étrangères, CP Naples 98, f°s 409-411. Laurent Bérenger, secrétaire du vicomte de Choiseul, ambassadeur à Naples de 1767 à 1771.

Deuxième partie
AUDACE ET AMBITION
(1771-1786)

1
Se défaire de Tanucci

1. Pablo Vázquez Gestal, *Verso la riforma della Spagna. Il carteggio fra Maria Amalia di Sassonia e Bernardo Tanucci (1759-1760)*, Napoli, Istituto italiano per gli Studi Filosofici, 2016, vol. II, p. 279, Marie-Amélie à Bernardo Tanucci, 5 août 1760.

2. *Ibid.*, vol. I, p. 183-185.

3. *Sbornik Imperatorskago Russkago Istoritcheskago Obchtchstva*, Saint-Pétersbourg, 1885, t. 44, p. 129.

4. Voir Pierre-Yves Beaurepaire, « Le cosmopolitisme maçonnique dans les villes méditerranéennes au XVIIIe siècle », *Cahiers de la Méditerranée*, 67, 2003, p. 33-50.

5. Françoise Randouyer, « Les débuts de la maçonnerie en Espagne », *Dix-Huitième Siècle*, 19, 1987, p. 34.

6. Luca Di Mauro, *Le Secret et Polichinelle ou Cultures et pratiques de la clandestinité à Naples au début du XIXe siècle*, thèse de doctorat, université Paris-I, 2015, p. 39.

7. Mélanie Traversier, *Le Journal d'une reine. Marie-Caroline de Naples dans l'Italie des Lumières*, Ceyzérieu, Champ Vallon, 2017.

8. Elisa Novi Chavarria, « Il confessore della regina », art. cit., p. 79.

9. Voir Pasquale Palmieri, « La verità di Isabella. I falsi santi fra giustizia, propaganda e invenzioni letterarie (Napoli, 1755-1782) », *Atti dell'Accademia Roveratana degli Agiati*, IX/V A, 2015, p. 103-130.

10. Alfred Ritter von Arneth, *Marie Antoinette, Joseph II und Leopold II. Ihr Briefwechsel*, Leipzig, Köhler, 1866.

11. Lettre inédite.

12. Elisa Novi Chavarria, « Il confessore della regina », art. cit., p. 78.

13. Lettre de Marie-Thérèse à Marie-Antoinette, intitulée « Règlement à lire tous les mois », 21 avril 1770.

14. Vienne, 18 mars 1772.

15. Vienne, 31 mars 1772.

16. Mariano D'Ayala, « I Liberi Muratori di Napoli nel secolo XVIII », *Archivio Storico per le Provincie napoletane*, XXIII, 1898, p. 84 et *sq*.

17. Knight (Carlo), *Il regno di Napoli dalla tutela all'emancipazione (1775-1789). Lettere di Ferdinando IV a Carlo III ed altri documenti inediti*, 2 vol., Napoli, Società napoletana di Storia Patria, 2015.

2
Se libérer de Charles III

1. Voir *Relazione sulla variolizzazione di Ferdinando IV dal dottor Giovanni Vivenzio, Caserta, 17 marzo 1778*.

2. Giuseppe Nuzzo, « L'ascesa di Giovanni Acton al governo dello Stato », *Archivio storico per le Provincie napoletane*, XIX, 1980, p. 461.

3. Voir Luigi Barreca (a cura di), *Il tramonto di Bernardo Tanucci nella corrispondenza con Carlo 3° di Spagna, 1776-1783*, Palermo, U. Manfredi, 1976, p. 339.

4. Public Record Office, Foreign Office, 70/1, p. 148.

5. Guillaume Dubois de Rochefort, *Poème sur la mort de l'impératrice-reine Marie-Thérèse d'Autriche*, Paris, Imprimerie royale, 1781, p. 15.

6. Lettre inédite.

7. Mélanie Traversier, *Le Journal d'une reine. Marie-Caroline de Naples dans l'Italie des Lumières*, *op. cit.*, p. 343-344.

8. Marc Fumaroli, « Retour à l'Antique : la guerre des goûts dans l'Europe des Lumières », *in* Guillaume Faroult,

Christophe Léribault et Guilhem Scherf (dir.), *L'Antiquité rêvée. Innovations et résistance au XVIIIe siècle*, Paris, Gallimard, 2010, p. 22-55. Voir aussi *Le Sablier renversé. Des Modernes aux Anciens*, Paris, Gallimard, 2013.

9. Francesco Cotticelli, « Notizie teatrali e musicali nelle lettere di Maria Carolina alla figlia Maria Teresa », *in* Giulio Sodano e Giulio Beretti (dir.), « Io la Regina Maria Carolina d'Asburgo-Lorena tra politica, fede, arte e cultura », *op. cit.* p. 144-165.

10. Mélanie Traversier, *Le Journal d'une reine. Marie-Caroline de Naples dans l'Italie des Lumières, op. cit.*, 15 décembre 1781, p. 207 et 5 octobre 1782, p. 222.

11. Voir Patrick Barbier, *Naples en fête. Théâtre, opéras et castrats au XVIIIe siècle*, Paris, Grasset, 2012.

12. Voir Giuliana Gialdroni, « Music in Naples at end of the XVIIIth century as described in the letters of Norbert Hadrava », *Società italiana di musicologia*, 1, 1996.

13. Voir Lucio Tufano, « The Italian reception of Benda's "Ariadne auf Naxos" and "Medea" : fascination and compromise », *in* Kathryn L. Libin (ed.), *Mozart in Prague. Essays on Performance, Patronage, Sources and Receptions*, Prague, 2016, p. 229-246.

14. Voir Alain Blondy, *Paul Ier. La folie d'un tsar*, Paris, Perrin, 2020.

15. Henri Bédarida, *Parme et la France de 1748 à 1789*, Paris, Honoré Champion, 1928.

16. Lettre inédite.

3
Des manœuvres payantes

1. Voir Jean-Claude Waquet, « Denon, Vergennes et l'affaire des poudres. Un incident diplomatique à Naples à la fin du XVIIIe siècle », *in* Lucien Bély et Géraud Poumarède (dir.), *L'Incident diplomatique (XVIe-XVIIIe siècle)*, Paris, A. Pedone, 2010.

2. *Sbornik Imperatorskago Russkago Istoritcheskago Obchtchstva*, Saint-Pétersbourg, 1885, t. 44, p. 332-333.

3. Archivio di Stato, Napoli, Archivio Borbone, 99, f° 6 : « Es amigo nuestro y enemigo de las picardias de su Gran Maestro y de todas las indignidades suyas, de Loras, de Acton, de Bressac, de Sagramoso, etc. ».

4. Gabriel Chevallier, « Denon, chargé d'affaires à Naples (1782-1785) », *Mémoires de la Société d'histoire et d'archéologie de Châlon-sur-Saône*, t. 38, 1964-1965, p. 105.

5. La *salita del Gigante* est aujourd'hui la *via Cesario Console*. Le *largo del Palazzo* est la *piazza del Plebiscito*.

6. *Scétete, Maista, ch'è fatto juorno / Nun penza' à caccia e à li figilole : / vide che fa Munzù cu la Maestà*. Voir Enrico Malato, *La poesia dialettale napoletana*, Edizioni scientifiche italiane, 1960.

7. Voir Alfred Lacroix, *Déodat de Dolomieu, membre de l'Institut national (1750-1801)*, Paris, Perrin & Cie, 1921, 2 vol.

8. Lettre à La Pérouse, 30 septembre 1783.

9. Archives nationales, France, M 961, n° 242, lettre de Malte du 17 septembre 1784 portant la mention « secrète, à brûler ».

10. Le texte espagnol a été publié par Rafael Olaechea, « Relaciones Diplomáticas entre España y el reino de Nápoles a fines del '700 », *in* Mario di Pinto (a cura di), *I Borbone di Napoli e i Borbone di Spagna*, vol. II, Napoli, 1985, p. 42-43.

11. Joseph Alexander von Helfert, *Zeugenverhör über Maria Karolina von Oesterreich, Königin von Neapel und Sicilien, aus der Zeit vor der Grossen französischen Revolution (1768-1790)*, Archiv für Österreichische geschichte, 58, 2, Wien, Gerold, 1879, p. 300 et *sq*.

12. Archivo General de Simanca, Estado, 5893, f° 297. Lettre du 25 octobre 1785.

13. Alfred Ritter von Arneth, *Joseph II und Leopold von Toskana, ihr Briefwechsel*, Wien, W. Barumüller, 1872, vol. I, p. 306-307.

14. Archivio di Stato Napoli, *Archivio Borbone* 99, f°s 82-86, 22 novembre 1785.

15. Carlo Knight, *Il regno di Napoli dalla tutela all'emancipazione (1775-1789). Lettere di Ferdinando IV a Carlo III ed altri documenti inediti*, Napoli, Società napoletana di Storia Patria, 2015, vol. 2, p. 728-734, *Relazione del general Pignatelli a Ferdinando IV*, 16 décembre 1785.

16. Archivio di Stato Napoli, *Archivio Borbone* 99, f° 6, Rome, 3 mai 1786.
17. Archivo General de Simanca, *Estado*, 5924, f° 90.
18. Archivo General de Simanca, *Estado*, 5924, f° 91.

TROISIÈME PARTIE
ALLIANCES ET RÉVOLUTIONS (1786-1794)

1
Les vents se lèvent

1. Public Record Office, Foreign Office, 70/3, p. 305-310.
2. Lettre du 17 décembre 1790 à Léopold II. Voir Reynald Sécher et Yves Murat, *Un prince méconnu : le dauphin Louis Joseph, fils aîné de Louis XVI*, éditions RSE, 1998.
3. Voir « Joseph II au miroir des opinions du marquis de Bombelles, diplomate français », *in* Claude Michaud, *Entre croisades et révolutions. Princes, noblesses et nations au centre de l'Europe (XVIe-XVIIIe siècles)*, Paris, Éditions de la Sorbonne, 2010, p. 195-205.
4. Lettre inédite.

2
Le royaume de Naples sur la scène internationale

1. Voir Théodore Juste, *Histoire du règne de l'empereur Joseph II et de la révolution belge de 1790*, Bruxelles, Jamar, 1846, t. III, p. 140-143.
2. Voir Virginie Martin, « Devenir diplomate en Révolution : naissance de la "carrière diplomatique" », *Revue d'histoire moderne et contemporaine*, 63/3, 2016, p. 110-135.
3. Ministère des Affaires étrangères, CP Naples 123.

3
La République française

1. Ministère des Affaires étrangères, CP Naples 123.
2. Cathedral Archives, Malta, *Lettere consolari*, vol. XVIII, f°s 352-353.
3. Marquis de Bombelles, *Journal*, Genève, Droz, 1998, t. IV, p. 80.
4. Ministère des Affaires étrangères, CP Naples 123.
5. Marquis de Bombelles, *Journal*, *op. cit.*, p. 85.
6. *Ibid.*, p. 76.
7. Cathedral Archives, Malta, *Lettere consolari*, vol. XVIII, f°s 361-362.
8. Archivio di Stato Napoli, Archivio Borbone, fasc. 320, f° 11, Marie-Caroline à Serracapriola, 26 mars 1795.
9. *Ibid.*, f° 49. Marie-Caroline à Serracapriola, 17 octobre 1795.
10. Archivio di Stato Napoli, Archivio Borbone, fasc. 320, f° 11, Marie-Caroline à Serracapriola, f° 75.
11. William Reymond, « Lettres du comte de Golowkin à M. Nicolas Chatelain », *Revue suisse*, t. XXIV, 1861, p. 98.
12. *Lettres de l'impératrice Catherine II à Grimm (1774-1796)*, Société impériale d'histoire de Russie, 1878, t. XXIII, p. 672.
13. Emmanuele De Deo (1772-1794). Voir Tommaso Pedio, *Massoni e giacobini nel Regno di Napoli : Emanuele de Deo e la congiura del 1794*, Levante Editori, Bari 1986.
14. Archivio di Stato Napoli, Archivio Borbone, fasc. 320, f°s 11 et *sq*. Lettre à Serracapriola, 25 mars 1795.

QUATRIÈME PARTIE
MENACES ET OPPOSITIONS (1795-1799)

1
L'Italie dans la tourmente

1. Voir Franco Mercurio (a cura di), *Daunia Felix. Società, economia e territorio nel XVIII secolo,* Foggia, Claudio Grenzi, 2000.

2. Voir Massimiliano Pezzi, « Il viaggio di Ferdinando IV in Puglia nella primavera del 1797 », *Archivo storico pugliese,* 1976, fasc. 1-4, p. 281-294.

3. Voir Giuseppe Pio Cascavilla, « Il viaggio dei sovrani in Puglia nel 1797 », Risorgimento e Mezzogiorno, n° 45-46, 2012, p. 181-191.

4. Voir Stefano Capone, *Le nozze del principe : diari, cantate, suppliche, bandi e altri generi letterari per le nozze di Francesco di Borbone a Foggia (1797),* Foggia, Edizione del Rosone, 1997.

5. Voir Bernard Gainot, Virginie Martin, « L'honneur et la solde. L'insurrection des "capitaines" à Rome (février-mars 1798) », *Annales historiques de la Révolution française,* 401, 2020/3, p. 21-58.

6. Voir Bernard Gainot, « D'une occupation l'autre en Italie : "vacances de pouvoir" et médiations dans la République romaine et la République napolitaine (1798-1800) », *in* Annie Crépin, Jean-François Chanet, Christian Windler, *Le Temps des hommes doubles. Les arrangements face à l'occupation de la Révolution française à la guerre de 1870,* Presses universitaires de Rennes, 2013, p. 37-51.

7. Ministère des Affaires étrangères, CP Naples 125.

8. Archives nationales Paris, 131 AP, Papiers Poussielgue, *Mémoire sur l'île de Malte à la fin de 1797,* Milan, le 20 pluviôse an VI (8 février 1798) ; au général Bonaparte.

9. Ministère des Affaires étrangères, CP Naples 125.

10. Sir Nicholas Harris Nicolas, *The Dispatches and Letters of Vice Admiral Lord Viscount Nelson,* vol. 2, p. 139.

11. *Ibid.*, p. 144-145.

12. Roger Morriss, *Nelson : The Life and Letters of a Hero*, London, Collins & Brown, 1996, p. 93.

13. Voir Alain Blondy, *Paul Ier. La folie d'un tsar, op. cit.*

14. Julian Stafford Corbett, *Private Papers of George, Second Earl Spencer, first lord of the Admiralty, 1794-1801*, London, Herbert William Richmond, 1913-1924, vol. II, p. 459-462.

2
La République parthénopéenne

1. Jean-Jacques Rousseau, *Du contrat social ou Principes du droit politique*, I, 7.

2. Eleonora de Fonseca Pimentel, *La Gioia d'Italia, cantata per l'arrivo in Napoli delle LL. AA. RR. Il Gran Duca e la Grande Duchessa delle Russie*, 1782, p. 3 et 5.

3. « *Audetque viris concurrere virgo* », Virgile, *Énéide*, livre I, v. 495.

4. Elena Urgnani, *La vicenda letteraria e politica di Eleonora de Fonseca Pimentel*, Reggio Calabria, La Città del Sole, 1998, p. 31.

5. Voir Michelangelo Filannino e Vincenzo Tupputi (ed.), *Trascrizione della cronaca manoscritta di Camillo Elefante*, Barletta, 2000.

6. Voir le § « Les patrouilles royalistes dans le royaume de Naples en 1799 », *in* Àlvaro París Martín, « Le peuple royaliste en armes. Milices et Terreur blanche pendant les Restaurations à Naples (1799), dans le Midi de la France (1815) et à Madrid (1823) », *Annales historiques de la Révolution française*, 2019/2 (n° 396), p. 95-120.

7. https://www.youtube.com/watch?v=oa5QeoC7Eh8

8. Commandant Maurice-Henri Weil, « Deux documents sur les événements de Naples au début de 1799 », *Revue historique de la Révolution française*, vol. 3, n° 9, 1912/1, p. 114-116.

9. Constance H. D. Giglioli, *Naples in 1799 : an Account of the Revolution of 1799 and of the Rise and Fall of the Parthenopean Republic*, John Murray, 1903, p. 282.

10. *Ibid.*, p. 283.
11. *Ibid.*
12. Voir Emilio Gin, *Santa Fede e congiura antirepubblicana*, Adriano Gallina ed., 1999.
13. Vincenzo Cuoco, *Saggio storico sulla Rivoluzione napoletana del 1799*, Napoli, Mariano Lombardi, 1861, § XXXVIII.
14. Alexandre Dumas, *Les Deux Révolutions. Paris (1789) et Naples (1799)*, Paris, Fayard, 2012.
15. Pietro Colletta, *Storia del Reame di Napoli*, *op. cit.*, t. IV : *Repubblica Partenopea (1799)*, chap. III, XXXVI.

3
La répression sanglante

1. Voir Pietro Abondio Drusco, *Anarchia Popolaire Di Napoli Dal 21 Dicembre 1798 Al 23 Gennajo 1799 : Manoscritto Inedito*, Napoli, G. De Angelis e figlio, 1884.
2. Diomede Marinelli, *La caduta di Napoli. Entrata dell'Armi reali in Napoli*, Milano, Manes editori, 1997.
3. Lettre à lady Hamilton, Palerme, 7 juillet 1799.
4. Voir Diomede Marinelli, *La caduta di Napoli. Entrata dell'Armi reali in Napoli*, *op. cit.*
5. Lettre à Emma Hamilton, Palerme, 7 juillet 1799.
6. Lettre à Emma Hamilton, Palerme, 18 juillet 1799.
7. « *Forsan haec olim meminisse juvabit* », Virgile, *Énéide*, livre I, vers 203.
8. « Più superba ed arrogante / Indegnissima regnante / Io ti stimo d'Agrippina / e dell'istessa Messalina. »
9. Ludovico Ariosto, *Orlando furioso* (1516) : « Dormi, Italia 'mbriaca, e non ti pesa ch'ora di questa gente, ora di quella che già serva ti fu, sei fatta ancella ? » (chant XVII, strophe 76).

CINQUIÈME PARTIE
EXILS ET DÉCEPTIONS (1800-1814)

1
La première restauration

1. Voir Hermann Hueffer, « La fin de la république napolitaine », *Revue historique*, 83, p. 243-276 (4/1903), p. 33-50 (1/1904) et Francis Pritchett Badham, *Nelson in Naples. A Journal For June 10-30, 1799*, 1900 (reprint Nabu Press, 2012).

2. André Bonnefon, *Marie-Caroline, reine des Deux-Siciles (1768-1814)*, Paris, Perrin, 1905, note 1, p. 234-235.

3. Voir « Le climat politique et les projets de réforme dans les premières années du règne d'Alexandre Ier », *Cahiers du monde russe*, 1961, 2/4, p. 415-433.

4. Maurice-Henri Weil, di Somma Circello (marquis Carlo), *Correspondance inédite de Marie-Caroline, reine de Naples et de Sicile, avec le marquis de Gallo*, Paris, Émile-Paul, 1911.

5. Lettre de Berthier, ministre de la Guerre, à Gouvion-Saint-Cyr, 21 janvier 1805.

6. Camille Leynadier, *Histoire des peuples et des révolutions d'Europe depuis 1789*, Paris, Librairie historique, 1846, vol. 4, p. 171.

7. Lettre circulaire de Talleyrand aux ambassadeurs de France à l'étranger.

8. Talleyrand au cardinal Ruffo.

9. Alquier à Talleyrand, 16 janvier 1806.

2
Les dernières années de la reine – de l'illusoire au néant

1. Paul-Louis Courier, *Lettres inédites écrites de France et d'Italie*, Paris, Sautelet & Cie, 1830. Lettre du 12 septembre 1806.

2. Voir Nicolas Cadet, « Anatomie d'une "petite guerre", la campagne de Calabre 1806-1807 », *Revue d'histoire du XIXe siècle*, 30, 2005, p. 1-22.

3. Voir Gérald Arboit, *Napoléon et le renseignement*, Paris, Perrin, 2022.

4. Le président du tribunal n'était autre que Pietro Colletta, l'auteur de la *Storia del reame di Napoli dal 1734 al 1825*.

5. Archivio di Stato Napoli, Archivio Borbone, fasc. 99, f° 567.

6. Voir Gennaro Talamo, « I martiri delle persecuzioni del marchese Artale nel 1809 », *Atti della Reale Accademia Peloritana dei Pericolanti*, I, 1878, p. 113-128.

7. Bi-hebdomadaire sorti des presses de Giovanni del Nebolo depuis le 2 mars 1808. Voir Patrizia del Salvo, « Uno strumento di circolazione di idee anticipatrici del Risorgimento italiano e una voce di libertà : *la Gazzetta* britannica *di Messina* (1808-1814) », *Atti della Accademia Peloritana dei Pericolanti, Classe di Scienze Giuridiche, Economiche e Politiche*, LXXXVII, 2018, p. 153-186.

8. Archivio di Stato Napoli, Archivio Borbone, fasc. 114, f° 26.

9. *Ibid.*, f° 31. Lintz, 15 mars 1810.

10. Foreign Office, Sicily 30, Amherst to Wellesley [Wellington], commandant en chef au Portugal.

11. Foreign Office, Sicily 41, Stuart à Liverpool, 1er mai 1810.

12. Foreign Office, Sicily 44, Bentick à Wellesley, 26 décembre 1811.

13. *Compte rendu au Roi, par le Prince Royal, de sa conversation avec Lord William.*

14. Archivio di Stato Napoli, Archivio Borbone, fasc. 328, f° 13.

15. Archivio di Stato Napoli, Archivio Borbone, fasc. 106, f° 4.

16. *Ibid.*, fasc. 328, f° 39, Castelvetrano, 10 avril 1813.

17. Archivio di Stato Napoli, Archivio Borbone, fasc. 358, f° 84, Odessa, 17 novembre 1813.

18. Voir Eva Baumgartner, « Ricordi della Regina di Sicilia a Vienna », *in* Giulio Sodano e Giulio Brevetti (a cura di), « Io, la Regina Maria-Carolina d'Asburgo-Lorena tra politica, fede, arte e cultura », *op. cit.*, p. 261-271.

19. Haus-, Hof- und Staatsarchiv, Wien, Omea, 1814, K. 200, f° 22.

20. Voir Annunziata Buggio, « L'ultimo amore di Ferdinando IV di Borbone : l'amata Luccia Migliaccio », *Vomero Magazine*, 1-07-2016.

Conclusion

1. « *Quae dum te fovet, sibi favet* », Térence, *Les Adelphes*.

Sources et Bibliographie

Publications de sources

Alonzi (Luigi) a cura di, *Lettere di John Acton, Ferdinando Borbone e Maria Carolina d'Asburgo-Lorena a Francesco Maria Statella (ottobre 1799-giugno1800)*, Soveria Mannelli, Rubettino editore, 2013.

Arneth (Alfred d') et Geffroy (Auguste), *Correspondance secrète entre Marie-Thérèse et le comte de Mercy-Argenteau*, Paris, Didot, 1874.

Arneth (Alfred Ritter von), *Marie Antoinette, Joseph II und Leopold II. Ihr Briefwechsel*, Leipzig, Köhler, 1866.

— *Joseph II und Leopold von Toskana, ihr Briefwechsel*, vol. I (1781-1785), Wien, W. Braumüller, 1872.

Badham (Francis Pritchett), *Nelson in Naples. A Journal For June 10-30, 1799*, 1900 (reprint Nabu Press, 2012).

Barreca (Luigi) a cura di, *Il tramonto di Bernardo Tanucci nella corrispondenza con Carlo 3° di Spagna, 1776-1783*, Palermo, U. Manfredi, 1976.

Johnston (Robert Matteson), *Mémoire de Marie Caroline reine de Naples, intitulé De la Révolution du royaume de Sicile... par un témoin oculaire...*, London, Oxford University Press, 1912.

Knight (Carlo), *Il regno di Napoli dalla tutela all'emancipazione (1775-1789). Lettere di Ferdinando IV a Carlo III ed altri documenti inediti*, 2 vol., Napoli, Società napoletana di Storia Patria, 2015.

Nicolas (sir Nicholas Harris), *The Dispatches and Letters of Vice Admiral Lord Viscount Nelson*, 7 vol., London, H. Colburn, 1845-1846.

Tanucci (Bernardo), *Epistolario* (a cura e con un'introduzione di Maria Claudia Ferrari), Napoli, Società napoletana di Storia Patria, 2003.

Traversier (Mélanie), *Le Journal d'une reine. Marie-Caroline de Naples dans l'Italie des Lumières*, Ceyzérieu, Champ Vallon, 2017.

Vázquez Gestal (Pablo), *Verso la riforma della Spagna. Il carteggio fra Maria Amalia di Sassonia e Bernardo Tanucci (1759-1760)*, 2 vol., Napoli, Istituto italiano per gli Studi Filosofici, 2016.

Wandruszka (Adam), *Il « principe filosofo » e « il re lazzarone ». Le lettere del granduca Pietro Leopoldo sul suo soggiorno a Napoli nel 1768*, Napoli, Edizione scientifiche italiane, 1960.

Waquet (Jean-Claude), Janin (Françoise), *Négocier sur un volcan. Dominique-Vivant Denon et sa correspondance de Naples avec le comte de Vergennes (1782-1785)*, Paris, ministère des Affaires étrangères, P.I.E. Peter Lang, 2007.

Weil (Maurice-Henri), di Somma Circello (marquis Carlo), *Correspondance inédite de Marie-Caroline, reine de Naples et de Sicile, avec le marquis de Gallo*, Paris, Émile-Paul, 1911.

Ouvrages et articles

Ajello (Raffaele), « I filosofi e la regina. Il governo delle Due Sicilie da Tanucci a Caracciolo (1776-1786) », *Rivista storica italiana*, 1991, p. 398-454, p. 657-738.

Ajello (Raffaele), D'Addio (Mario), a cura di, *Bernardo Tanucci, statista, letterato, giurista*, Napoli, Jovene, 1986.

Amante (Bruto), *Frà Diavolo e il suo tempo : 1796-1806*, Firenze, Bemporad, 1904.

Arboit (Gérald), *Napoléon et le renseignement*, Paris, Perrin, 2022.

Auriol (Charles), *La France, l'Angleterre et Naples de 1803 à 1806*, 2 tomes, Paris, Plon-Nourrit, 1905.

Badinter (Élisabeth), *Le Pouvoir au féminin : Marie-Thérèse d'Autriche (1717-1780). L'impératrice-reine*, Paris, Flammarion, 2016.

Baumgartner (Eva), « Ricordi della regina di Sicilia a Vienna », *in* Giulio Sodano e Giulio Beretti (dir.), « Io la Regina Maria Carolina d'Asburgo-Lorena tra politica, fede, arte e cultura », *Quaderni Mediterranea, Ricerche storiche*, 33, 2016, p. 261-272.

Bérenger (Jean), *Histoire de l'empire des Habsbourg (1273-1918)*, Paris, Fayard, 1990.

— *Joseph II d'Autriche, serviteur de l'État*, Paris, Fayard, 2007.

Bled (Jean-Paul), *Marie-Thérèse d'Autriche*, Paris, Fayard, 2001.

Bonnefons (André), *Une ennemie de la Révolution et de Napoléon, Marie-Caroline reine des Deux-Siciles (1768-1814)*, Paris, Perrin, 1905.

Cadet (Nicolas), « Les soulèvements populaires de 1799 et 1806 dans le royaume de Naples : insurrection nationale ou guerre sociale ? », *in* Bourquin (Laurent), Hamon (Philippe), Hugon (Alain) *et al.*, *La Politique par les armes*, Presses universitaires de Rennes, 2013, p. 201-218.

Caldora (Umberto) a cura di, *Ferdinando di Borbone re delle Due Sicilie. Diario di Ferdinando 1° di Borbone : 1796-1799*, Napoli, Edizioni scientifiche italiane, 1965.

Cernigliaro (Aurelio), « Bernardo Tanucci. Il contributo italiano alla storia del pensiero. Diritto », *in Enciclopedia italiana Treccani*, 2012, VIII, p. 232-236.

Corti (Egon Caesar), *Ich, eine Tochter Maria Theresias. Ein Lebensbild der Königin Marie Karoline von Neapel*, München, F. Bruckmann, 1950.

Croce (Benedetto), *Storia del Regno di Napoli*, Bari, Laterza, 1925.

DelDonna (Anthony R.), *Instrumental Music in Late Eighteenth Century Naples. Politics, Patronage and Artistic Culture*, Cambridge University Press, 2020.

De Maio (Romeo), *Società e vita religiosa a Napoli nell'età moderna (1656-1799)*, Edizione scientifica italiana, Napoli, 1971.

De Mello e Souza (Laura), « La guerre des nouvelles dans le contexte des invasions napoléoniennes : le cas de la Sardaigne, de Naples et du Portugal, 1796-1808 », *Reflexos. Revue pluridisciplinaire du monde lusophone*, 5, « Savoirs en circulation dans l'espace atlantique entre les XVIe et XIXe siècles », 2020.

Di Mauro (Luca), « Le rôle de la populace napolitaine dans le sort de la Capitale en 1799 », manuscrit inédit [en ligne].

— *Le Secret et Polichinelle ou Cultures et pratiques de la clandestinité à Naples au début du XIXe siècle*, thèse de doctorat, université Paris-I, 2015 [en ligne].

Di Pinto (Mario), *I Borbone di Napoli e i Borbone di Spagna*, 2 vol., Napoli, 1985.

Ferrone (Vincenzo), « Celesto Galiani : un inquieto cattolico illuminato nella crisi della coscienza europea », *Archivio storico per le Provincie napoletane*, XIX, 1980, p. 277-381.

— *I Profeti dell'illuminismo. Le metamorfosi della ragione nel tardo settecento italiano*, Roma-Bari, Laterza, 1989.

Fournoux (Amable de), *Marie-Caroline reine de Naples, sœur de Marie-Antoinette et « meilleur ennemi » de Napoléon*, Paris, Pygmalion, 2014.

Gagnière (Albert), *La Reine Marie-Caroline de Naples, Lady Hamilton et Nelson,* Paris, Ollendorf, 1886.

Gainot (Bernard), « D'une occupation l'autre en Italie : "vacances de pouvoir" et médiations dans la République romaine et la République napolitaine (1798-1800) », *in* Crépin (Annie), Chanet (Jean-François), Windler (Christian), *Le Temps des hommes doubles...,* Presses universitaires de Rennes, 2013, p. 37-51.

Haegele (Vincent), *Napoléon et Joseph Bonaparte. Le pouvoir et l'ambition,* Paris, Tallandier, 2010.

Harouel (Jean-Louis), *Les Républiques sœurs,* Paris, PUF, 1997.

Hausmann (Friederike), *Herrscherin im Paradies der Teufel : Maria Carolina, Königin von Neapel,* München, Beck, 2014.

Helfert (Joseph Alexander Freiherr von), *Königin Karolina von Neapel und Sizilien im Kampfe gegen die französische Weltherrschaft 1790-1814,* Wien, W. Braumüller, 1878.

— *Zeugenverhör über Maria Karolina von Oesterreich, Königin von Neapel und Sicilien, aus der Zeit vor der Grossen französischen Revolution (1768-1790),* Archiv für Österreichische Geschichte, 58,2, Wien, Gerold, 1879.

— *Maria Karolina von Österreich, Königin von Neapel und Sizilien : Anklagen und Verteidigung,* Wien, Faesy, 1884.

Hersche (Peter), *Des Spätjansenismus in Österreich,* Vienne, Verlag der Österreichischen Akademie der Wissenschaften, 1977.

Hueffer (Hermann), « La fin de la république napolitaine », *Revue historique,* 83, p. 243-276 (4/1903), p. 33-50 (1/1904).

Janin (Françoise), « Naples et l'Europe dans la correspondance de Dominique-Vivant Denon, chargé d'affaires à Naples (1782-1785) », in *Vivant Denon. Colloque de Châlon-sur-Saône,* Comité national Vivant-Denon, 2003.

Jonard (Norbert), *Le Siècle des Lumières en Italie,* Lyon, L'Hermès, 1979.

Knight (Carlo), *Hamilton a Napoli : cultura, svaghi, civiltà di una grande capitale europea,* Napoli, Electa, 1990.

Lehours (Émilie), « Eleonora de Fonseca Pimentel (1756-1799) : la conquête de la République parthénopéenne », *in* Le Nan (Frédérique) *et al., Voix de femmes dans le monde,* Presses universitaires de Rennes, 2018, p. 295-305.

Mafrici (Mirella Vera), « Maria-Carolina d'Asburgo-Lorena tra vita privata e vita di corte », *Römische Historische Mitteilungen,* 60, 2019, p. 197-217.

— « Un' Austriaca alla corte napoletana : Maria-Carolina d'Asburgo-Lorena », *in* Mafrici (Mirella) a cura di, *All'ombra della corte. Donne e potere nella Napoli borbonica (1734-1860),* Fridericiana Editrice Universitaria, 2010.

Maierhofer (Waltraud), Rösch (Gertrud), Bland (Caroline) ed., *Women Against Napoleon. Historical and Fictional Responses to his Rise and Legacy,* Frankfurt, Campus, 2007.

Mastellone (Salvo), *Pensiero politico e vita culturale a Napoli nella seconda metà del Seicento,* Messina-Firenze, Casa editrice G. D'Anna, 1965.

— *Francesco D'Andrea politico e giurista (1648-1698). L'ascesa del ceto civile,* Firenze, Olschki, 1969.

Matar (Nabil), *An Ambassador in the Mediterranean World, The Travels of Muhammad ibn 'Uthmān al-Miknāsī, 1779-1788,* London, Routledge, 2017.

Michaud (Claude), « Marie-Thérèse d'Autriche au miroir des *Nouvelles Ecclésiastiques* », *Revue historique,* 2015/1, 673, p. 81-102.

Momigliano (Arnaldo), « Mabillon's Italian disciples », *Terzo Contributo alla storia degli studi classici e del mondo antico,* Roma, Edizioni di Storia e Letteratura, t. I, 1966.

Morriss (Roger), *Nelson : The Life and Letters of a Hero,* London, Collins & Brown, 1996.

Novi Chavarria (Elisa), « Il confessore della regina », *in* Giulio Sodano e Giulio Beretti (dir.), « Io la Regina Maria Carolina d'Asburgo-Lorena tra politica, fede, arte e cultura », *Quaderni Mediterranea, Ricerche storiche*, 33, 2016, p. 75-96.

Nuzzo (Giuseppe), « L'ascesa di Giovanni Acton al governo dello Stato », *Archivio storico per le Provincie napoletane*, XIX, 1980, p. 437-545.

Orefice (Antonella), *Eleonora Pimentel Fonseca. L'eroina della Repubblica napoletana del 1799*, Salerno editrice, 2019.

Pellizzari (Maria Rosaria), « Eleonora de Fonseca Pimentel : morire per la rivoluzione », *Storia delle donne*, 2008/4, p. 103-121.

Rao (Anna Maria), « Napoli e la Rivoluzione (1789-1794) », *Prospettive settanta*, 7, 1985, p. 403-476.

— *Folle contro rivoluzionare. Le insorgenze popolari nell'Italia giacobina e napoleonica*, Roma, Carocci, 1999.

— « Conspiration et Constitution : Andrea Vitaliani et la République napolitaine de 1799 », *Annales historiques de la Révolution française*, 1998/3, p. 545-573.

— « Eleonora de Fonseca Pimentel, le *Monitore napoletano* et le problème de la participation politique », *Annales historiques de la Révolution française*, 2006/2, p. 179-191.

Recca (Cinzia), *The Diary of Queen Maria Carolina of Naples, 1781-1785 ; New Evidence of Queenship at Court*, New York, Springer International, 2016.

Renda (Francesco), *Maria Carolina e Lord Bentinck nel diario di Luigi de' Medici*, Palermo, Sellerio, 2011.

Ricuperati (Giuseppe), *L'esperienza civile e religiosa di Pietro Giannone*, Milano-Napoli, Riccardo Ricciardi, 1970.

Rovito (Pier Luigi), *Respublica dei togati. Giuristi e società nella Napoli del Seicento*. I. *Le garanzie giuridiche*, Napoli, Jovene, 1981.

Ruggiero (Raffaele), « Napoli nel Settecento, tra periferia e orizzonti europei », *Atti del XIII congresso dell'Associazione degli Italianisti*, « La letteratura degli Italiani. Centri e periferie », Foggia, edizione del Rosone, 2011, p. 253-290.

Sabatier (Pierre), « Marie-Caroline, reine de Naples », *Nouvelle Revue des Deux Mondes*, juillet 1975, p. 62-80.

Sallmann (Jean-Michel), *Naples et ses saints à l'âge baroque (1540-1750)*, Paris, PUF, 1994.

Schipa (Michelangelo), *Il Regno di Napoli al tempo di Carlo Borbone*, reprint Nabu Press, 2010.

Sodano (Giulio), Beretti (Giulio) a cura di, « Io la Regina Maria Carolina d'Asburgo-Lorena tra politica, fede, arte e cultura », *Quaderni Mediterranea, Ricerche storiche*, 33, 2016.

Tourtier-Bonazzi (Chantal de), *Armand-Louis de Mackau (1759-1827), un diplomate d'Ancien Régime aux prises avec la Révolution*, Paris, Pédone, 1969.

Traversier (Mélanie), « "Tranformer la plèbe en peuple". Théâtre et musique à Naples en 1799, de la proclamation de la République napolitaine à la première Restauration », *Annales historiques de la Révolution française*, 335, 2004/1, p. 37-70.

Trégain (Émile de), *Histoire du royaume des Deux-Siciles*, Paris, Amyot, 1854.

Urgnani (Elena), *La vicenda letteraria e politica di Eleonora de Fonseca Pimentel*, Reggio Calabria, La Città del Sole, 1998.

Verga (Marcello), « Le XVIIIe siècle en Italie : Le *Settecento* réformateur ? », *Revue d'histoire moderne & contemporaine*, 1998, 45/1, p. 89-116.

Villani (Paolo), « Agenti e diplomatici francesi in Italia durante la Rivoluzione : la relazione di François Cacault nel dicembre 1792 », in *Quaderni Storici* XXXI, 1996, p. 11-22.

Waquet (Jean-Claude), « Dominique-Vivant Denon, négociateur sans lendemain », in *Vivant Denon. Colloque de Châlon-sur-Saône*, Comité national Vivant-Denon, 2003, p. 67-84.

Welschinger (Henri), « Marie-Caroline reine de Naples et ennemie de Napoléon », *Revue des Deux Mondes*, t. 3, 1911, p. 380-415.

Whitaker (Tina), *Sicily & England. Political and Social Reminiscences, 1848-1870*, London, Archibald Constable & Co., 1907.

Wraxall (Sir Nathaniel William), *Historical Memoirs Of My Own Time*, Philadelphia, Carrey Lea and Blanchard, 1837.

Bande dessinée

Reines, Maîtresses & Favorites. Marie-Caroline de Habsbourg, épouse de Ferdinand IV de Naples et meilleure ennemie de Napoléon, Hachette, 2016.

Filmographie

Piccolo (Enza), Antonino (Nunzia), Bruni (Carlo), *Lenòr,* 2022.

Wertmüller (Lina), *Ferdinando e Carolina,* 1999.

Musicographie

La Serpe a Carolina :
https://www.youtube.com/watch?v=L-AN0xdZDms

Giovanni Paisiello, *La Dauna felice* :
https://www.youtube.com/watch?v=xaSPQhwhEUg

Cimarosa, *Hymne patriotique de la République parthénopéenne* :
https://www.youtube.com/watch?v=TWJRwFKfDN0

Chant sanfédiste :
https://www.youtube.com/watch?v=oa5QeoC7Eh8

Index

D

E

F

G

L

Table

DEUXIÈME PARTIE
AUDACE ET AMBITION
(1771-1786)

TROISIÈME PARTIE
ALLIANCES ET RÉVOLUTIONS
(1786-1794)

Quatrième partie
MENACES ET OPPOSITIONS (1795-1799)

CINQUIÈME PARTIE
EXILS ET DÉCEPTIONS
(1800-1814)

Pour en savoir plus
sur les Éditions Perrin
vous pouvez consulter notre site Internet

www.editions-perrin.fr

lisez!

et nous suivre sur les réseaux sociaux

Editions Perrin

@EditionsPerrin

@editionsperrin

#lisez! engagé
www.lisez.com
Pour plus d'information :
Imprimé sur du papier issu de forêts gérées durablement.

CET OUVRAGE A ÉTÉ ACHEVÉ D'IMPRIMER SUR ROTO-PAGE
PAR L'IMPRIMERIE FLOCH À MAYENNE EN JANVIER 2025

N° d'édition : K10072/01
N° d'impression : 106202
Imprimé en France